시로 풀어쓴 **논어**

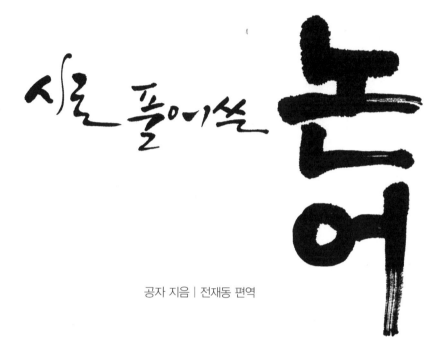

시로 풀어쓴 논어

공자 지음 | 전재동 편역

북허브

『논어(論語)』에 대해

　"『논어』는 어떤 책인가?"라는 물음에 대한 가장 적절한 대답은 "『논어』를 읽어 보라"는 것이다. 일단 『논어』를 거듭 읽어 보면 '아! 이것이 『논어』구나!' 하고 감탄하게 될 것이다.

　『논어』는 공자(孔子)와 그 제자들이 사회생활의 철학과 교육, 문화, 정치 등에 대해 토론하고 강의한 내용을 정리한 책이다. 그러나 공자와 제자가 쓴 것은 아니다. 『논어』의 원본이 되는 것은 『노론(魯論)』, 『제론(齊論)』, 『고론(古論)』이다. 『노론』과 『제론』은 각각 노나라와 제나라에서 전해져 온 원고이고, 『고론』은 공자의 옛 집안에서 발견된 책이다. 이 셋은 다 고문(古文)으로 구성되어 전해 온 것이다. 그런데 지금 우리가 읽고 있는 『논어』는 후한 시대의 정현(鄭玄, 127~200)이 편집해 만든 책으로, 『노론』을 근간으로 하고 『제론』과 『고론』의 내용을 보충해 정리했다.

　『논어』는 일정한 편집 원칙을 세우고 만든 책이 아니라고 한다. 주제별로 또는 연도별로 정리한 것이 아니라 그냥 공자와 제자들 간의 대화를 엮었는데, 어떤 대목은 설교조이고 또 어떤 대목은 선포적인 형식이다. 그러나 어느 한 구절 소홀히 흘려버릴 것이 없다. 얼마나 고귀한 내용인지는 독자 여러분이 직접 읽다 보면 스스로 발견하게 되리라 믿는다.

공자의 가르침은 바로 인격 구성의 뼈대가 되는 인(仁)의 말씀이고, 그 인(仁)의 말씀이 인격화된 것이 바로 군자(君子)이다. 『논어』는 군자의 교훈이자 인격 완성의 언어이다. 글 속에서 공자의 체온이 그대로 느껴지고 공자의 풍모와 성격이 곳곳에 배어 있다.

이런 귀한 말씀의 책 『논어』는 현세에 어떻게 존재할까? 연구가들의 보고에 의하면 오늘날 『논어』와 관련된 연구만 3,000여 권이 되고 세계 각국에 번역본이 출판되어 있다. 필자가 이 책을 쓰면서 참고한 책 가운데 제임스 레그(James Legge)가 번역한 『Confucius: Confucian Analects, the Great Learning(大學), and the Doctrine of the Mean(中庸)』이 있다. 『논어』의 대의(大意)를 살려 장별로 해설하고 글자 풀이를 담은 이 책은 영문판으로는 상당히 널리 읽히는 대학 교재이다. 영어권에서는 『고문진보(古文眞寶)』를 비롯해 당송 시가 시인 에즈라 파운드가 번역한 것이 많이 읽히고 있다.

이처럼 『논어』는 독자층이 두텁고 광범위한 세계적 고전이라 할 수 있다. 동양의 고전 가운데에서 『논어』만큼 교육적 가치를 함축적으로 지닌 것이 있을까? 공자의 말씀이 구어체의 대화형 문장으로 기록되어 있어 다른 한문 고전보다 해석하기 쉬운 것도 장점 중 하나이다. 또한 『논어』는 같은 글이라도 독자의 수준에 따라 해석이 다를 수 있다.

『논어』를 공부하려면 주희(朱熹, 1130~1200)가 쓴 『논어집주(論語集註)』를 읽게 된다. 또 위나라의 하안(何晏, 190~249)이 쓴 『논어집해(論語集解)』가 있다. 이것은 양나라 황간(皇侃, 488~545)의 『논어의소(論語義疏)』를 통해 전해 왔다. 그리고 송나라 형병(邢昺, 932~988)의 『논어집해』를 바탕으로 하여 소(疏)를 붙인 『논어주소(論語注疏)』가 있어 십삼경주소(十三經注疏)를 포함하므로 전통적인 『논어』의 주해서가 된 것이다. 이 네 분의 주해가 널리 읽힌 『논어』였다. 근래의 것으로 정수덕(程樹德, 1877~1944)의 『논어집석(論語集釋)』에는 많은 자료가 수집·정리되어 있다.

우리나라에도 권근(權近, 1352~1409), 이황(李滉, 1501~1570), 이이(李珥, 1536~1584), 이익(李瀷, 1681~1763), 정약용(丁若鏞, 1762~1836) 등 『논어』 해설자가 많다. 이 중에서도 정약용의 『논어고금주(論語古今註)』는 광범위한 관점에서 해설을 한 것이 특징으로 『논어』에 대한 종합 비평적 해설서라 할 수 있다.

정의(正義) 철학인 『논어』는 이 주제를 끝까지 이어 가면서 우리 앞에 던져 놓는다. 부모와 자식 간에는 효도가 인(仁)이고 친구 간에는 믿음이 인(仁)이다. 하늘 곧 하느님의 뜻인 천명(天命)에는 그대로 순종하는 것만이 인(仁)이고, 군신(君臣) 간에는 충(忠)이 인(仁)이라고 『논어』는 전한다.

『논어』에서는 최고의 경지를 음악에 두었다. 뜻은 도(道)에 두고, 덕(德)은 바탕에 두고, 인(仁)을 지니고, 예술의 세계에서 노닐라 했다. 공자와 같이 근엄하고 근신하는 사람이 음악에서 놀고 예술에서 살라고 하는 것은 무슨 의미일까? 현대적인 의미는 문화에서 해답을 찾아야 한다. 문화는 인간의 안식처요 마음이 머물 완벽한 주소이다. 우리 삶에서 더욱 아름답고 고귀한 것을 만나게 되는 장소인 『논어』에서 참된 인생길을 찾기 바란다.

　동양을 알고자 한다면 먼저 공자를 알아야 한다. 중국, 한국, 일본, 베트남 등 한문 문화권에서는 공자를 모르고 동양의 사상, 일반 지식, 관습 등을 잘 안다고 할 수 없다. 필자는 어렸을 때 아버지를 통해 공자를 처음 알게 되었는데, 공자가 우리나라 사람인 줄 알았고 공자의 말씀이 인륜(人倫)의 헌법인 줄 믿었다. 공자가 중국 고대 인물이고 유교라는 동양 정신 문화의 핵심 인물이라는 것을 커서 알게 되었다. 『천자문』, 『동몽선습』, 『명심보감』 등을 배우면서, 왜 학교에서는 이처럼 놀랍고 고귀한 것을 안 가르치고 서당이나 사랑방에서만 가르치는지 의아해했다.

　공자는 기원전 551년에 태어나 기원전 479년에 세상을 떠났다. 주나라 영왕(靈王) 21년, 노나라 양공(襄公) 22년 9월 28일에 노나라 추읍(郰邑), 오늘날의 산둥 성(山東省) 취푸 현(曲阜縣) 남쪽 80리 되는 곳에서 태어났다. 추읍 근처에 사수(泗水)와 그 지류인 수수(洙水)가 흐르는 곳이 있어서 공자의 가르침을 수사학(洙泗學)이라 일컫기도 한다.

　공자는 70세 정도인 아버지 숙량흘(叔梁紇)과 16세 정도인 어머니 안징재(顏徵在) 사이에서 태어났는데, 『사기(史記)』에는 이를 야합이라고까지 했다. 숙량흘은 본처에게서 딸만 9명을 낳아 아들을 얻고자 어린 처녀를 첩으로 들인 것으로 알려졌다. 무인(武人)이었던 숙량흘은 추읍의 대부(大夫)로서 체격이 늠름하고 한때 용맹을 떨친 무사였다. 그는 은나라 왕족 미중(微仲)의 14대손이다.

성자 석가모니와 예수 그리스도는 왕족 출신으로 알려졌다. 석가모니는 가비라성의 왕자로 태어났고, 예수는 다윗 왕의 후손으로서 유대 땅 가난한 목수의 아들로 태어났다. 공자 역시 왕족의 후손이지만 어릴 때 아버지가 세상을 떠나 가난을 겪었다. 숙량흘은 아들 백니(伯尼)가 태어난 지 3년 만에 사망해 젊은 어머니 홀로 아들을 키웠다. 가난 속에서도 어머니는 아들 교육에 특별히 신경을 쓰며 애지중지 키웠다.

어려서부터 어머니를 모시고 열심히 일하면서 공부한 공자의 인생은 『논어』에도 잘 나타나 있다. 15세 때 학문에 뜻을 두고 30세에 자립해 세상살이에 자신감을 갖게 되었다. 공자는 혼란스러운 춘추 전국 시대에 주유천하하면서 인생의 철학을 더 깊이 알게 되었다.

공자의 이름에 대한 설화는 『공자세가(孔子世家)』에 나타나 있다. 그가 태어난 고향에 니구산(尼丘山)이 있었는데 공자의 머리 위가 움푹 들어갔기 때문에 이름을 구(丘)라고 했다 한다.

공자는 키가 9척(1척은 약 30.3cm) 정도 되는 거구로, 19세 때 송나라 기관씨(丌官氏) 집안의 규수와 결혼해 이듬해에 아들 리(鯉)를 낳았다. 당시 공자는 창고지기나 목장지기 등 노동자의 위치였다. 20세 때 학문을 위해 스승을 찾아다녔는데 예법, 음악 등 당시에 많이 공부하는 분야를 더 배우고자 열망했다. 30세 때는 제나라 경공이 그에게 가르침을 청하기도 했다. 35세 때는 노나라 대부들의 횡포로 세상이 어지러워지자 제자들과 함께 제나라로 떠났으나 제나라에서도 뜻을 펼 수 없음을 깨닫고 노나라로 갔다.

기원전 501년, 51세 때 공자는 중도재(中都宰)가 되어 노나라에서 멋진 정치를 펼쳤다. 노나라 정공과 제나라 경공이 회담을 할 때 공자는 정공을 보좌했다. 53세에 국토 관리자 사공(司空)이 되고, 55세에 대사구(大司寇)가 되어 재상의 자리에 올랐다. 그러나 7일 만에 대부 소정묘(少正卯)를 처형하려 하자 권신들의 만류로 중단하고 사퇴했다.

공자는 56세부터 68세까지 13년 동안 주·제·위·진·섭·송·조·정 등 곳곳을 두루 돌아다녔다. 그러는 중에도 제자들과 동행하며 교육을 계속했다. 공자의 나이 69세 때 외아들 리가 죽고 70세 때는 사랑하는 제자 안연(顏淵)마저 세상을 떠났다. 그 후 노나라 애공(哀公) 16년 4월, 73세가 되던 해에 제자 자공에게 자신의 죽음을 예고하고 7일 만에 자리에 누워 일어나지 못했다. 공자의 묘는 오늘날의 산둥 성 취푸 현 북쪽 공림(孔林) 숲속에 모셔져 있다.

공자는 요임금, 순임금의 정신을 받들어 펴고 문왕, 무왕의 법도를 본받아 밝혔다. 그리고 옛것을 풀이할 따름이요 새로이 짓지 않았으며, 옛것을 믿어 좋아한다[迷而不作 信而好古]고 했다. 그래서 공자는 이미 배운 것을 잘 복습해 새로운 이치를 깨달았다[溫故而知新].

공자의 제자 안연은 이런 말을 했다. "우리가 바라볼수록 한층 더 높이 보이고, 뚫어지게 볼수록 한 겹 더 굳어지며, 앞에 계신 어른을 바라보는데 어느새 홀연히 뒤에 와 계신다."

공자는 "나면서부터 도(道)를 아는 것이 없다"고 했으나 후세 사람들은 공자가 나면서부터 도를 알았다고[生而知道] 믿었다. 공자는 50세 때

하느님의 뜻을 알았고[五十而知天命], 70세 때 마음 내키는 대로 해도 법도에 어긋남이 없었다[七十而從心所欲不踰矩]. 이는 성인의 경지가 아니겠는가! 한편 유교에서는 공자를 영원한 스승(萬世宗師)으로 모시고 존경해 소왕(素王)이라 칭했다. 역대 제왕들은 공자를 존경해 저마다 시호를 내렸는데 모두 16개나 된다.

공자는 학문을 얼마나 좋아했는지 이런 말을 했다. "學不厭而敎一不倦(학불염이교일불권), 즉 배우는 데 물리지 않고 가르치는 데 지치지 않는다." 가르침은 어진 데서 나오는데 그만큼 공자의 인격은 넉넉했다. 또한 공자는 학문을 하는 데 세상 어디서든지 배우고 누구에게라도 배우는 겸허한 분이었다. 말년에 노나라에서 대원로로 대접받으면서도 말단의 공직 자리에 있었던 공자의 겸손함은 현대인의 사고방식으로는 받아들이기 어려울 것이다.

기원전 770년부터 기원전 403년까지, 즉 춘추 시대는 주나라가 질서를 잃어 제후들이 할거하고 대부들이 날뛰던 시기였다. 그리고 전국 시대는 기원전 402년부터 기원전 221년까지, 즉 진나라 정왕이 중국을 완전히 통일하고 시황제라 불리기 그 이전까지를 말한다. 주나라가 힘을 잃고 동쪽으로 쫓겨나서 동주(東周)를 세운 시기는 춘추 시대가 막을 내리던 무렵이었다.

공자가 살다 간 70여 년은 중국 역사에서 암흑기라 할 수 있다. 그런 시대에 공자의 군자 교육, 인(仁)의 인격 훈련이 나온 것은 결코 우연이 아닐 것이다. 어두울수록 빛을 더욱 갈구하게 마련이지 않은가.

사실 공자는 벼슬살이보다 제자 교육에 더 열정을 쏟았다. 그리고 주유천하한 13년간 정치 철학을 하나하나 담아내고 인간학의 철저한 연구를 정리해 펴냈다. 공자가 편찬한 『시경(詩經)』, 『서경(書經)』, 『역경(易經)』, 『예기(禮記)』, 『악기(樂記)』, 『춘추(春秋)』 등 육경(六經)은 공자만이 내놓을 수 있는 역작이라 할 수 있다.

공자가 세상을 등진 지도 2,000년이 훌쩍 지났다. 하지만 지금도 동양 사상에 대해 논할 때 공자의 이름을 빼놓을 수 없는 이유는 그를 뛰어넘는 대학자가 없기 때문일 것이다. 필자는 우리나라의 퇴계 선생 정도가 공자와 같은 존경과 예우를 받을 어른이 아닐까 생각한다.

이 책을 읽는 독자 제현이 『논어』의 인간학을 통해 큰 감화를 받으리라 확신하면서 감히 이 졸필을 올린다. 이 책 속에서 공자를 깊이 있게 만나기를 바란다.

차례

서시

『논어』를 읽으면 완벽한 스승 공자님을 만난다.
공자님은 기원전 551년에서 479년까지
'72년간을 사셨던
중국 춘추 시대의 대스승이다.

『논어』를 통해 우리는
이상적인 정치와 군자에 대해 알게 된다.
덕으로 세상을 다스리는 인격자요
온전한 인품의 겸손한 지도자…

『논어』를 읽으면 천하에 둘도 없는
최고의 인간학을 배우게 된다.
인(仁)을 알고, 겸허하고, 나라를 섬기는
지도자의 인품을 배운다.

『성경』을 읽으면
죄와 죽음에서 구원하시는 주님을 만난다.
『금강반야바라밀경』을 읽으면
고통스러운 삶을 일러 주시는 부처를 만난다.

『논어』를 읽으면
오늘날 거짓된 정치가들을 부끄럽게 만드는
위대한 참 지도자 군자를 만나고
우리의 미래를 새 희망으로 꿈꾸게 된다.

위대한 스승 공자님이
정겹고 불칼 같은 정의의 목소리로 다가와
차분하게 깨우쳐 주시는 509개의 문장이
『논어』에 담겨 있다.

제1편

학이(學而)

공자님은 『논어』 첫머리에서
배움에 대해 말씀하셨다.
배우지 않으면 사람이 어찌
짐승과 다를 바가 있으랴.

사람은 배우는 데 힘써야 하고
또한 가르침에도 성의를 다하여
인격을 도야함이 군자의 길이라
가장 먼저 배움에 대해 말씀하셨다.

공자님은 도의 길에 들어서려면
배우고 덕을 쌓아서 부끄러움을 알며
바르게 살기 위해 힘써야 한다고 하셨다.
영원한 스승 공자님의 말씀이다.

1-1

공자님이 말씀하셨다.
배우고 언제나 익히면
이 또한 기쁜 일이 아니겠느냐.
공부에 재미 붙이면 큰 복이 된다.

벗이 먼 데서 찾아오면
이 또한 즐거운 일이 아니겠느냐.
남이 알아주지 않아도
어떠랴!

남이 알아주지 않아도
성내지 않는다면
그야말로 군자답지 않은가.
이 정도면 인격의 완성 아니겠는가.

子曰 學而時習之면 不亦說乎아. 有朋이 自遠方來면 不亦樂乎아
자왈 학 이 시 습 지   불 역 열 호   유 붕   자 원 방 래   불 역 락 호

人不知而不慍이면 不亦君子乎아.
인 부 지 이 불 온   불 역 군 자 호

주 해

• 子曰(자왈) : 공자님이 말씀하셨다. 자(子)는 공자를 가리킨다.
• 之(지) : 여기서는 '그것'이라는 의미이다.
• 不亦(불역) : ~하지 않는가. 강조하는 의미이다.
• 說(열) : 큰 기쁨이다. '열(悅)'과 같은 의미로 해석한다.
• 慍(온) : 성내다.

1-2

유자가 말했다.

사람 됨됨이는 어버이에게 효도하고
어른을 공경하는 것을 보면 압니다.
그런 사람은 윗사람을 함부로 대하지 않습니다.

이런 인물은 난리를 꾸미는 일이
절대 없습니다.
그런 일을 결코 좋아하지 않으니까요.
군자는 늘 근본에 힘씁니다.

근본이 확립된 사람은
언제나 바른 도리를 따르니
효도와 공경함이 바로 인(仁)을
실천하는 근본입니다.

有子曰 其爲人也孝弟요 而好犯上者鮮矣니 不好犯上이요
유자왈 기위인야효제   이호범상자선의   불호범상

而好作亂者는 未之有也니라.
이호작란자   미지유야

君子는 務本이니 本立而道生하나니 孝弟也者는 其爲仁之本與인저.
군자   무본   본립이도생   효제야자   기위인지본여

주해

- 有子(유자) : 공자의 제자인 유약(有若)이다. 공자보다 43세 어린 유자의 모습은 공자를 많이 닮았다고
  알려져 있다. 유약에게 '자(子)'를 붙인 이 문장은 아마도 그의 제자가 쓴 듯하다.
- 弟(제) : 공경하다. '제(悌)'와 같은 의미로 해석한다.   • 범상(犯上) : 윗사람에게 잘못함.
- 작란(作亂) : 역적을 도모하다, 난리를 일으키다.   • 道(도) : 사람의 도리, 인륜(人倫).
- 仁(인) : 『논어』의 핵심 내용으로 인간관계의 완숙한 모습을 나타낸다. 효(孝)에서 인이 나온다 했다.
  어버이와 자식의 관계, 형제 관계, 벗과의 인간관계 등에서 인을 실천하는 것이 공자가 전하는 교훈의
  핵심이다.

1-3

공자님이 말씀하셨다.

말을 교묘하게 하며 말장난질이나 하고

얼굴빛 곱게 가꾸는 사람 중에는

인(仁)한 사람이 거의 없다.

1-4

증자가 말했다.

나는 날마다

다음과 같은 세 가지에 대해

스스로 반성하고 있다.

남을 위해 일할 때 충실했는가?

벗과 사귈 때 믿음을 지켰는가?

신의를 저버린 적이 있는가?

배운 것을 제대로 익히지 못한 것이 있는가?

子曰 巧言令色이 鮮矣仁이니라.
자왈 교언영색　　선의인

曾子曰 吾日三省吾身하노니 爲人謀而不忠乎아.
증자왈 오일삼성오신　　　　위인모이불충호

與朋友交而不信乎아. 傳不習乎아니라.
여붕우교이불신호　　　전불습호

주 해

- 子(자) : 『논어』는 공자의 제자들이 남긴 기록이므로 '자'나 '선생'은 모두 공자를 가리킨다.
- 巧言(교언) : 교묘한 말, 거짓말, 꾸며 낸 말, 제스처가 지나친 말.
- 令色(영색) : 얼굴빛을 꾸민 것, 아름다운 겉모양.
- 仁(인) : 유교의 중심 사상으로 『논어』의 주제이다.
- 曾子(증자) : 공자의 제자로 증(曾)은 성, 이름은 삼(參)이고 자(字)는 자여(子與)이다.
- 日三省(일삼성) : 날마다 세 가지를 또는 세 번 반성하다.

1-5

공자님이 말씀하셨다.
나라를 다스릴 때는 무슨 일이든지
믿음을 주고 신실하게 처리해야 한다.
씀씀이는 반드시 절약해야 한다.

백성을 진정 사랑해야 하고
백성을 동원하여 부릴 때는
농한기에 해야 한다.
농사일과 겹치면 불만이 크기 때문이다.

때를 가려서 사람을 부리고
전쟁이나 성을 쌓는 일에 동원할 때도
마찬가지로 농번기는 피하고
백성의 삶을 살펴야 한다.

子曰 道千乘之國하되 敬事而信하고
자 왈 도 천 승 지 국   경 사 이 신

節用而愛人하며 使民以時니라.
절 용 이 애 인   사 민 이 시

주 해

• 道(도) : 인도하다, 다스리다.
• 千乘之國(천승지국) : 전차 1,000대를 가질 수 있는 제후의 나라.
• 敬(경) : 신중하고 경건하다, 공경스럽다.
• 節用(절용) : 국비 지출의 억제, 절약.
• 愛人(애인) : 애민(愛民).

1-6

공자님이 말씀하셨다.
젊은이들은 집안에서
어버이에게 효도를 다하고
밖에 나가서는 어른을 공경해야 한다.

말과 행동은 늘 삼가야 하며
신의를 두텁게 하고 사람들을 고루 사랑하며
인(仁)한 사람과 가까이 지내야 한다.
사람을 만날 때 신중해야 함을 말씀하셨다.

이렇게 행하고 살면서
남은 힘이 있을 때는
힘껏 글을 배우고
학문에 정진해야 한다.

子曰 弟子入則孝하고 出則弟하며 謹而信하며 汎愛衆하되
자 왈 제 자 입 즉 효   출 즉 제   근 이 신   범 애 중

而親仁이니 行有餘力이어든 則以學文이니라.
이 친 인   행 유 여 력   즉 이 학 문

주해

- 弟子(제자) : 젊은이들.
- 出則(출즉) : 밖에 나가서는.
- 信(신) : 믿음직한 사람.
- 親(친) : 깊고 가까운 사이, 범(汎)의 대상.
- 行有餘力(행유여력) : 일을 실천하고 남은 힘으로.
- 入則(입즉) : 집에 들어와서는.
- 謹(근) : 삼가다, 신중히 하다.
- 汎(범) : 가라앉지 않고 물 위에 뜬 모양.
- 親仁(친인) : 인한 사람과 가까이 지내다.
- 則以學文(즉이학문) : 그 힘으로 글을 배워라. '즉이여력학문(則以餘力學文)'에서 '여력'이 생략된 것이다.

1-7

자하가 말했다.
어진 사람은 현명하게 모시는데
마치 예쁜 여자를
탐내듯 해야 한다.

어버이를 섬길 때는 뼈가 닳도록 힘껏 효도하고
임금을 위해서는 목숨을 바친다.
벗을 사귈 때는 반드시
언행에 믿음이 있어야 한다.

이런 사람이라면
비록 학문이 없다 해도
나는 그를 많이 배운 사람이라고 할 것이다.
인격이 이미 배운 사람이니까!

子夏曰 賢賢하되 易色하며 事父母하되 能竭其力하며
자하왈 현현   역색   사부모   능갈 기 력

事君하되 能致其身하며 與朋友交하되 言而有信이면
사군   능치 기 신   여붕우교   언 이유 신

雖曰未學이라도 吾必謂之學矣라 하리라.
수 왈 미 학   오 필 위 지 학 의

1-8

공자님이 말씀하셨다.
군자는 신중하지 못하면 위엄이 없고
공부하는 실력도
단단하지 못하고 부실하다.

충성과 신의를 중요시하고
나보다 못한 이를 벗으로
가까이 사귀지 말라.
잘못은 놔두지 말고 바로 고쳐라.

1-9

증자가 말했다.
상례를 신중하게 치르고
제사 모실 때 정성을 다하면
백성의 인정이 두터워질 것이다.

子曰 君子不重則不威니 學則不固니라.
자왈 군자부중즉불위   학즉불고

主忠信하며 無友不如己者요 過則勿憚改니라.
주충신   무우불여기자   과즉물탄개

曾子曰 愼終追遠이면 民德이 歸厚矣니라.
증자왈 신종추원   민덕   귀후의

주 해

• 不重(부중) : 무게가 없다.
• 불위(不威) : 위엄이 없다, 권위가 없다.
• 主(주) : '빈(賓)'의 반대 개념이다.
• 憚(탄) : 꺼리다, 어렵게 여기다.
• 勿憚改(물탄개) : 고치기를 꺼리지 말라.
• 遠(원) : 돌아가신 선조.
• 歸厚(귀후) : 두터운 데로 돌아가다, 후덕한 데로 귀착하다.

1-10 자금이 자공에게 물었다.
공자께서는 어느 나라에 가시든지
반드시 그 나라의 정치를 들으시는데
이는 선생님이 먼저 요청하신 것입니까?

그렇지 않으면 그쪽 나라에서 먼저
스스로 자문을 구하는 것입니까?
자공이 말했다.
선생님은 온화하고 선량하십니다.

또 공손하고 겸양하신 인품으로 다 들어주십니다.
이렇게 정치에 관심을 가지심은
다른 사람들이 정치 권세에
가까이하는 것과 전혀 다릅니다.

子禽이 問於子貢曰 夫子至於是邦也하사
자금   문어자공왈 부자지어시방야

必聞其政하시나니 求之與아. 抑與之與아.
필문기정   구지여   억여지여

子貢曰 夫子는 溫良恭儉讓以得之시니
자공왈 부자   온량공검양이득지

夫子之求之也는 其諸異乎人之求之與인저.
부자지구지야   기저이호인지구지여

주해

• 子禽(자금) : 공자의 제자로 성은 진(陳), 이름은 항(亢)이고 자금은 자(字)이다. 자공의 제자라는 설도 있다.
• 子貢(자공) : 공자의 제자로 성은 단목(端木), 이름은 사(賜)이고 자공은 자(字)이다.
• 夫子(부자) : 남자를 높여 부르는 말로 공자의 제자들이 공자를 공부자라 칭하니 후세 사람들이 스승, 선생님이라는 칭호로 부르게 되었다.
• 是邦(시방) : 공자가 방문한 나라, 불특정 국가.   • 抑(억) : 그렇지 않으면.
• 其諸(기저) : 어세(語勢)를 강하게 발음한 말이다. 공자를 다른 이들과 구별하기 위해 발음을 강하게 했다.

26

1-11 공자님이 말씀하셨다.

아버지가 살아 계실 때는
아버지의 뜻을 받들어 모시고
마음이 아버지를 따르는지 살펴야 한다.

아버지가 돌아가시면
아버지가 하신 일을 본받아야 한다.
그래서 자식의 행동을 살펴서
아버지의 뒤를 따라야 한다.

그리고 3년 동안 아버지가
하시던 일의 방법을 바꾸지 않고
효도하는 자식이 되어야 한다.
제사 지낼 때는 살아 계신 듯 해야 한다.

子曰 父在에 觀其志요 父沒에 觀其行이니
자왈 부재　관기지　부몰　관기행

三年을 無改於父之道라야 可謂孝矣니라.
삼년　무개어부지도　　가위효의

- 觀其志(관기지) : 그것(其)이 가리키는 대상이 아버지인지, 자식인지에 따라서 해석이 다르다.
- 觀其行(관기행) : 자식의 행동을 살피느냐 또는 아버지의 행동을 살피느냐로 해석할 수 있다.
- 父之道(부지도) : 아버지가 하던 행동의 원칙, 취지, 방법 등을 따르는 자식이 되어야 한다.

유자가 말했다.

예(禮)의 효용 가치는

화합이 귀중한 것이다.

옛 임금들의 도(道)는 바로 이것이다.

이 도를 아름답게 여기고

크고 작은 일들은 모두 이 이치를 따랐다.

그렇게 했는데 세상에 통하지 않을 때도

화합을 강조했다.

화합을 이루면서

예로써 절제하지 못하면

세상에서도 통하지 못한다.

예법으로 매듭짓지 못하면 안 된다.

有子曰 禮之用이 和爲貴하니 先王之道斯爲美라
유자왈 예지용 화위귀 선왕지도사위미

小大由之니라. 有所不行하니 知和而和요
소대유지 유소불행 지화이화

不以禮節之면 亦不可行也니라.
불이례절지 역불가행야

주 해

• 和(화) : 화합, 조화, 원만한 인간관계. 이는 좋은 게 좋다는 식의 무원칙적인 화합이 아니다.
• 由之(유지) : 그것으로 말미암아.
• 以禮節之(이례절지) : 예로써 그것을 절제하다. 여기서 예는 자연의 이치를 인간 사회에 적용하는 것이다.
• 不可行也(불가행야) : 원칙 없는 화합은 사회가 용납하지 않는다는 뜻이다. '행(行)'은 '중용되다'라는 의미이다.

1-13 유자가 말했다.

약속한 것이 도의에 합당하면

그 말을 실천할 수 있다.

약속은 믿음이니 도의가 있어야 한다.

공손함이 예(禮)에 합당하면

치욕스러움을 멀리할 수 있다.

친족 관계를 잃지 않으면

역시 존경받을 만하다.

의와 예를 알맞게 지닌다면

중용의 사상과 상통함을 볼 수 있다.

공손함이 지나치면 이미 예가 아니고

치욕이 따르기가 쉽다.

有子曰 信近於義면 言可復也며 恭近於禮면 遠恥辱也며

유자왈 신근어의   언가복야   공근어례   원치욕야

因不失其親이면 亦可宗也니라.

인불실기친   역가종야

주 해

- 信近於義(신근어의) : 믿음이 생기면(가까워지면) 정의가 된다. 인간관계에서 가장 중요한 것은 믿음이다.
- 言可復(언가복) : 언약을 실천하다. '복(復)'은 '실천하다'라는 의미이다.
- 遠(원) : 멀리하다.
- 宗(종) : 우두머리가 된다.

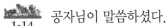

1-14

공자님이 말씀하셨다.
군자는 먹는 것에 대해서는
배부른 것만 추구하지 않는다.
먹는 것이 목적이 아니기 때문이다.

사는 데 편한 것만 찾지 않고
일하는 데는 아주 재빠르며
말할 때는 신중하게 조심하고
군자는 안빈낙도하는 삶이다.

도의를 잘 아는 사람에게 가서
자신의 잘못을 바로잡는 사람이라면
배우기를 좋아할 만한
어른이 아니겠느냐.

子曰 君子는 食無求飽하며 居無求安하며 敏於事而愼於言이요.
자왈 군자   식무구포   거무구안   민어사이신어언

就有道而正焉이면 可謂好學也니라.
취유도이정언   가위호학야이

• 求飽(구포) : 배부르기만 바라다.
• 敏於事(민어사) : 일을 재빠르게 처리하다.
• 有道(유도) : 도를 알고 실천하다. 도학군자(道學君子).
• 正焉(정언) : 바르게 고치다.

1-15(1)

자공이 말했다.
가난하면서도 남에게 아첨하지 않고
부자이면서도 다른 이에게 교만하지 않은
그런 사람은 어떻습니까?

공자님이 말씀하셨다.
그런 자라면 좋은 사람이기는 하지.
그러나 가난해도 즐겁게 살고
부유하면서도 예(禮)를 좋아함만 못하다.

자공이 또 말했다
『시경』에 칼로 자른 듯, 줄로 간 듯,
정으로 쫀 듯, 숫돌로 광내듯 한다는데
그게 무슨 말입니까?

子貢曰 貧而無諂하며 富而無驕하면 何如하니잇고.
자공왈 빈이무첨   부이무교   하여

子曰 可也나 未若貧而樂하며 富而好禮者也니라.
자왈 가야   미약빈이락   부이호례자야

子貢曰 詩云如切如磋하며 如琢如磨라 하니 其斯之謂與인저.
자공왈 시운여절여차   여탁여마   기사지위여

주해

• 未若(미약) : 아직도 ~만 못하다.
• 貧而樂(빈이락) : 가난해도 즐겁게 살다.
• 詩云(시운) : 학이시습지(學而時習之)의 구체적인 내용으로 시(詩)의 교육적 효과가 나타나 있다. 공자가 『시경』을 일차적 교재로 삼은 것이 여기서도 드러난다.
• 如切如磋 如琢如磨(여절여차 여탁여마) : 『시경(詩經)』「위풍(衛風)」편 〈기욱(淇奧)〉의 구절로 품격과 외모가 뛰어난 사람을 옥이나 돌을 다듬는 섬세한 과정에 비유했다.

1-15(2) 공자님이 말씀하셨다.

사야! 비로소 더불어

시를 이야기할 만하구나!

시는 우리를 바로 깨우쳐 준다.

지난 일을 알려 주면

그리움에 닥칠 일을 알게 된다.

알려 주지 않은 일도 다 알게 된다.

공부를 그렇게 해야 한다.

선생님의 말씀에

자공은 크게 깨달았다.

말씀해 주시지 않은 것도

나중에 생길 일까지도 알게 되었다.

子曰 賜也는 始可與言詩已矣로다.
자왈 사야   시가여언시이의

告諸往而知來者온여.
고 저 왕 이 지 래 자

- 賜(사) : 자공의 이름이며 자공은 공자의 제자이다.
- 학(學)의 과정과 그 성과를 시(詩)의 이해를 통해 설명하고 있다. 시의 교육적 효과를 과소평가해서는
  안 된다.

1-16

공자님이 말씀하셨다.
남이 나를 알아주지 않을까
걱정하지 말고
자신이 바른 자세로 가누어야 한다.

그보다는 사실
내가 남을 제대로 알지 못함을
걱정해야 한다.
무엇을 걱정해야 할지 알아야 한다.

문제의 원인을 생각하고
그 원인을 밖에서 찾지 말며
자신에 대한 반성에서 찾아야 한다고
공자님이 말씀하셨다.

子曰 不患人之不己知요 患不知人也니라.
자 왈 불 환 인 지 불 기 지   환 부 지 인 야

주 해
• 人(인) : 다른 사람. '기(己)'의 반대 개념으로 「리인(里仁)」 편에도 나온다.
• 不己知(불기지) : 나를 알아주지 않다. '부지기(不知己)'를 도치한 것이다.
• 知人(지인) : 남을 알다, 남을 이해하다.

위정(爲政)

공자님은 정치란 바르게 함이라 하셨다.
세상에 나 혼자 사는 것이 아니라
여럿이 더불어 사는 세상이니
올바르게 다스리는 정치라야 한다 하셨다.

군자는 겸손하여 늘 배우고
덕을 쌓고 인격을 수양하며
백성에게 해로움이 없도록 조신하여
선정을 베풀어야 한다 하셨다.

군자는 백성을 사랑함으로써
편견 없이 다스려야 하고
만사에 백성의 모범이 되어야
바른 정치를 할 수 있다 하셨다.

2-1

공자님이 말씀하셨다.

덕으로 정치하는 것을

비유하자면

북극성은 늘 제자리에 있는데

모든 별들이 어울려

북극성을 받들고 따르는 것과

같다 할 것이다.

형벌이나 법으로 다스림이 아니다.

겁주며 마지못해 하는 것이 아니라

덕으로 섬기며 하는 정치는

강압적인 다스림이 아니다.

은혜로 덕을 끼치는 정치이다.

子曰 爲政以德이 譬如北辰이 居其所어든 而衆星이 共之니라.
자왈 위정이덕   비여북신   거기소   이중성   공지

주 해

• 以德(이덕) : 덕으로써, 덕을 가지고, 덕으로 감화하며. 백성을 법이나 채찍으로 위협하지 않고 은덕을
베풀어 감동시키며 다스리는 것을 말한다.
• 譬如(비여) : 비유하면 ~ 같다.
• 北辰(북신) : 북극성.
• 居其所(거기소) : 그 자리에 그냥 있다.
• 共之(공지) : 두 손 잡고 따르는 자세.

2-2 공자님이 말씀하셨다.
『시경』에 담긴 300편의 시를 읽고
하나같이 깨닫는 바는
거짓이 없다는 것이다.

덕으로 다스리는 것은
섬기는 정치이다.
벼슬아치들이 해먹을 생각을 버리고
고매한 인격으로 나라를 받든다.

나라를 받든다는 것은
백성을 섬긴다는 의미이다.
공자님은 시 작품에 거짓이 없고
진실만 있다고 말씀하셨다.

子曰 詩三百을 一言以蔽之하니 曰思無邪니라.
자왈 시삼백   일언이폐지   왈사무사

주해

• 詩(시) : 공자가 편집한 『시경』을 가리킨다. 『시경』에는 시 311편이 담겨 있는데 그중 6편은 제목만 있고 시의 본문이 있는 것은 305편이며, 여기서 300편이라고 한 것은 어림이다.
• 蔽(폐) : 덮다.
• 思無邪(사무사) : 생각에 거짓이 없다. 「노송(魯頌)」 편의 〈경(駉)〉에 나온 구절이다.

2-3

공자님이 말씀하셨다.
백성을 정치로 인도하고
형벌로 다스리고 위협하면
형벌을 면했을 때도 부끄러움을 모른다.

그러나 백성을 덕으로 인도하고
예법으로 다스리면
백성이 부끄러워할 줄도 알고
스스로 잘못을 고칠 줄도 알게 된다.

사람만이 모든 생물 가운데에서
부끄러움을 아는 존재이다.
공자님은 백성을 형벌로 다스리지 말고
덕과 예법으로 부끄러움을 알게 함이 좋다 하셨다.

子曰 道之以政하고 齊之以刑이면 民免而無恥니라.
자왈 도지이정   제지이형   민면이무치

道之以德하고 齊之以禮면 有恥且格이니라.
도지이덕   제지이례   유치차격

주 해

· 道(도) : 인도하다. '도(導)'와 같은 의미로 해석한다.
· 政(정) : 정치 제도나 법제를 의미한다.
· 齊(제) : 악을 막아 선과 나란히 서다, 사회 질서를 잘 지키다.
· 德(덕) : 곧은 것은 바른 것이다. 곧은 마음을 얻은 것이 인격이며, 솔선해 수기(修己)하는 것이 덕을 얻는 길이다.
· 格(격) : '통하다, 감화하다'로 해석한다.

2-4 공자님이 말씀하셨다.
나는 열다섯 살에 학문에 뜻을 두었고
서른 살에 목표를 세워 세계관을 알았으며
마흔 살에는 미혹되는 어리석음이 없어졌다.

쉰 살에는 하느님의 뜻을 알았고
예순 살에는 귀가 열려
듣는 말을 다 이해했으며
일흔 살에는 자유롭게 살아도 어긋남이 없었다.

군자가 되신 공자님은
정신 발달의 과정을 친히 말씀하셔
제자들이 인생을 알게 하셨다.
과연 성인(聖人)의 경지에 이른 것이다.

子曰 吾十有五而志于學하고 三十而立하고 四十而不惑하고
자왈 오십유오이지우학   삼십이립   사십이불혹

五十而知天命하고 六十而耳順하고 七十而從心所欲하되 不踰矩호라.
오십이지천명   육십이이순   칠십이종심소욕   불유구

주해

- 十有五(십유오) : 열에 다섯을 더하여, 15세 때.
- 而立(이립) : 자립하다.
- 耳順(이순) : 귀가 순해지다. 남의 말을 깊이 듣고 이해하다. 성숙한 인격의 경지를 의미한다.
- 從心(종심) : 도심(道心)을 따르다.
- 踰(유) : 넘어서다.
- 矩(구) : 직각을 그리는 정방(正方) 기구로 법조나 규범을 가리킨다.

2-5

맹의자가 효도에 대해
공자님에게 물으니
공자님이 말씀하셨다.
어긋남이 없는 것이다.

번지가 수레를 몰고 있을 때
공자님이 수레를 타고 가면서 말씀하셨다.
맹손이 효도에 대해 묻기에
어긋나지 말라 했는데 무슨 뜻이냐 물었다.

살아 계실 때는 예의로 섬기고
돌아가시면 상례의 법도로 모시며
제사 때는 제사법대로 모셔야 한다 하셨다.
맹손 일가는 예에 어긋나는 짓을 많이 했었다.

孟懿子가 問孝한대 子曰 無違니라. 樊遲가 御러니 子告之曰
맹의자   문효   자왈 무위   번지   어   자고지왈

孟孫이 問孝於我어늘 我對曰 無違라호라. 樊遲가 曰 何謂也잇고.
맹손   문효어아   아대왈 무위   번지   왈 하위야

子曰 生事之以禮하며 死葬之以禮하며 祭之以禮니라.
자왈 생사지이례   사장지이례   제지이례

주 해

• 孟懿子(맹의자) : 노나라의 대부로 맹손이라고도 부른다.
• 樊遲(번지) : 공자의 제자로 성은 번(樊), 이름은 수(須), 자는 자지(子遲)이다.
• 御(어) : 마차의 말을 어거(馭車)라 한다.
• 無違(무위) : 불위(不違). 어버이 명예를 어기지 않는다.
• 생례(生禮), 장례(葬禮), 제례(祭禮)는 삼례(三禮)이다.

2-6

맹무백이 효에 대해 묻자
공자님이 말씀하셨다.
어버이는 오직 자식 걱정
병날까 조심하신다.

어버이는 그것만 걱정하시며
정성 다해 자식을 키우신다.
자식이 건강하게 커 가는 것이
어버이에게 가장 큰 효이다.

자식이 자기 건강을 잘 돌보는 것도
큰 효가 되지만
또한 어버이의 건강을
늘 염려하는 것이 참 효도이다.

孟武伯이 問孝한대 子曰 父母는 唯其疾之憂시니라.
맹무백   문효   자왈 부모   유기질지우

주 해

• 孟武伯(맹무백) : 맹의자의 아들이다.
• 唯其疾之憂(유기질지우) : 유우기질(唯憂其疾)을 강조하기 위해 도치한 문장이다. '질(疾)'을 어버이로
  보느냐, 자식으로 보느냐에 따라서 해석이 달라진다. ① 자식이 병날까 어버이가 걱정하다, ② 어버이
  가 병나실까 자식이 걱정하다.

자유가 효에 대해 묻자
공자님이 말씀하셨다.
요즘의 효도는 주로 어버이를
물질적으로 봉양하는 것을 말한다.

그러나 개나 말 등 짐승도
모두 먹여 살리니
공경하지 않는다면
짐승과 무엇이 다르겠는가.

물질도 필요하지만
마음으로 공경하는 정성이
아름다운 효이다.
마음을 다하여 어버이를 모셔야 한다.

子游가 問孝한대 子曰 今之孝者는 是謂能養이니
자유   문효   자왈 금지효자   시위능양

至於犬馬하여도 皆能有養이니 不敬이면 何以別乎리오.
지어견마   개능유양   불경   하이별호

주 해

• 子游(자유) : 공자의 제자로 성은 언(言)이며 문학에 재능이 있었다 한다.
• 孝(효) : 공자의 가르침의 중심에는 늘 효가 있다. 세상만사를 효에서부터 풀어 가는 것이 공자의 근본
  정신이다.
• 養(양) : 봉양하다, 먹여 살리다.

자하가 효에 대해 묻자
공자님이 말씀하셨다.
언제나 밝은 얼굴로
어버이를 대하기가 어렵다.

일이 있을 때는 아랫사람이
수고로운 일을 대신 해야 하고
술이나 음식이 있을 때는
윗사람이 먼저 드시게 하여라.

그렇게 하는 것이 효도라
할 수 있지 않겠느냐.
언제나 좋은 얼굴빛을 지니는 것이
어버이의 마음을 편하게 하는 효이다.

子夏가 問孝한대 子曰 色難이니 有事어든 弟子服其勞하고
자하　 문효　　　 자왈 색난　　 유사　　　 제자복 기로

有酒食어든 先生饌이 曾是以爲孝乎아.
유주사　　　 선생찬　 증시이위효호

주 해

• 色難(색난) : 좋은 안색을 보이기가 어렵다.
• 弟子(제자) : 자식이나 동생.
• 服(복) : 대신 하다.
• 酒食(주사) : 음식. '사(食)'는 밥상을 가리킨다.
• 先生(선생) : 윗사람, 선배.

공자님이 말씀하셨다.
내가 안회와 함께 하루 종일 이야기를 해도
그는 바보처럼 듣기만 하고
아무런 문제도 말하지 않았다.

그런데 나중에 알고 보니
그는 생활이나 인생에서
충실하게 실천을 하고 있었다.
결코 안회는 어리석은 바보가 아니었다.

안회는 바보같이 보였을 뿐
전혀 바보가 아니었음을 아셨다.
안회는 공자님의 수준에 맞추어
다 알아들었던 것이다.

子曰 吾與回로 言終日에 不違如愚러니 退而省其私한대
자왈 오여회   언종일   불위여우   퇴이성기사

亦足以發하나니 回也不愚로다.
역족이발   회야불우

• 回(회) : 공자의 제자 가운데 가장 뛰어난 제자였다. 성은 안(顏)이고 자는 자연(子淵)이며, 그의 덕행
  은 모두에게 존경을 받았으나 41세에 죽어 공자가 크게 상심했다.
• 愚(우) : 어리석은 사람, 바보. 그러나 속이 꽉 찬 사람은 말이 없는 법이다.
• 私(사) : 친구끼리. '공(公)'의 반대 개념이다.
• 發(발) : 꽃이 봉오리에서 피어나다.
• 足以發(족이발) : 충분히 실천에 옮기다.

2-10 공자님이 말씀하셨다.

그 사람이 하는 일을 보면서

그 사람의 동기를 살펴보면서

그의 진실을 알 수 있겠는가?

그 사람의 편안함을 관찰하면서

그 자신을 어떻게 숨길 수 있겠는가?

그 사람을 어떻게 숨길 수 있겠는가?

그 속마음을 어떻게 감출 수 있단 말인가?

사람을 알려면 잘 보아야 한다.

시(視), 관(觀), 찰(察), 이 셋은

다 본다는 뜻이지만 그 깊이가 달라

훑어보고, 목적을 살피고, 더욱 깊이 살피는 것이다.

子曰 視其所以하며 觀其所由하며 察其所安이면
자왈 시기소이   관기소유   찰기소안

人焉廋哉리오. 人焉廋哉리오.
인언수재   인언수재

주│해

• 視(시) : 눈에 띄는 대로 살피다.
• 所以(소이) : 지금 하고 있는 것.
• 觀(관) : 속속들이 살피다.
• 所由(소유) : 말미암는 것.
• 察(찰) : 더 깊이 조사하고 살피다.
• 사람을 보는 방법은 시(視), 관(觀), 찰(察), 세 가지가 있는데 공자는 이렇게 사람을 관찰했다. 물끄러미 보는 것은 의미가 없다.

2-11

공자님이 말씀하셨다.
옛것은 익혀 내 것으로 삼고
새것은 관심을 가지고 알아야 한다.
새로운 풍조나 현대적인 변화를 알아야 한다.

이런 자세로 공부하는 사람은
스승이 될 만하다.
스승은 스스로 먼저 공부해야 하므로
공부하는 자세가 중요하다.

옛것을 헛되게 여기지 않고
하나하나 잘 익혀서 내 것으로 만들며
그 바탕에 새로운 지식을 더하는 사람은
스승이 될 만하다 하셨다.

子曰 溫故而知新이면 可以爲師矣니라.
자왈 온고이지신   가이위사의

주 해

• 溫(온) : 잘 배워서 익숙해지다.
• 故(고) : 옛것, 오래된 것, 묵은 것이라 하더라도 버리지 말고 잘 검토해 간직하면 새로운 지식과 연결
 될 수 있다.
• 溫故而(온고이) : 옛것을 찬찬히 살피고 잘 익혀 간직하면 내 지식이 된다.

2-12

공자님이 말씀하셨다.
군자는 그릇처럼
한 가지 일에 한정된
외통수 인간이 되어서는 안 된다.

때로는 다용도여야 한다.
어느 자리에 쓰이든
훈련되고 쓸모 있는
인간이 되어야 한다.

한 가지만 아는 사람은
군자가 못 된다.
군자는 덕행으로 인격을 갖추어
모든 것을 관리할 줄 알아야 한다.

子曰 君子는 不器니라.
자왈 군자   불기

주 해

• 不器(불기) : 그릇이 아니다. 그런 그릇이 되지 말라. 쓰임새가 한정된 인간은 편협해 군자가 될 수
없다.
• 그릇 같은 인물은 전체를 모르기 때문에 군자가 될 수 없다. 인격 완성에 관심을 가져야 한다.

2-13

자공이 군자에 대해 묻자
공자님이 말씀하셨다.
군자란 말보다 앞서
행동을 해야 한다.

그다음에 뒤이어
말이 따라야 한다.
말이 너무 앞서면
행동이 따르기 어렵다.

말만 번지르르하고
행동이 뒤따르지 않는 것은
군자의 모습과 동떨어지니
행한 뒤에 말이 따라야 한다.

子貢이 問君子한대 子曰 先行其言이오 而後從之니라.
자공　　문군자　　자왈 선행기언　　이후종지

- 先行其言(선행기언) : 그 말보다 먼저 행하다. 생각한 바를 말로 하기 전에 먼저 실천에 옮기는 것을 말한다.
- 從之(종지) : 그것을 따르다.
- 而後從之(이후종지) : 그다음에 행동이 뒤따르다. 먼저 행동한 뒤에 그에 대한 말을 하는 것을 뜻한다.

2-14

공자님이 말씀하셨다.
군자는 여러 사람과 잘 어울리고
조화를 이루면서도
절대로 당파를 만들지 않는다.

소인배는 여러 사람과 어울리거나
조화를 이루지 못하면서
당파를 만든다.
그것이 군자와 크게 다른 점이다.

군자와 소인은 다른 점이 많다.
공(公)과 사(私)를 구별할 줄 알고
나라를 위해서 정의를 먼저 생각하는
기본자세가 되어야 군자이다.

子曰 君子는 周而不比하고 小人은 比而不周니라.
자왈 군자   주이불비   소인   비이부주

주 해

• 周(주) : 여러 사람과 어울리고 조화를 이루는 것.
• 不比(불비) : 사사로운 감정이나 이해관계로 당파를 만들지 말라는 것(부정법).

공자님이 말씀하셨다.

배우기만 하고

생각하지 못하면

아는 것이 막연할 뿐이다.

이는 배운 것에서

얻는 것이 없고

앎이 헛될 뿐이다.

그러면 배워서 무엇 하겠느냐.

딴 생각만 머리 터지게 하고

배우지 못하면 위태로워진다.

배워야 선인의 지혜와 경험이

내 생각과 연관되어 도움이 된다.

子曰 學而不思則罔하고 思而不學則殆니라.
자 왈 학 이 불 사 즉 망   사 이 불 학 즉 태

주해

- 學(학) : 전적(典籍)을 고증하다.
- 思(사) : 연구하고 비판하다.
- 罔(망) : 속하다.
- 不學則殆(불학즉태) : 배우지 못하니 위태롭다. 선인의 지혜와 경험을 배워야 내 생각이 위험하지 않다.

2-16
공자님이 말씀하셨다.
부질없는 공부에 매달리면
이단에 빠져 손해만 보게 되고
정말 해로울 뿐이다.

2-17
공자님이 말씀하셨다.
유(자로)야,
안다는 것이 무엇인지 가르쳐 주랴!
사실은 이보다 어려운 것이 없다.

아는 것은 안다 하고
모르는 것은 모른다 하는 것
이것이 바로 아는 것이란다.
내가 얼마나 모르는지를 아는 것이란다.

子曰 攻乎異端이면 斯害也已니라.
자왈 공호이단   사해야이

子曰 由아. 誨女知之乎인저.
자왈 유   회여지지호

知之爲知之요 不知爲不知是知也니라.
지지위지지   부지위부지시지야

주 해

- 攻(공) : 공부하다.
- 異端(이단) : 경서 이외의 잡술서 또는 양주와 묵적의 제자백가의서, 그 밖에 다른 기록물.
- 害(해) : 군자학에 방해되는 것들.
- 斯害也已(사해야이) : 그것이 해로울 뿐이다.
- 由(유) : 공자보다 아홉 살 어린 제자로 성은 중(仲)이고 자는 자로(子路)이다.
- 誨(회) : 가르쳐서 깨우쳐 주다.
- 女(여) : 너, 당신. '여(汝)'와 같은 의미로 해석한다.

자장이 출세에 대해 묻자
공자님이 말씀하셨다.
많은 것을 듣고 의심을 버리고 조심하면
허물이 적을 것이다.

많은 것을 보고 위험한 것을 버리고
더욱 조심하면 후회가 적을 것이다.
말에 허물이 적고 행동에 후회가 적을수록
자연스럽게 출세가 된다 하셨다.

애공이 인기에 대해 묻자 공자님이 말씀하셨다.
정직한 사람을 등용하고 그릇된 사람을 위에 두면
백성이 따르지 않을 것이다.
믿을 만한 정직한 사람이라야 된다는 것이다.

子張이 學干祿한대 子曰 多聞闕疑요 愼言其餘則寡尤며
자장   학간록   자왈 다문궐의   신언기여즉과우

多見闕殆요 愼行其餘則寡悔니 言寡尤하며 行寡悔면 祿在其中矣니라.
다견궐태   신행기여즉과회   언과우   행과회   녹재기중의

哀公이 問曰 何爲則民服이니잇고. 孔子對曰 擧直錯諸枉이면
애공   문왈 하위즉민복   공자대왈 거직조저왕

則民服하고 擧枉錯諸直이면 則民不服이니이다.
즉민복   거왕조저직   즉민불복

주 해

- 子張(자장) : 공자의 제자이다.
- 闕疑(궐의) : 의심을 버리다.
- 哀公(애공) : 노나라의 왕이다.
- 服(복) : 따르다.
- 學干祿(학간록) : 녹봉을 구하는 것을 배우다.
- 闕殆(궐태) : 위험한 것을 버리다.
- 何爲(하위) : 무엇을 하면, 어떻게 하면.
- 孔子對曰(공자대왈) : 왕의 물음에 예를 갖춘 표현이다.

2-20

계강자가 물었다

어떻게 해야 백성이 따르겠습니까?

공자님이 말씀하셨다.

정직한 사람을 등용하여라.

그를 그릇된 사람 위에 앉히면

백성이 공경하고

어버이에게 효도하게 된다.

아랫사람을 사랑하면 진심으로 따른다.

능력 있는 사람을 등용하여

부족한 사람을 가르치게 하면

백성은 열심을 다하여

일을 잘하게 된다.

季康子가 間 使民敬忠以勸하되 如之何잇고.
계강자　문 사민경충이권　　여지하

子曰 臨之以莊則敬하고 孝慈則忠하고 擧善而敎不能則勸이니라.
자왈 임지이장즉경　　효자즉충　　거선이교불능즉권

• 季康子(계강자) : 노나라의 대부로 당시의 실권자였다.
• 以(이) : 그리고(접속사).
• 臨之(임지) : 아랫사람을 대할 때.
• 以莊(이장) : 예의 법도를 갖춰 대하다.
• 윗사람이 진심으로 힘껏 일하고 효도하면 아랫사람이 이를 배워서 잘한다는 교육에 대한 내용을 담고 있다.

어떤 사람이 공자에게 말했다.
선생님은 왜 정치를 하지 않습니까?
공자님이 말씀하셨다.
『서경』에 이런 말씀이 있다.

효도하라! 오직 효도하고
형제간에 서로 우애하며
이를 나랏일에 반영하라.
이런 것이 정치이다.

어찌하여 관직에 나아가야만
정치한다고 하는가.
백성의 도리를 잘하는 것도
나랏일을 하는 것과 다를 바 없다.

或이 謂孔子曰 子는 奚不爲政이시잇고. 子曰 書云孝乎인저.
혹   위공자왈 자는 해불위정   자왈 서운효호

惟孝하며 友于兄弟하여 施於有政이라 하니
유효   우우형제   시어유정

是於有政이니 奚其爲爲政이리오.
시어유정   해기위위정

주해

• 奚(해) : 왜, 어찌하여.
• 書(서) : 『서경(書經)』의 「주서(周書)」편 〈군진(君陳)〉에서 효도와 형제간의 우애로 정사를 베풀 수 있다 했다.
• 其爲(기위) : 관직에 나아가다.
• 爲政(위정) : 정치하다.

2-22

공자님이 말씀하셨다.

믿음이 없는 사람은

정말 쓸모가 없다.

큰 수레를 생각해 보자.

소의 멍에를 맬 데가 없고

말의 멍에를 걸 데가 없으면

어떻게 그 수레를

끌고 갈 수 있겠느냐.

사람의 믿음은

바로 그와 같다.

하늘과 땅에 연결되는

멍에 걸 데와 같은 것이다.

子曰 人而無信이면 不知其可也로라.
자왈 인이무신   부지기가야

大車無輗하고 小車無軏이면 其何以行之哉리오.
대거무예   소거무월   기하이행지재

주해

- 大車(대거) : 소가 끄는 큰 수레.
- 輗(예) : 수레를 끌 채 끝에 댄 나무.
- 小車(소거) : 전쟁에 쓰는 작은 수레로 4마리 말이 끈다.
- 軏(월) : 수레 끝의 위로 굽은 부분으로 여기에 말의 멍에를 건다.

2-23

자장이 왕조 뒤의 변화를 아십니까 묻자
은나라는 한나라의 예절과 법도를 따랐다.
또 주나라는 은나라를 따랐다.
그러니 누가 주나라를 계승하면 알 것이다 하셨다.

100개 왕조가 지나간다 해도
그 뒤를 이렇게 예절과 법도로 이어 가는
그 왕조가 어떨지를 알게 될 것이니
예절과 법도가 생명이 될 것이다.

2-24

공자님은 자기 집 제사가 아닌 이를 제사 지내면
그것은 아첨에 불과하다 하시고
마땅히 해야 할 일을 보고도 하지 못함은
용기 없기 때문이라 하셨다.

子張이 問 十世를 可知也잇가. 子曰 殷因於夏禮하니
자장　문 십세　가지야　　자왈 은인어하례

所損益을 可知也며 周因於殷禮하니 所損益을 可知也니
소손익　가지야　주인어은례　　소손익　가지야

其或繼周者면 雖百世라도 可知也니라.
기혹계주자　수백세　　가지야

子曰 非其鬼而祭之는 諂也요 見義不爲는 無勇也니라.
자왈 비기귀이제지　첨야　견의불위　무용야

주 해

• 世(세) : 한 세대, 약 30년.
• 禮(예) : 당시 사회의 모든 규범.
• 義(의) : 의로운 일, 마땅히 해야 할 일.

• 因(인) : 앞 왕조를 따르다.
• 鬼(귀) : 제사를 모시는 대상인 조상의 영혼.

제3편

팔일(八佾)

공자님은 예(禮)와 악(樂)의
득실을 가르치신다.
고대에는 예와 악으로 정치를 바로잡고
백성을 바로 가르쳤다.

예로써 임금을 안정시키고
백성을 잘 다스리게 했던 것이다.
악은 기풍으로 풍속을 바로잡았으며
공자님은 백성을 덕으로 다스리라 하셨다.

예로써 하늘의 도리를 따르게 했고
그것을 실천하는 것이 바로
정치라 하며 가르치신 것이다.
바른 정치의 길을 힘써 가르치셨다.

3-1 공자님이 계씨를 두고

집 뜰에서 여덟 줄 춤을 추니 무슨 짓은 못하겠는가.

차마 봐줄 수가 없구나 하셨다.

마치 천자가 된 줄 아는 것인가.

3-2 노나라 세 대부 집안에서 제사 지낸 뒤

『시경』의 옹을 노래하며 그릇을 거두니

제사 돕는 제후들이 천자가 장엄하시다는 노랫말을

어찌 세 대부 집안 사당에 쓰는가?

노나라 세 대부 집 사당 제사를 지내면서

천자의 종묘에서 부르던 『시경』을 읊조림은

아무래도 어이없는 짓이 아니겠는가.

공자님은 그 그릇됨을 평하셨다.

孔子 謂季氏하시되 八佾로 舞於庭하니 是可忍也온 孰不可忍也리오.
공자 위계씨　　　팔일　무어정　　시가인야　숙불가인야

三家者가 以雍徹이러니 子曰 相維辟公이어늘
삼가자　이옹철　　　자왈 상유벽공

天子穆穆을 奚取於三家之堂고.
천자목목　해취어삼가지당

주해

- 季氏(계씨) : 노나라의 대부로 공자계우(公子季友)의 후예이다.
- 八佾(팔일) : 팔인팔열(八人八列), 즉 64명이 추는 춤으로 천자의 사당에서만 이뤄졌다. 제후의 사당에서는 48명, 대부의 사당에서는 32명, 사의 사당에서는 16명이 춤을 추는 것이 관례였다.
- 庭(정) : 조상을 모신 사당, 묘당.
- 是可忍(시가인) : 이것을 참고 봐줄 수 있다.
- 孰(숙) : 누구, 무엇(의문사).
- 徹(철) : 제사가 끝나 그릇을 거두다.
- 維(유) : 오직. '유(唯)'와 같은 의미로 해석한다.
- 辟公(벽공) : 제후를 가리킨다.
- 穆穆(목목) : 덕과 위엄을 갖춘 천자의 모습.
- 奚取(해취) : 어떻게 쓰는가?
- 堂(당) : 제사를 지내는 사당.

3-3

공자님이 말씀하셨다.

사람으로 태어나서 인(仁)하지 못하면
예의범절을 지킨들 무엇 하겠는가.
사람이 되어서 사람 노릇을 해야지!

사람이 인하지 못하다면
음악을 잘한들 무엇 하겠는가.
인으로 사람들 간에
가장 바람직한 인간관계를 이룰 수 있다.

예의나 음악이
인을 드러내는 형식이 된다면
그 원동력이 되는 것은 마음가짐이다.
이 마음가짐이 인(仁)해야 한다.

子曰 人而不仁이면 如禮何며 人而不仁이면 如樂何리오.
자왈 인이불인   여례하   인이불인   여악하

• 如~何 : 예를 어찌할까? 의문사 강조법으로 '여하례(如何禮)'를 도치한 것이다.
• 앞의 3-2에서 공자는 삼가의 불인(不仁)한 자세를 지적했다. 그들의 팔일(八佾)과 옹(雍)은 예를 벗어 난 짓이었다.

임방이 예(禮)의 근본을 여쭙자
공자님이 말씀하셨다.
좋은 질문이구나.
예는 사치스러운 것이 아니다.

오히려 예는 검소한 것이 낫고
상례(喪禮)는 형식 갖추기보다는
오히려 슬퍼하는 것이 낫다.
겉만 번지르르한 것보다 넘치는 슬픔이다.

노나라의 계씨나 삼가(三家)의 잘못이
무엇임을 잘 알고
임방도 지적한 것이다.
예의 근본은 마음가짐에 있는 것이다.

林放이 問禮之本한대 子曰 大哉라 問이여. 禮는 與其奢也론
임방   문례지본   자왈 대재 문   예   여기사야

寧儉이요 喪은 與其易也론 寧戚이니라.
영검   상   여기이야   영척

주해

• 林放(임방) : 노나라 사람으로 예에 관심이 많았다. 공자의 제자라는 설도 있고 비간(比干)의 후예라는
설도 있으나 모두 확실치 않다.
• 與~寧(여~영) : ~보다는 차라리.
• 易(이) : 형식을 잘 갖춘 것.

3-5

공자님이 말씀하셨다.

오랑캐에게도 임금이 있다.

중원의 여러 나라에

임금이 있는 것과는 다른 것이다.

임금이 있는지 없는지

모를 정도로 법도가 무너진

그런 사회와는 다른 것이다.

오랑캐의 임금이 중원에 임금 없음보다 못하다.

동의 이(夷), 북의 적(狄),

서의 융(戎), 남의 만(蠻),

이런 오랑캐의 임금은

중원의 임금과 다르다.

子曰 夷狄之有君이 不如諸夏之亡也니라.
자왈 이적지유군   불여제하지무야

주 해

• 夷狄(이적) : 미개한 오랑캐 민족.
• 不如(불여) : '~만 못하다, ~이 낫다'는 뜻으로 많이 쓰인다.
• 諸(제) : 여러.
• 夏(하) : 중원.

3-6 계씨가 태산에서 제사 지내자
공자님이 염유에게 네가 막아 보라 하셨다.
제 힘으로는 안 되겠습니다 하니
아아 태산이 임방만도 못한 거냐 하셨다.

3-7 공자님이 군자는 다투지는 않으나 활쏘기는 한다.
절하고 사냥하며 활을 쏘다가
내려와서는 벌주를 마시니
그 다투는 모습도 군자답구나 하셨다.

태산 산신도 예에 어긋나는 제사는
전혀 달갑지 않게 보신다.
군자의 싸움은 사리사욕이 아니라
활쏘기에도 예를 갖추는 것이었다.

季氏가 旅於泰山이러니 子謂冉有曰 女弗能救與아. 對曰 不能이로소이다.
계 씨   여어태산   자위염유왈 여불능구여   대왈 불능

子曰 嗚呼라. 曾謂泰山이 不如林放乎아.
자왈 오호   증위태산   불여임방호

子曰 君子가 無所爭이나 必也射乎인저.
자왈 군자   무소쟁   필야사호

揖讓而升하여 下而飮하나니 其爭也君子니라.
읍양이승   하이음   기쟁야군자

주 해

• 旅(여) : 산신제의 고유제(告由祭)로 제후가 지내는데 대부인 계손이 지낸 것은 불법이다.
• 泰山(태산) : 노나라의 산으로 오악의 하나이다.
• 冉有(염유) : 공자의 제자로 계씨의 가신(家臣)이다.
• 下而飮(하이음) : 벌주를 마시다. '하(下)'는 '못 이김'이라고 해석된다.

3-8 자하가 물으니 고운 웃음, 아름다운 보조개
그리고 고운 눈매, 눈빛 또렷하고
흰 바탕에 무늬가 돋보이니 이게 뭡니까?
그림은 흰 바탕 있고 그다음이라 하셨다.

자하가 예는 그다음입니까 하자
나를 일으켜 세운 자가 상, 바로 자하구나.
비로소 너와 함께 시를 읊게 되었구나 하셨다.
나를 자극하여 능력을 내게 했다 하셨다.

3-9 공자님이 하나라와 은나라의 예는 말해도
그 뒤이은 기나라와 송나라는 잘 모르겠네
자료나 현명한 이들이 부족하니
그런 글만 충분하다면야 증명하지 하셨다.

子夏가 問曰 巧笑倩兮며 美目盼兮여 素以爲絢兮라 하니 何謂也잇고.
자하　문왈 교소천혜　　미목반혜　　소이위현혜　　　하위야

子曰 繪事後素니라. 曰禮後乎인저. 子曰 起子者는 商也로다.
자왈 회사후소　　　왈례후호　　　자왈 기여자　　상야

始可與言詩已矣로다.
시가여언시이의

子曰 夏禮를 吾能言之나 杞不足徵也며 殷禮를 吾能言之나 宋不足徵也는
자왈 하례　오능언지　기부족징야　은례　오능언지　송부족징야

文獻이 不足故也니 足則吾能徵之矣로리다.
문헌　부족고야　족즉오능징지의

3-10 공자님이 체제사 때 술을 땅에 부으며
신의 강림을 청할 때
그 뒤는 내가 보고 싶지 않구나 하셨다.
당시 예가 문란하고 성의 없어 안 보겠다 하셨다.

3-11 누가 체제사 이론을 물으면 공자님이 모르겠네
그 뜻을 아는 이가 천하를 다스리게 되니
이 일은 보는 그대로이다 하시며
자신의 본바닥을 가리키셨다.

체제사같이 큰 제사의 의미와
그 형식을 잘 안다면
천하를 다스림이 손바닥 보듯 쉽다고
공자님은 제사의 예로 인격을 담고 수양함을 보이셨다.

子曰 禘가 自旣灌而往者는 吾不欲觀之矣로라.
자왈 체   자기관이왕자   오불욕관지의

或이 問禘之說한대 子曰 不知也로라.
혹   문체지설   자왈 부지야

知其說者之於天下也에 其如示諸斯乎인저 하시고 指其掌하시다.
지기설자지어천하야   기여시저사호   지기장

주 해

• 禘(체) : 종묘 시제의 이름이다. 본래 천자가 지내는 대제(大祭)인데 제후국인 노나라가 성왕의 허락을 받고 지냈다.
• 灌(관) : 울창주를 땅에 붓는 의식으로 강신을 비는 것이다.
• 禘之說(체지설) : 체제사에 대한 학설.
• 於天下(어천하) : 평천하(平天下).
• 指其掌(지기장) : 자기 손바닥을 가리키다.

공자님이 조상님 제사 때는 늘 살아 계신 듯 모시고
다른 신을 섬길 때도 신이 함께 계신 듯 모셨다.
내가 온전히 제사에 참여하지 않으면
그런 제사는 지내지 않는 것이 낫다 하셨다.

안방 조상보다 부엌 조상이 낫다 함이 무슨 뜻인지
왕손가가 묻자 공자님이 그건 아니다
하늘에 죄지으면 다른 데 빌 곳이 없다 하셨다.
사람에게 잘못함보다 더 큰 죄이기 때문이다.

하느님에게 예배할 때는 정성을 다하여
그 자리에 하느님 계신 줄 믿고 해야지
거짓되게 예배함이 죄가 된다 하셨다.
하느님은 다 아시기 때문이다.

祭如在하시며 祭神如神在러시다. 子曰 吾不與祭면 如不祭니라.
제 여 재   제 신 여 신 재   자 왈 오 불 여 제   여 부 제

王孫賈가 問曰 與其媚於奧론 寧媚於竈라 하니 何謂也잇고.
왕 손 가   문 왈 여 기 미 어 오   영 미 어 조   하 위 야

子曰 不然하다. 獲罪於天이면 無所禱也니라.
자 왈 불 연   획 죄 어 천   무 소 도 야

주 해

• 祭如在(제여재) : 제사 때는 조상님이 살아 계신 듯 한다.
• 祭神(제신) : 조상 외 다른 신에 대한 제사.
• 不與祭(불여제) : 제사에 참여하지 않는 것.
• 如不祭(여부제) : 제사 지내지 않는 듯.
• 王孫賈(왕손가) : 위나라의 대부인데 공자를 비웃는 태도를 보인 것이다.
• 奧(오) : 서남쪽 모퉁이로 가정주부가 있는 곳을 가리킨다.
• 天(천) : 상제천, 하느님, 기도하는 태도. 여기서 공자는 하느님에게 예배하는 종교를 말하고 있다.

3-14 공자님이 말씀하셨다.
주나라는 하와 은 두 나라를
본받고 배워 문화가 찬란하다.
나는 주나라를 따르겠다.

하나라와 은나라는
주나라 무왕이 세운 나라로
예(禮)를 숭상했기 때문에
공자님이 높이 평가하셨다.

공자님이 주나라 사상을 존중함이 엿보인다.
장자상속, 동성불혼, 정전법 등을
높이 평가하셨고
그 문화를 본받게 하셨다.

子曰 周監於二代하니 郁郁乎文哉라 吾從周하리라.
자 왈 주 감 어 이 대   욱 욱 호 문 재   오 종 주

주 해

• 監(감) : 뚫어지게 알고 잘잘못을 가리다. '감(鑑)'과 같은 의미로 해석된다.
• 二代(이대) : 하나라와 은나라.
• 郁郁(욱욱) : 매우 빛나라.
• 文(문) : 문화, 문물.

공자님이 태묘에 들어가셔서
모든 일을 하나하나 물으셨다.
그러자 어떤 이가 말했다.
추 땅의 시골뜨기가 예(禮)를 아느냐?

무얼 안다고 태묘에 들어와서
꼬치꼬치 묻고 있느냐?
공자님이 이 말을 들으시고
어이없어 말씀하셨다.

그것이 바로 예라는 것이다.
추 땅은 공자님의 고향인데
공자님도 이렇게 폄하하는
말을 들으셨다.

子入太廟하사 每事를 問하신대 或이 日孰謂鄹人之子를 知禮乎아.
자 입 태 묘　　　매 사　문　　　혹　　왈 숙 위 추 인 지 자　지 례 호

入太廟하여 每事를 問이온여. 子聞之하시고 日是禮也니라.
입 태 묘　　매 사　문　　　　자 문 지　　　왈 시 례 야

주 해

• 太廟(태묘) : 주공(周公)의 묘.
• 鄹(추) : 공자의 아버지 숙량흘이 벼슬살이한 노나라의 마을 이름인데 시골뜨기라는 의미를 나타낸다.
• 「향당(鄕黨)」 편에 나오는 내용이다.

3-16

공자님이 말씀하셨다.
활쏘기를 할 때
과녁의 가죽을 꿰뚫는 데
주력하지 않으면 안 된다.

그 힘씀에 따라서
결과가 다르기 때문이다.
이것이 바로
옛날의 도리인 것이다.

활쏘기는 적중이 목표이다.
그러나 예사(禮射)는 반드시
과녁을 목표로 삼지는 않는다.
활쏘기의 과정이 바로 예이다.

子曰 射不主皮는 爲力不同科니 古之道也니라.
자왈 사부주피   위력부동과   고지도야

주 해

- 主皮(주피) : 과녁의 가죽을 꿰뚫는 데 주력하다. '주(主)'는 '주력하다'라는 의미이다.
- 爲(위) : 이유, ~때문.
- 力(력) : 실력, 몸의 힘이 아닌 재능.
- 不同科(부동과) : 각각 한량이 있어 실력이 같지 않다.
- 古之道也(고지도야) : 옛날 활 쏘는 법.

3-17 자공이 매월 초하루에 지내는 곡삭례에서
희생양을 바치는 것을 없애려 하자
공자님이 말씀하셨다.
사야! 너는 양을 아끼느냐?

나는 양보다 그 예(禮)를 아낀다.
당시 곡삭례가 없어졌지만
관리들이 희생양 바치는 풍속을 계속하니
자공이 없애려 했다.

그러나 공자님은 오히려
곡사례를 원형대로 되살려서
희생양도 바치고
그 예법을 계속 시행하고자 했다.

子貢이 欲去告朔之餼羊한대
자공   욕거곡삭지희양

子曰 賜也아. 爾愛其羊가. 我愛其禮하노라.
자왈 사야   이애기양   아애기례

주 해

• 告朔(곡삭) : 천자가 나눠 준 곡식을 천조에 고하고 백관에게 나눠 주는 예이다. '告'는 '알린다'라는 의미로 사용할 때는 '고', '청하다'라는 의미로 사용할 때는 '곡'으로 읽는다.
• 餼羊(희양) : 빈(貧)에게 바치는 양인데 빈이 오지 않으니 필요 없었다. 그래서 자공이 이를 없애려 했으나 공자는 곡삭의 예가 없어질까 염려했다.
• 我愛(아애) : 나는 아끼다.

3-18

공자님이 말씀하셨다.

임금을 섬김에

예(禮)를 다했더니

사람들은 아첨한다고 여긴다.

3-19

정공이 물었다.

임금이 신하를 부리고

신하가 임금을 섬기는 일을

어떻게 해야 합니까?

공자님이 말씀하셨다.

임금은 예로써 신하를 부리고

신하는 충(忠)으로써 마음을 다해

임금을 섬겨야 합니다.

子曰 事君盡禮를 人以爲諂也로다.
자왈 사군진례   인이위첨야

定公이 問君使臣하며 臣事君하되 如之何잇고.
정공   문군사신   신사군   여지하

孔子對曰 君使臣以禮하며 臣事君以忠이니이다.
공자대왈 군사신이례   신사군이충

• 事(사) : 섬기다.
• 以爲(이위) : ~라고 생각하다.
• 諂(첨) : 아첨.
• 定公(정공) : 노나라의 왕으로 양공의 아들이자 소공의 아우, 애공의 아버지이다. 소공의 뒤를 이어 15년간 통치했다.

3-20 공자님이 『시경』의 관저는
즐거우면서도 결코 지나침이 없고
마음을 상하게 하지도 않는다 하셨다.
예술이란 바로 이런 역할을 하는 것이다.

3-21 애공이 재아에게 사(社)를 물으니
하나라는 소나무 심고 은나라는 측백나무 심었으며
주나라는 밤나무 심어 전율케 하려는 것이다 했다.
이 말을 듣고 공자님이 이루어진 일은 논란치 말라 하셨다.

끝난 일은 따지지 말고 덮으며
이미 지난 일은 허물을 들추지 말라 하셨다.
소인배나 지난 일을 들먹이고
사람을 괴롭히는 것이다.

子曰 關雎는 樂而不淫하고 哀而不傷이니라.
자왈 관저   낙이불음   애이불상

哀公이 問社於宰我한대 宰我對曰 夏后氏는 以松이요
애공   문사어재아   재아대왈 하후씨   이송

殷人은 以柏이요 周人은 以栗이니 曰使民戰栗이니이다.
은인   이백   주인   이율   왈사민전율

子聞之하시고 曰成事라 不說하며 遂事라 不諫하며 旣往이라 不咎로라.
자문지   왈성사   불설   수사   불간   기왕   불구

주해

• 關雎(관저) : 『시경』 「주남(周南)」편의 첫 번째 시 〈국풍(國風)〉의 첫 줄이다. 짝을 생각하는 총각의 마음을 노래했다.
• 淫(음) : 음란하다.   • 社(사) : 토지신(土地神). 따로 나무 한 그루를 심었다.
• 宰我(재아) : 공자의 제자로 성은 재(宰), 이름은 여(子)이다.
• 입사(立社)할 때는 그 땅에 맞는 나무를 심는다.

3-22

공자님이 관중은 그릇이 작다 하셨다.
관중이 검소했냐고 누가 물었다.
공자님이 관중은 집이 셋이나 있었고
가신들 일을 겸직시키지도 않았다 하셨다.

그러니 검소하다 할 수 있겠느냐.
관중이 예를 알았을까 물으니
그는 임금같이 병풍으로 문을 가렸고
연회 때 술잔 놓는 자리도 만들었다.

임금이 연회를 할 때
술잔 놓는 자리를 따로 만드는 것인데
관중은 임금처럼 했다 하셨다.
그러니 관중이 예를 안다고 하겠느냐 하셨다.

子曰 管仲之器小哉라. 或이 曰 管仲은 儉乎잇가.
자왈 관중지기소재   혹 왈 관중은 검호

曰 管氏有三歸하며 官事를 不攝하니 焉得儉이리오.
왈 관씨유삼귀   관사 불섭   언득검

然則管仲은 知禮乎잇가. 曰 邦君이야 樹塞門이어늘
연즉관중은 지례호   왈 방군   수색문

管氏가 亦樹塞門하며 邦君이야 爲兩君之好에 有反坫이어늘
관씨   역수색문   방군   위량군지호   유반점

管氏가 亦有反坫하니 管氏而知禮면 孰不知禮리오.
관씨   역유반점   관씨이지례   숙부지례

• 管仲(관중) : 제나라의 명재상으로 알려졌으나 공자는 그의 그릇이 작다고 평했다.
• 器(기) : 인물의 포용력.   • 三歸(삼귀) : 성이 다른 세 여자를 아내로 두다.
• 攝(섭) : 겸임.   • 樹塞門(수색문) : 안팎을 구별하기 위해 중간에 세운 문.
• 反坫(반점) : 임금이 술을 마신 뒤 잔을 놓는 대.

3-23 공자님이 노나라 태사에게 음악에 대해 말씀하셨다.

음악이란 배울 만하고 처음 시작할 때는

여러 소리가 합해지나 조화를 이루며

음이 분명하여 한 곡조가 완성된다 하셨다.

3-24 의 땅의 한 관리가 뵙고자 하니

공자님이 군자가 오시면 꼭 만나 뵙지요 하셨다.

제자들 주선으로 뵙고 나와서 감탄하며 말씀하셨다.

존경과 사모함이 깊은 마음으로 말씀하셨다.

공자님이 벼슬 없으심을 누가 걱정하십니까?

천하에 도가 없어진 지 오래입니다.

하늘이 앞으로 선생님을

세상의 진정한 목탁으로 삼으실 것입니다 했다.

子語魯大師樂曰 樂은 其可知也니 始作에 翕如也하여
자어노대사악왈 악   기가지야   시작   흡여야

從之에 純如也하며 皦如也하며 繹如也하여 以成이니라.
종지   순여야   교여야   역여야   이성

儀封人이 請見曰 君子之至於斯也에 吾未嘗不得見也로라.
의봉인   청현왈 군자지지어사야   오미상부득견야

從者가 見之한대 出曰二三子는 何患於喪乎리오.
종자   현지   출왈이삼자   하환어상호

天下之無道也가 久矣라 天將以夫子로 爲木鐸이시리라.
천하지무도야   구의   천장이부자   위목탁

주 해

· 大師(대사) : 태사, 악사장.　　　· 樂(악) : 음악. 공자는 인격의 완성을 음악의 화음에 비유했다.
· 翕如(흡여) : 여러 소리가 함께 나오는 모양.　　· 從之(종지) : 진행 과정.
· 純如(순여) : 조화를 이루어 하나가 됨.　　· 皦如(교여) : 확실한 음절.
· 繹(역) : 소리가 실처럼 이어지다.　　· 封人(봉인) : 국경 지역의 벼슬아치.
· 木鐸(목탁) : 교령(教令)을 할 때 울리는 방울. 무사(武事)는 혀가 쇠로 된 금탁을 사용하고 문사(文事)
  는 목탁을 사용했다.

3-25

공자님이 소(韶)에 대해 말씀하셨다.
소리의 아름다움이 지극할 뿐 아니라
그 내용 또한 선함이 지극하다 하시고
무(武)는 소리는 좋지만 내용이 못하다 하셨다.

3-26

공자님이 윗자리에 있으면서 그리 너그럽지 못하고
예를 실천함에 공경스럽지도 않구나.
상을 당해도 슬퍼하지 않으면
내가 무엇으로 그 사람을 인정하겠나 하셨다.

순임금은 요임금의 양위로 태평성대를 이루었고
그의 음악에는 성덕이 가득하였다.
그러나 무왕은 무력으로 천하를 얻어
그 음악은 아름답지만 내용은 그렇지 못하다 하셨다.

子謂韶하시되 盡美矣요 又盡善也라 하시고
자 위 소   진 미 의   우 진 선 야

謂武하시되 盡美矣요 未盡善也라 하시다.
위 무   진 미 의   미 진 선 야

子曰 居上不寬하며 爲禮不敬하며 臨喪不哀면 吾何以觀之哉리오.
자 왈 거 상 불 관   위 례 불 경   임 상 불 애   오 하 이 관 지 재

주 해
──

• 韶(소) : 순임금의 음악으로 평화로운 곡을 말한다.
• 武(무) : 무왕의 음악으로 전투적인 곡을 말한다.
• 순악(舜樂)은 구성(九成)으로 완미(完美), 완선(完善)이며, 무악(武樂)은 육성(六成)으로 미진선(未盡
  善)이라 할 수 있다.
• 居上(거상) : 군목(君牧)의 자리.   • 爲禮(위례) : 다른 사람과 함께 고례(古禮)의 예를 행하다.
• 臨喪(임상) : 조곡하다.   • 觀之(관지) : 그를 보이다, 그를 인정하다, 그를 알아보다.

제4편

이인(里仁)

인(仁)이 무엇인지 밝히고 있다.
군자는 인을 얻으면
반드시 예악을 행하게 된다.
사람만이 인을 지니는 존재이다.

인은 큰 선을 행하는 인격이다.
인이란 선한 마음이면서
또한 마음의 바탕을 사랑하고
더불어 잘사는 덕을 일컫는다.

인은 덕을 가진 인격을 이루고
선한 정치를 하여 백성을 위하고
진리와 사랑을 지니고 살며
서로 어우러져 사는 것이다.

4-1

공자님이 말씀하셨다.

마을의 풍속이 인(仁)하다는 것은

고맙고 아름다운 일이다.

그렇게 인한 마을에서 살아야지.

그런 마을을 찾아내어

들어가 살지 않는다면

어찌 지혜롭다 하겠는가.

마을 환경이 중요한 것이다.

마을이 인하여

질서 있고 화목하게 산다면

그 마을이야말로

자랑스럽고 아름다운 마을이 아니랴.

子曰 里仁이 爲美하니 擇不處仁이면 焉得知리오.
자왈 이인 위미   택불처인   언득지

- 里仁(이인) : 인으로 사는 마을. 여기서 '이(里)'는 '살다'라는 의미이다.
- 반드시 인해야 살기 좋다는 의미이다.
- 맹자도 말하길 인은 사람이 편히 사는 집이요, 의(義)는 사람이 바르게 걷는 길이라 했다.

4-2

공자님이 말씀하셨다.
인(仁)하지 못한 사람은
오랫동안 곤궁하게
지내지도 못한다.

오랫동안 안락하게
지내지도 못한다.
인한 사람은
인을 편하게 여긴다.

그러나 지혜로운 사람은
인을 이롭게 여긴다.
지혜로운 사람은 안락을 즐기지만
인한 사람은 인한 것이 유익하다고 말한다.

子曰 不仁者는 不可以久處約이며
자왈　불인자　　불가이구처약

不可以長處樂이니 仁者는 安仁하고 知者는 利仁이니라.
불가이장처락　　인자　안인　　지자　이인

─── 주 해 ───

• 約(약) : 묶이다. 여기서는 '가난에 묶이다'라는 의미이다.
• 樂(락) : 부유한 즐거움. 가난이 길면 함부로 살기 쉽고 부자가 되면 향락에 빠지기 쉽다.
• 安仁(안인) : 사람다운 평안함.
• 利仁(이인) : 이로운 결과를 가져오다.
• 인하지 못한 사람은 가난도 즐거움도 오래 갖지 못한다.

4-3

공자님이 말씀하셨다.
오직 인(仁)한 사람만이
푸근하게 남을 좋아할 수도 있고
또 남을 미워할 수도 있다.

오직 인한 사람만이
개인적인 이해관계나
감정에 얽매이지 않고
공평하게 사람을 대할 수 있다.

남을 좋아하든 미워하든
개인의 이해득실이 아니라
나라와 사회에 유익한 관점에서
판단해야 하는 것이다.

子曰 唯仁者아 能好人하며 能惡人이니라.
자왈 유인자   능호인   능오인

주 해

• 唯仁者(유인자) : 오직 인한 사람.
• 好人(호인) : 호색하듯 좋아하다.
• 지혜로운 사람은 궁핍을 싫어하고 안락함을 즐기려는 욕구를 가지고 있지만, 인하게 사는 것이 자신과 다른 사람들에게 유익하다고 판단해 그렇게 살려고 힘쓴다[知者利仁].

4-4 공자님이 말씀하셨다.

인(仁)에 뜻을 두고 사람 구실 하면

결코 악한 짓은 하지 않는다.

어질고 착하면 악이 멀어질 수밖에 없다.

4-5 공자님이 말씀하셨다.

사람마다 부유하고 고귀함을 바란다.

그러나 정당하게 얻은 것이 아니면 누려서는 안 된다.

그것이 당연한데 사실은 어려운 일이다.

가난하고 천함을 누가 좋아하겠는가?

부당하게 그런 처지가 되었다 할지라도

억지로 벗어나려 해서는 안 된다.

군자가 밥 한 끼가 다급해도 인에 살라 하셨다.

子曰 苟志於仁矣면 無惡也니라.
자왈 구지어인의   무악야

子曰 富與貴가 是人之所欲也나 不以其道로 得之어든 不處也하며
자왈 부여귀   시인지소욕야   불이기도   득지   불처야

貧與賤이 是人之所惡也나 不以其道로 得之라도 不去也니라.
빈여천   시인지소오야   불이기도   득지   불거야

君子가 去仁이면 惡乎成名이리오. 君子가 無終食之間을 違仁이니
군자   거인   오호성명   군자   무종식지간   위인

造次에 必於是하며 顚沛에 必於是니라.
조차   필어시   전패   필어시

주│해

• 其道(기도) : 그 도리, 그 방법.　　　　• 不去(불거) : 벗어나지 않다.
• 惡乎成名(오호성명) : 어떻게 군자란 이름에 걸맞은 인격을 가졌는가?
• 終食之間(종식지간) : 밥 한 끼 먹는 시간.　• 造次(조차) : 갑작스레 만든 일.
• 必於是(필어시) : 반드시 인해야 한다, 다급해도 인을 잊어서는 안 된다.

4-6 공자님이 인(仁)을 좋아하는 이와 인을 싫어하는 이를
나는 아직 만나지 못했다 하셨다.
인함을 좋아하는 사람은 더할 것도 없고
인하지 못한 이를 미워함은 자신이 실천 못함이다.

하루라도 인을 위해 힘쓸 사람 있는가?
나는 아직 그 능력 모자라는 이를 못 보았다.
아마 있겠지만 나는 아직 못 보았다 하셨다.
자신이 먼저 인해야 함을 깨달아야 한다.

4-7 공자님이 말씀하셨다.
사람의 허물은 그가 어울리는
무리를 다르게 마련이다.
그 허물을 보면 어떤 사람인지 알게 된다.

子曰 我未見好仁者와 惡不仁者로라.
자왈 아미견호인자   오불인자

好仁者는 無以尙之요 惡不仁者는 其爲仁矣에
호인자   무이상지 오불인자   기위인의

不使不仁者로 加乎其身이니라. 有能一日에 用其力於仁矣乎아.
불사불인자   가호기신   유능일일 용기력어인의호

我未見力不足者로라. 蓋有之矣어늘 我未之見也로다.
아미견력부족자   개유지의   아미지견야

子曰 人之過也는 各於其黨이니 觀過면 斯知仁矣니라.
자왈 인지과야   각어기당   관과   사지인의

주해

- 尙(상) : 보태다.
- 無以尙之(무이상지) : 그것에 더 보탤 무엇이 없다.
- 加乎其身(가호기신) : 그 자신에게 가하다, 영향을 미치다.
- 蓋有之矣(개유지의) : 아마 있을지도 모르지만.
- 黨(당) : 끼리끼리, 치우친 특색.
- 斯(사) : 됨됨이.
- 지자(智者)는 슬기 때문에 허물이 생기고 용자(勇者)는 용기 때문에 허물이 생긴다. 그 허물을 통해 그를 알 수 있는 법이다.

4-8

공자님이 말씀하셨다.
아침에 도(道)를 듣고
알게 된다면
저녁에 죽어도 좋다.

4-9

공자님이 말씀하셨다.
선비가 되어
도에 뜻을 두고도
사치를 생각할 수는 없다.

허름한 옷과 거친 음식을
부끄러워한다면
그런 사람은 더불어 논의할
상대가 못 된다.

子曰 朝聞道면 夕死라도 可矣니라.
자왈 조문도   석사   가의

子曰 士志於道而恥惡衣惡食者는 未足與議也니라.
자왈 사지어도이치악의악식자   미족여의야

- 朝~夕(조~석) : 짧은 시간 안에.
- 聞(문) : 깨달음. '각(覺)'과 같은 의미로 해석된다.
- 道(도) : 천명(天命).
- 士(사) : 선비, 벼슬아치.
- 恥惡衣惡食者(치악의악식자) : 나쁜(허름한) 옷을 입고 나쁜(거친) 음식을 먹는 것을 부끄러워하는 사람.
- 議(의) : 도(道)를 논의하는 것.
- 未足與議(미족여의) : 함께 논의하기에 부족하다, 더불어 논의할 수 없다.

4-10

공자님이 말씀하셨다.
군자는 온 세상에서
반드시 그래야만 한다는 것도 없고
절대로 그래서는 안 된다는 것도 없다.

오로지 생각하는 기준이
군자답게 의로움만을
따를 뿐이다.
미리 정해 놓은 규정대로 하지 않는다.

그러나 반드시 의(義)는
정의(正義)와 도의(道義)의 기준에서
벗어나서는 안 된다.
군자의 길이 여기에 있기 때문이다.

子曰 君子之於天下也에 無適也하며 無莫也하여 義之與比니라.
자 왈 군자지어천하야   무적야   무막야   의지여비

• 之於天下也(지어천하야) : 천하의 사물(事物)에 응하다.
• 適(적) : 가능하다. 오로지 자기 것으로 삼다.
• 莫(막) : '불가(不可)'로도 해석된다.
• 比(비) : 견줘 보다, 비교하다.
• 군자는 옹고집을 부리지 않는다는 의미를 담고 있다.

87

4-11 공자님이 말씀하셨다.

군자는 늘 덕(德)을 생각하지만
소인은 자기 편하게 머물 곳을
먼저 생각한다.

군자는 법을 먼저 생각하지만
소인은 혜택 받을 것을
먼저 생각한다.
삶에 대한 철학이 서로 다르다.

4-12 공자님이 말씀하셨다.

사람이 이익을 좇아서 행동하면
원한 살 일이 많이 생긴다.
자기 실속만 챙기면 원망이 돌아올 뿐이다.

子曰 君子는 懷德하고 小人은 懷土하며 君子는 懷刑하고 小人은 懷惠니라.
자왈 군자   회덕   소인 회토   군자   회형   소인   회혜

子曰 放於利而行이면 多怨이니라.
자왈 방어리이행   다원

주해

• 君子(군자) : 공직에 있는 사람.
• 懷(회) : 마음속에 어떤 생각을 품다, 마음속에 감추다.
• 德(덕) : 솔선해 효제(孝悌)를 실천하는 것.
• 小人(소인) : 들판에 사는 백성.
• 土(토) : 편히 쉴 곳.
• 刑(형) : 법도, 귀양살이하다.
• 放(방) : 의존하다, 따르다.
• 利而行(리이행) : 이익만 추구하면 질투나 모함, 원망이 계속 생긴다.

4-13

공자님이 말씀하셨다.
예의와 겸양으로 일을 한다면
나라를 다스리는 데
무슨 문제가 있겠는가.

예의와 겸양으로
나라를 다스릴 수 없다면
그까짓 예(禮)는 있어서
무엇 하리오.

나랏일을 하기 전에 먼저
사람 됨됨이가 제대로 되어
예의와 겸손을 가진
인격자가 되어야 한다.

子曰 能以禮讓이면 爲國乎에 何有며
자왈 능이례양   위국호   하유

不能以禮讓으로 爲國이면 如禮에 何리오.
불능이례양   위국   여례   하

- 以禮讓(이례양) : 예를 갖춰 사양하다.
- 爲國(위국) : 나라를 다스리다.
- 何有(하유) : 무슨 어려움이 있느냐?
- 如禮何(여례하) : 예를 가지고 어찌할까? 예가 무슨 소용 있겠는가? '여하례(如何禮)'의 도치법이다.

4-14 공자님이 말씀하셨다.

지위 없다 근심 말고 지위 받을 능력을 갖추어라.

그것을 걱정하고 준비하여라.

나를 알아주지 않는다 걱정 말고 알아주도록 노력하여라.

4-15 공자님이 삼아, 내 도(道)는 하나로 뚫려 있다 하시니

증자가 선생님, 그렇습니다 했다.

선생님이 나가신 뒤 무슨 뜻이냐 묻자

선생님의 도는 충(忠)과 서(恕)뿐이다 했다.

충은 진실한 마음을 말하고

용서는 입장을 바꾸어 생각하는 것이다.

주희는 진심으로 자신에게 최선을 다하는 것이 충이고

남이 원하는 바를 이해하는 것이 용서라 했다.

子曰 不患無位요 患所以立하며 不患莫己知요 求爲可知也니라.
자왈 불환무위　　환소이립　　　불환막기지　구위가지야

子曰 參乎아. 吾道는 一以貫之니라.
자왈 삼호　　오도　　일이관지

曾子曰 唯라. 子出이어시늘 門人이 問曰 何謂也잇고.
증자왈 유　자출　　　　　문인　문왈 하위야

曾子曰 夫子之道는 忠恕而已矣니라.
증자왈 부자지도　　충서이이의

4-16 공자님이 말씀하셨다.
군자는 의리에 밝고
소인은 잇속을 밝힌다.
의(義)와 이(利)는 유교 윤리의 갈림길이다.

4-17 공자님이 말씀하셨다.
현명한 사람을 만나면
나도 그런 사람 되기를
마음에 다짐한다.

어리석은 사람을 만나면
그렇게 되지 않도록
명심해야 한다.
사람을 만나면 늘 자신을 돌아본다.

子曰 君子는 喩於義하고 小人은 喩於利니라.
자왈 군자   유어의   소인   유어리

子曰 見賢思齊焉하며 見不賢而內自省也니라.
자왈 견현사제언   견불현이내자성야

주해

• 喩(유) : 마음속으로 깨닫다, 훤히 알게 되다.
• 義(의) : 지선(至善)을 의미한다.
• 賢(현) : 어진 사람, 현명한 사람.
• 思齊(사제) : 가지런히 생각하다, 어진 이와 같은 수준으로 생각하다.
• 內自省(내자성) : 마음으로 자신을 반성하다, 어질지 못한 점이 있는지 생각하다.

4-18

공자님이 말씀하셨다.
어버이를 섬길 때는
잘못하시는 때가 있더라도
조심스럽게 말씀드려야 한다.

말씀드린 것을 따르지 않을
뜻을 밝히시더라도
더욱 공경하여
어버이의 뜻을 어겨서는 안 된다.

아무리 힘든 일이 있더라도
어버이를 원망해서는 안 된다.
어버이의 잘못을 고치려 하지 말고
자식을 힘들게 해도 원망하지 말라.

子曰 事父母하되 幾諫이니 見志不從하고 又敬不違하며 勞而不怨이니라.
자 왈 사 부 모   기 간   견 지 부 종   우 경 불 위   노 이 불 원

• 幾(기) : 은밀하고 조심스럽다, 미미하다.
• 幾諫(기간) : 직간하지 못하고 슬며시 간하다.
• 見(견) : 나타내 보이다.
• 見志不從(견지부종) : 어버이가 자식의 간함을 따르지 않겠다는 뜻을 보이더라도.
• 不違(불위) : 어버이의 명령을 어기지 않다.
• 어버이의 잘못을 간하기는 정말 어려운 일이다.

4-19

공자님이 말씀하셨다.

어버이가 살아 계시는 동안

먼 곳에 가면 안 된다.

늘 곁에서 모시도록 하여라.

부득이 볼일이 생겨서

어버이 곁을 떠날 때는

반드시 가는 곳을 정해 두고

갔다 와야 한다.

4-20

공자님이 말씀하셨다.

아버지가 돌아가신 뒤에도

3년간 어버이가 하시던 방법을

고치지 않아야 효도라 할 수 있다.

子曰 父母在어시든 不遠遊하며 遊必有方이니라.
자왈 부모재   불원유   유필유방

子曰 三年을 無改於父之道라야 可謂孝矣니라.
자왈 삼년   무개어부지도   가위효의

주 해

- 遊(유) : 여행을 떠나다. 어버이가 살아 계시는 동안에는 관광 여행, 해외 유학이나 이민 등을 가지 말아야 한다.
- 有方(유방) : 목적지를 정하다.
- 三年(삼년) : 삼년상.
- 於父之道(어부지도) : 아버지의 법도.「학이(學而)」편에도 나온다.

4-21 공자님이 말씀하셨다.
어버이의 연세는
꼭 알아 두어야 한다.
연세도 관심의 대상이다.

어버이의 연세는
한편으로는 기쁨이 되니
장수하심이 고맙기 때문이다.
그런 마음으로 연세를 알아야 한다.

다른 한편으로는
어버이의 연세가 두렵기도 하다.
노쇠한 모습 때문에
자식의 마음이 아프기도 하다.

子曰 父母之年은 不可不知也니
자왈 부모지년   불가부지야

一則以喜요 一則以懼니라.
일즉이희   일즉이구

주해

- 年(년) : 나이, 연세.
- 知(지) : 확인하다.
- 以(이) : 이부모지년(以父母之年). 어버이 연세로는.
- 一則以懼(일즉이구) : 한편으로는 두렵기도 하다.

4-22

공자님이 말씀하셨다.

옛 어른들은 말씀을
함부로 하지 않으셨다.
그만큼 말씀을 신중하게 하셨다.

옛 어른들은 말해 놓고
행동이 뒤따르지 못할 것을
부끄러워하셨기 때문이다.
진실로 인격자의 모습이 아닌가.

4-23

공자님이 말씀하셨다.

절제하는 생활을 하면서
잘못되는 경우는
정말 드물다.

子曰 古者에 言之不出은 恥躬之不逮也니라.
자왈 고자   언지불출   치궁지불체야

子曰 以約失之者가 鮮矣니라.
자왈 이약실지자   선의

• 古者(고자) : 옛 사람, 옛 어른.
• 言之不出(언지불출) : 말을 함부로 하지 말라.
• 躬之不逮(궁지불체) : 몸이 미치지 못하다, 행동이 따르지 못하다, 궁행(躬行)의 약함을 말한다.
• 約(약) : 꽁꽁 묶다, 방탕하지 않게 절제하다.
• 鮮(선) : 드물다, 젊다.

4-24

공자님이 말씀하셨다.
군자는 말하기에 대해서는
좀 모자라는 듯이
하려고 조심한다.

그러나 행동을 할 때는
재빠르게 하려고 한다.
어진 사람은 언행이 일치하고
함부로 말을 하지 않는 인격자이다.

군자는 말을 더듬거린다.
실천은 재빠르게 한다.
그것은 말을 잘 못함이 아니다.
그만큼 조심한다는 뜻이다.

子曰 君子는 欲訥於言而敏於行이니라.
자왈 군자   욕 눌 어 언 이 민 어 행

주 해 ─────────────────────────────

• 欲(욕) : 바라다, 애쓰다.
• 訥(눌) : 말을 더듬다.
• 敏(민) : 민첩하다, 재빠르다.

4-25

공자님이 말씀하셨다.

덕이 있는 사람은 결코 외롭지 않다.

반드시 이웃이 있다.

선덕(善德)은 홀로 있어도 외롭지 않다.

4-26

자유가 말했다.

임금님 섬길 때 번거롭게 자주 간언하면

곧 치욕을 당하고

친구한테도 자주 충고하면 멀어지게 된다.

좋은 말도 자주 하면 듣기 싫어지고

군왕 섬길 때나 친구 사귈 때도

간언이나 충언, 충고를 때 없이 자주 하면

그 말을 들으려 하지 않게 된다.

子曰 德不孤라 必有隣이니라.
자왈 덕불고   필유린

子游曰 事君數이면 斯辱矣요 朋友數이면 斯疏矣니라.
자유왈 사군삭   사욕의   붕우삭   사소의

주해

• 孤(고) : 홀로 우뚝 선 모습. 그러니 외롭다.
• 有隣(유린) : 이웃이 있게 마련이다.
• 數(삭) : 번거롭다, 잦다.
• 辱(욕) : 수고스럽다, 굴욕. '경(敬)'의 반대 개념이다.
• 疏(소) : 성기다, 멀어지다.
• 간언이나 충언을 듣는 이의 자세가 중요하다. 때로는 역효과가 나는 것은 바로 이 때문이다.

제5편

공야장(公冶長)

『논어』를 읽으면
인간학(人間學)이 보인다.
공자님은 『논어』에서 사람을 연구하고
주로 사람을 위해 말씀하셨다.
사람 공부에서 인(仁)을 찾으셨다.

「공야장」 편에서는 사위 삼으신 이를 통해
인간 내면의 진실을 보시는
탁월한 인간학을 말씀하셨다.
그리고 여러 사람을 살피셨다.

사람의 성품, 지혜, 강직함으로
선악을 살펴 정확히 평가하시고
사람 등용의 방법도
『논어』를 통해 보이셨다.

5-1 공자님이 말씀하셨다.

공야장은 사위 삼을 만하다.

밧줄에 묶여 감옥에 갇힌 적이 있지만

그의 죄는 아니라 하고 딸을 그에게 시집보냈다.

5-2 또 남용에 대해서는

나라에 도(道)가 섰을 때 버림받지 않을 사람이고

나라가 어지러울 때도 형벌을 면할 사람이라고 하셨다.

그리고 형의 딸을 그에게 시집보냈다.

5-3 공자님은 자천이 군자라고 하셨다.

노나라에 군자가 없다면

이런 사람이 어디에서 덕을 세우겠는가.

자천 같은 사람이 있어 얼마나 좋은가.

子謂公冶長하시되 可妻也로다. 雖在縲絏之中이나
자 위 공 야 장   가 처 야   수 재 류 설 지 중

非其罪也라 하시고 以其子로 妻之하시다.
비 기 죄 야   이 기 자   처 지

子謂南容하시되 邦有道에 不廢하며 邦無道에 免於刑戮이라 하시고
자 위 남 용   방 유 도   불 폐   방 무 도   면 어 형 륙

以其兄之子로 妻之하시다.
이 기 형 지 자   처 지

子謂子賤하사대 君子哉라 若人이여. 魯無君子者면 斯焉取斯리오.
자 위 자 천   군 자 재   약 인   노 무 군 자 자   사 언 취 사

주 해

- 公冶長(공야장) : 공자의 제자로 성이 공야, 이름이 장이다. 공야장은 신의가 있는 인물이었다.
- 縲絏(류설) : 감옥. '류(縲)'는 죄인을 묶는 밧줄을 말한다.
- 南容(남용) : 공자의 제자로 성은 남궁(南宮), 이름은 괄(括)이며 성실한 인물이었다.
- 刑戮(형륙) : 형벌과 살육.　　　　　 • 兄之子(형지자) : 이복형인 맹피(孟皮)의 딸.
- 子賤(자천) : 공자의 제자로 성은 복(宓), 이름은 부제(不齊)이다.

자공이 저는 어떻습니까? 여쭙자

공자님이 너는 그릇이다 하셨다.

무슨 그릇입니까? 다시 여쭙자

제사 때 곡식 담는 옥그릇이다 하셨다.

누가 염옹에 대해 말했다.

그는 어질고 착하지만 말재주가 없습니다.

공자님이 말씀하셨다.

재잘대면 되느냐. 잘 지껄이면 미움만 커질 뿐이다.

그가 어진 사람인지는 몰라도

말재주가 좋다고 좋은 것은 아니다.

말재주를 어디에 쓰겠느냐.

제자도 스승의 말씀에 고개 숙였다.

子貢이 問曰 賜也는 何如하니잇고. 子曰 女는 器也니라.
자공   문왈 사야   하여   자왈 여   기야

曰何器也잇고 曰瑚璉也니라.
왈하 기야   왈호 련야

或이 曰 雍也는 仁而不佞이로다. 子曰 焉用佞이리오.
혹   왈 옹야   인이불녕   자왈 언용녕

禦人以口給하여 屢憎於人하나니 不知其仁이어니와 焉用佞이리오.
어인이구급   누증어인   부지기인   언용녕

주해

• 賜(사) : 자공(子貢)의 이름.　　　　• 女(여) : 너. 2인칭 대명사 '여(汝)'와 같은 의미이다.

• 瑚璉(호련) : 제사 때 쓰는, 옥으로 장식된 큰 그릇. 하나라, 은나라 때 쓰던 옛 그릇이다.

• 공자가 공야장, 남용, 자천에 대해 평하자 자공은 자신에 대한 평을 듣고 싶었다. 자공은 공자를 늘 가까이에서 모시고 친밀하게 지냈다.

• 雍(옹) : 공자의 제자로 성은 염(冉), 이름은 옹이다.　　　• 佞(녕) : 아낙네처럼 재잘대는 것.

• 口給(구급) : 말솜씨가 민첩하다, 말솜씨가 뛰어나다.

• 屢憎(누증) : 미움, 증오를 여러 번 되풀이하다.

• 공자는 말재주를 쓸모없는 재주로 여겼다.

5-6 공자님이 칠조개에게 벼슬살이하게 하자
그가 저는 아직 자신이 없습니다 하고 대답했다.
공자님이 흐뭇해하고 기뻐하셨다.
스스로 만족하면 교만이 생기기 때문이다.

5-7 공자님이 길이 열리지 않아 답답하여
뗏목이나 타고 바다로 떠난다면
나를 따라올 사람은 바로 자로일 것이다 하셨다.
이 말을 듣고 자로가 좋아했다.

공자님이 말씀하셨다.
자로가 용기는 나보다 낫지만
사리 판단은 깊이 하지 않는 사람이다.
뗏목으로 바다 건너기는 위험한데 자로는 몰랐다.

子使漆雕開로 仕하신대 對曰 吾斯之未能信이로소이다. 子說하시다.
자사칠조개   사   대왈 오사지미능신   자열

子曰 道不行이라 乘桴하여 浮于海하리니 從我者는 其由與인저.
자왈 도불행   승부   부우해   종아자   기유여

子路가 聞之하고 喜한대 子曰 由也는 好勇이 過我나 無所取材로다.
자로 문지   희   자왈 유야는 호용이 과아나 무소취재

• 漆雕開(칠조개) : 공자의 제자로 성이 칠조, 이름이 개이다.
• 仕(사) : 벼슬하다.
• 斯之未能信(사지미능신) : 이것은 아직 자신할 수 없다.
• 說(열) : 즐거워하다. '열(悅)'과 같은 의미이다.
• 浮于海(부우해) : 바다로 떠나가다. 도를 실현할 수 있는 곳을 찾아간다는 은유적 표현이다.
• 由(유) : 공자의 제자 자로의 이름이다.
• 喜(희) : 기쁨. 자로의 기쁨은 스승이 자신을 알아주는 데 있다.

자로가 어진 사람인지 맹무백이 물었다.

공자님이 모르겠다 하자 다시 물었다.

그러자 공자님은 유는 제후국에서

군사를 담당할 만한 사람이다.

그러나 그가 어진 사람인지는

잘 모르겠다 하셨다.

그러자 이번에는 구가 어떤 사람인지 물었다.

공자님은 구는 천 호가 넘는 고을과 경대부집 총무 자격이다.

그런 큰일을 맡을 만하니

도지사나 군수쯤의 일을 맡을 자격이 충분할 것이다.

그러나 인(仁)을 가졌는지는 모르겠다 하셨다.

인한 사람이란 정말 귀하기 때문이다.

孟武伯이 問子路는 仁乎잇가. 子曰 不知也로라. 又問한대
맹무백　　문자로　인호　　자왈 부지야　　　우문

子曰 由也는 千乘之國에 可使治其賦也어니와 不知其仁也로다.
자왈 유야　천승지국　가사치기부야　　　부지기인야

求也는 何如하니잇고. 子曰 求也는 千室之邑과 百乘之家에
구야　하여　　　자왈 구야　천실지읍　백승지가

可使爲之宰也어니와 不知其仁也로라. 赤也는 何如하니잇고.
가사위지재야　　　부지기인야　　　적야　하여

子曰 赤也는 束帶立於朝하여 可使與賓客言也어니와 不知其仁也로라.
자왈 적야　속대립어조　　가사여빈객언야　　　부지기인야

주해

- 孟武伯(맹무백) : 노나라의 대부로 맹의자의 아들이다.
- 求(구) : 공자의 제자 염구(冉求)를 가리킨다.
- 千室之邑(천실지읍) : 천 호의 큰 고을, 경대부 고을.
- 百乘之家(백승지가) : 대부, 100량의 군사 수레를 갖춘 집.
- 與賓客(여빈객) : 나라의 귀빈을 맞아 영접하는 일.
- 賦(부) : 재정 담당이나 군사 담당.

공자님이 자공에게 말씀하셨다.

너와 안회 둘 중에 누가 나으냐?

자공이 대답했다.

제가 어찌 감히 회와 견주겠습니까?

회는 하나를 들으면 열을 알지요.

저는 하나를 들으면

겨우 둘을 알 뿐입니다.

그만큼 차이가 있습니다.

공자님이 말씀하셨다.

그보다 못할 것이다.

나와 너 우리 둘 다

그보다 못할 것이다.

子謂子貢曰 女與回也로 孰愈오. 對曰 賜也는 何敢望回리잇고.
자 위 자 공 왈 여 여 회 야 숙 유   대 왈 사 야   하 감 망 회

回也는 聞一以知十하고 賜也는 聞一以知二하노이다.
회 야   문 일 이 지 십   사 야   문 일 이 지 이

子曰 弗如也니라. 吾與女의 弗如也하노라.
자 왈 불 여 야   오 여 여   불 여 야

주 해

• 女(여) : 너. '여(汝)'와 같은 의미이다.
• 回(회) : 안연.
• 孰愈(숙유) : 누가 더 나으냐(뛰어나냐)?
• 賜(사) : 자공(子貢).
• 何敢望回(하감망회) : 어찌 감히 회를 바라볼까? 어찌 감히 회와 비교될까?
• 聞一以知十(문일이지십) : 하나를 들으면 열(모두)을 안다.
• 聞一以知二(문일이지이) : 하나를 들으면 둘(일부분)을 안다.
• 吾與女(오여여) : 나와 너 둘 다. 그러나 '여(與)'를 접속사가 아니라 '허(許)'로 해석하면 '나는 네 생각을 인정한다'라는 의미가 된다.
• 弗如(불여) : 그분보다 못하다.

재여가 낮잠 자는 것을 보고
공자님이 말씀하셨다.
썩은 나무에 조각을 할 수 없고
더러운 흙더미 담장을 손질할 수 없다.

담장에 흙손질할 만한
형편이 되어야지.
재여에 대해서 무슨 말로 꾸짖을까?
공자님이 다시 말씀하셨다.

처음에 나는 사람에 대한 그의 말을 듣고는 행실을 믿었다.
이제는 사람에 대한 그의 말에
그 행실을 보고는 살핀다.
재여 때문에 바꾸었다.

宰予가 晝寢이어늘 子曰 朽木은 不可雕也요
재여   주침   자왈 후목   불가조야

糞土之墻은 不可杇也니 於予與에 何誅리오.
분토지장   불가오야   어여여   하주

子曰 始吾가 於人也에 聽其言而信其行이러니
자왈 시오   어인야   청기언이신기행

今吾가 於人也에 聽其言而觀其行하노니 於予與에 改是로라.
금오   어인야   청기언이관기행   어여여   개시

주 해

• 雕(조) : 새기다, 파다, 조각하다.
• 糞土之墻(분토지장) : 거름 흙 담장.
• 誅(주) : 책망하다, 꾸짖다, 벌주다.
• 改是(개시) : 이런 태도를 고치다.

5-11

공자님이 말씀하셨다.
나는 아직까지 강직한
사람을 보지 못했다.
어떤 이가 대답했다.

신정이 있습니다.
공자님이 말씀하셨다.
정은 욕심이 많은 것이다.
어찌 강직하다 할 수 있겠느냐.

욕심과 강직함은 서로 다르다.
욕심 있는 이는 강할 수도 없다.
욕심 채우려고 때로는 휘어지고
때로는 강한 척도 한다.

子曰 吾未見剛者라. 或이 對曰 申棖이니이다.
자왈 오미견강자   혹   대왈 신정

子曰 棖也는 慾이어니 焉得剛이리오.
자왈 정야   욕   언득강

주 해

• 剛(강) : 강직하다, 굳세다. '욕(欲)'의 반대 개념이다.
• 申棖(신정) : 노나라 사람으로『사기(史記)』에는 신당(申黨),『공자가어(孔子家語)』에는 신속(申續)이라
  되어 있다. 공자의 제자라고 하나 확실치 않다.

5-12

자공이 말했다.
저는 남이 제게 하기를
바라지 않는 그런 일을
저도 마찬가지로 남에게 안 합니다.

공자님이 말씀하셨다.
사야 그것은
네가 할 수 있는
일이 아니다.

5-13

자공이 말했다.
선생님의 여러 가지 가르침에
옛 문장도 배웠지만
성(性)이나 천도(天道)의 말씀을 못 들었습니다.

子貢曰 我不欲人之加諸我也를 吾亦欲無加諸人하노이다.
자공왈 아불욕인지가저아야   오역욕무가저인

子曰 賜也아. 非爾所及也니라.
자왈 사야   비이소급야

子貢曰 夫子之文章은 可得而聞也어니와
자공왈 부자지문장   가득이문야

夫子之言性與天道는 不可得而聞也니라.
부자지언 성여천도   불가득이문야

주 해

- 加諸我(가저아) : 내게 말하다. 내게 어떤 일을 평하다. 여기서 '가(加)'는 '시(施)'와 같은 의미이다.
- 吾(오) : 자칭.
- 文章(문장) : 시서예악(詩書禮樂) 등.
- 天道(천도) : 하늘, 영혼 등 종교적 진리.
- 非爾所及(비이소급) : 네가 해낼 일이 아니다.
- 性(성) : 인성, 인문학적 내용.

5-14
자로는 전에 배운 것을 실천하지 못할 때
또 다른 가르침 받기가 두려웠다.
교훈은 귓맛으로 끝나서는 안 되고
삶에서 실천해야 하는 것이다.

5-15
자공이 공자님에게 여쭈었다.
공문자는 왜 문(文)이라는 시호를 받게 했습니까?
그는 재빠르면서도 배우기를 즐기고
아랫사람에게까지 묻기를 부끄러워하지 않았다.

그래서 문이라 한 것이다 하셨다.
자공의 생각에 공숙어(孔叔圉)는 악인인데
문이란 시호를 얻은 것이 못마땅했다.
심지어 친구 아내를 자기 아내로 삼은 자였다.

子路는 有聞이요 未之能行하여선 唯恐有聞하더라.
자로   유문   미지능행   유공유문

子貢이 問曰 孔文子를 何以謂之文也잇고.
자공   문왈 공문자   하이위지문야

子曰 敏而好學하며 不恥下問이라 是以謂之文也니라.
자왈 민이호학   불치하문   시이위지문야

주 해

- 聞(문) : 교훈을 듣다.
- 未之能行(미지능행) : 아직도 시행하지 못하다. 윤리적 실행을 중요하게 여겼다.
- 孔文子(공문자) : 위나라의 대부로 성은 공(孔), 이름은 위(圉)이다. 학문을 좋아했으나 그리 훌륭한 인물은 아니었다. 공자는 그에게 직언하기가 어려워서 옳고 그름을 각자의 판단에 맡겼다.
- 敏而好學(민이호학) : 민첩하면서도 배우기를 좋아하다.
- 不恥下問(불치하문) : 아랫사람에게 묻기를 부끄러워하지 않다.

5-16

공자님이 자산에 대해 말씀하셨다.
그는 군자의 도(道) 네 가지를 갖추었다.
처신은 공손하고 윗사람 섬김에
언제나 공경스러우며 겸손한 사람이었다.

또 백성을 먹여 살리는 데는
은혜롭게 하였고
백성을 부릴 때는
올바르게 지도해 나갔다.

공손과 공경으로
늘 섬기는 모습을 보이고
백성을 내 몸같이 소중히 보살펴
인(仁)을 펼치는 다스림을 하였다.

子가 謂子産하시되 有君子之道가 四焉하니 其行己也가 恭하며
자   위자산   유군자지도   사언   기행기야   공

其事上也가 敬하며 其養民也가 惠하며 其使民也가 義니라.
기사상야   경   기양민야   혜   기사민야   의

주 해

• 子産(자산) : 정나라의 대부인 공손교(公孫僑)로 목공(穆公)의 손자이다. 훌륭한 정치가로 알려져 있다.
• 行己(행기) : 자기 행동.
• 恭(공) : 근신. 즉 앞으로는 내향적이고 뒤로는 외향적인 태도를 말한다.
• 養民(양민) : 백성의 삶을 지도하다.
• 使民(사민) : 백성의 노동 동원.

5-17 공자님이 말씀하셨다.

안평중은 사람 잘 사귀었으며
오랫동안 사귀어도 변함없고
공경하는 자세로 지냈다.

5-18 공자님이 말씀하셨다.

장문중은 점치는 큰 거북을
집 안에 모셔 두고
기둥마저 산 무늬를 조각했다.

작은 기둥에는 수초(水草)를 그려 두었으니
어찌 슬기롭다 할 수 있겠느냐.
종묘에 두어야 할 거북을
대부 집에 두었으니.

子曰 晏平仲은 善與人交로다. 久而敬之온여.
자왈 안평중   선여인교   구이경지

子曰 臧文仲이 居蔡하되 山節藻梲하니 何如其知也리오.
자왈 장문중   거채   산절조절   하여기지야

주해

• 晏平仲(안평중) : 제나라의 대부로 성은 안(晏), 이름은 영(嬰)이다. 안자(晏子)라고도 한다.
• 臧文仲(장문중) : 노나라의 대부로 성은 장손(臧孫), 이름은 진(辰)이다.
• 居(거) : 감추다, 저장하다.
• 蔡(채) : 채국군(蔡國君)이 점칠 때 사용하는 도구이다. 본래 종묘에 모시는데 대부의 집에 둔 것은 잘못이므로 공자가 이를 지적한 것이다.
• 山節(산절) : 기둥 윗마디에 산을 조각한 것.
• 藻梲(조절) : 기둥 위에 조문을 그린 것으로 천자의 종묘에 장식하는 것이다.
• 천자의 종묘에 두어야 할 것을 대부의 집에 둔 것은 잘못이라고 지적했다.

5-19

자장이 여쭙기를 초나라의 영윤 자문은
세 번씩이나 벼슬에 나아갈 때도
영윤이 되었으나 기쁜 기색 없었고
세 번씩이나 벼슬 그만두면서도 성내지 않았습니다.

뿐만 아니라 영윤의 일을 후임자에게
낱낱이 일러 주었으니 도대체 어떤 사람입니까?
공자님은 한마디로 충성스럽다 하셨다.
이런 인품이면 인(仁)한 사람입니까?

모르긴 해도 어찌 인한 사람이겠느냐?
또 최자가 제나라 임금을 시해하자
말 40필 가진 진문자는 버리고 떠났다.
다른 나라에 가서도 두세 번 그렇게 떠났으니 청렴하다.

子張이 問曰 令尹子文이 三仕爲令尹하되 無喜色하며 三已之하되 無慍色하여
자장 문왈 영윤자문 삼사위영윤 무희색 삼이지 무온색

舊令尹之政을 必以告新令尹하니 何如하니잇고. 子曰 忠矣니라.
구영윤지정 필이고신영윤 하여 자왈 충의

曰仁矣乎잇가. 曰未知로라. 焉得仁이리오. 崔子가 弑齊君이어늘 陳文子가
왈인의호 왈미지 언득인 최자 시제군 진문자

有馬十乘이러니 棄而違之하고 至於他邦하여 則曰猶吾大夫崔子也라 하고
유마십승 기이위지 지어타방 즉왈유오대부최자야

違之하며 之一邦하여 則又曰猶吾大夫崔子也라 하고 違之하니 何如하니잇고.
위지 지일방 즉우왈유오대부최자야 위지 하여

子曰 淸矣니라. 曰仁矣乎잇가. 曰未知로라. 焉得仁이리오.
자왈 청의 왈인의호 왈미지 언득인

주 해

• 令尹(영윤) : 초나라의 관직으로 재상급이다.　　　　• 子文(자문) : 초나라의 대부이다.
• 慍(온) : 불평.　　　　• 崔子(최자) : 제나라의 대부이다.
• 齊君(제군) : 제나라의 장공(莊公).　　　　• 陳文子(진문자) : 제나라의 대부이다.
• 馬十乘(마십승) : 전차는 말 4마리가 끌며, 마십승은 말 40마리를 말한다.　　　　• 猶(유) : ～와 같다.

5-20
계문자는 세 번이나
생각한 뒤에야 행동하였다.
공자님이 이것을 들으시고 말씀하셨다.
두 번이면 된다.

5-21
공자님이 말씀하셨다.
영무자는 나라의 질서가 바로 서고
도(道)가 행해질 때는
어리석은 듯이 행동했다.

그의 지혜는 누구나
따를 수 있는 것이지만
그 어리석은 태도는
아무도 따를 수가 없었다.

季文子가 三思而後에 行하더니 子聞之하시고 日再斯可矣니라.
계문자   삼사이후   행   자문지   왈재사가의

子曰 甯武子가 邦有道則知하고 邦無道則愚하니
자왈 영무자   방유도즉지   방무도즉우

其知는 可及也어니와 其愚는 不可及也니라.
기지   가급야   기우   불가급야

주해

• 季文子(계문자) : 노나라의 대부로 성은 계손(季孫), 이름은 행부(行父)이고 문(文)은 시호이다.
• 三思(삼사) : 세 번 깊이 생각하다. 공자는 우유부단할까 봐 두 번만 생각하라고 했다.
• 甯武子(영무자) : 제나라의 대부로 성은 영(甯), 이름은 유(俞)이다. 국란을 당해 놈팡이 노릇을 했다.
  국란 때 슬기롭지 못한 체, 일부러 어리석은 체했다.

5-22

공자님이 진나라에 계실 때
말씀하셨다.
돌아가자. 이제는 돌아가자.
우리 고향 젊은이를 생각하라.

우리네 젊은이들은
뜻은 커서 미칠 듯 날뛰지만
일은 미숙하다.
기본은 갖추지 않았느냐.

문장력도 갖추었지만
그것을 다스릴 방법을 모르니
훌륭한 기본이 무슨 소용이냐.
그러니 이제 돌아가자!

子在陳하사 曰歸與歸與인저. 吾黨之小子가 狂簡하여
자재진   왈귀여귀여   오당지소자   광간

斐然成章이요 不知所以裁之로다.
비연성장   부지소이재지

주 해

- 吾黨(오당) : 내 고향.
- 狂(광) : 뜻이 큰 것을 말한다.
- 簡(간) : 일이 거칠고 미숙함을 말한다.
- 成章(성장) : 잘 짜인 무늬.
- 所以裁之(소이재지) : 차분하게 일을 다져 가며 계획하는 법.

5-23 공자님이 말씀하셨다.
백이숙제는 지난날의 잘못으로
원한을 품지 않고 잊어버려
원망을 사지 않았다.

5-24 공자님이 말씀하셨다.
미생고를 두고
정직하다 했던가?
어떤 사람이 식초를 얻으러 그에게 갔다.

그는 이웃에게 가서
식초를 얻어다가
그에게 주었다 한다.
없으면 없다고 하는 것이 정직함이다.

子曰 伯夷叔齊는 不念舊惡이라 怨是用希니라.
자왈 백이숙제 불념구악   원시용희

子曰 孰謂微生高直고. 或이 乞醯焉이어늘 乞諸其隣而與之로다.
자왈 숙위미생고직   혹 걸혜언   걸저기린이여지

주 해

• 伯夷叔齊(백이숙제) : 은나라 말기 고죽국(孤竹國)의 두 왕자로 아버지가 돌아가시자 서로 양보하여 나라를 떠났다. 무왕이 혁명으로 전권을 잡자 수양산으로 가서 고사리를 먹고 살다 굶어 죽었다.
• 念(념) : 가슴 깊이 품다.
• 微生高(미생고) : 노나라 사람으로 성은 미생(微生), 이름은 고(高)이고 고지식했다.
• 醯(혜) : 식초.

5-25

공자님이 말씀하셨다.
듣기 좋으라 말을 꾸며서 하고
보기 좋으라 얼굴에 화장하며
지나치게 공손한 것이 좋으냐.

좌구명은 이것을
부끄럽게 여겼다는데
나 또한 부끄럽게 여긴다.
어디 그뿐이랴!

원한을 감추고
그 사람과 벗하는 것을
좌구명이 부끄럽게 여긴다 하는데
나 또한 이것을 부끄럽게 여긴다.

子曰 巧言令色足恭을 左丘明이 恥之러니 丘亦恥之하노라.
자왈 교언영색주공   좌구명   치지   구역치지

匿怨而友其人을 左丘明이 恥之러니 丘亦恥之하노라.
익원이우기인   좌구명   치지   구역치지

주 해

• 足恭(주공) : 지나친 공손. '주(足)'는 '과(過)'와 같은 의미이다.
• 左丘明(좌구명) : 공자가 존경했던 인물로 『좌씨춘추』의 작가인 듯하다.
• 丘亦(구역) : 공자 역시. 구(丘)는 공자의 이름이다.

5-26

안연과 계로가 공자님을 모시고 있을 때
공자님이 말씀하셨다.
각자 자신의 뜻을 말해 보아라.
자로가 말했다.

수레와 말과 좋은 털가죽 옷을 벗들과 나누어 쓰고
그것이 못 쓰게 되어도 유감을 갖지 않고 지내겠습니다.
안연이 말했다.
잘한 것을 자랑하지 않고 공로를 과시하지 않겠습니다.

자로가 여쭈었다. 선생님의 뜻을 듣고 싶습니다.
공자님이 말씀하셨다.
노인은 편안하게 모시고 벗은 신의를 갖게 해 주고
젊은이는 감싸주고 보살펴 주고자 한다.

顔淵季路가 侍러니 子曰 盍各言爾志오.
안 연 계 로   시   자왈 합각언이지

子路曰 願車馬와 衣輕裘를 與朋友共하여 敝之而無憾하노이다.
자로왈 원거마   의경구   여붕우공   폐지이무감

顔淵曰 願無伐善하며 無施勞하노이다. 子路曰 願聞子之志하노이다.
안연왈 원무벌선   무시로   자로왈 원문자지지

子曰 老者를 安之하며 朋友를 信之하며 少者를 懷之니라.
자왈 노자 안지   붕우 신지   소자 회지

주해

- 顔淵(안연) : 안회(안자).　　• 季路(계로) : 자로.　　• 侍(시) : 윗사람을 모시는 것.
- 盍(합) : 어찌 ~하지 않겠느냐. '하불(何不)'과 같은 의미이다.
- 爾志(이지) : 너의 뜻. 너의 포부.　　　　• 裘(구) : 털가죽 옷.
- 敝(폐) : 헤어짐.　　　　　　　　　　　• 伐(벌) : 자랑하다.
- 安(안) : 봉양하다.　　　　　　　　　　• 懷(회) : 품안에 감싸다.

5-27 공자님이 말씀하셨다.

다 글렀구나!

나는 아직 자기 허물을 알고도 마음 깊이 반성하는

그런 사람을 보지 못했구나!

5-28 공자님이 말씀하셨다.

열 집 정도 모여 사는

작은 마을에도

반드시 진실한 사람이 있을 것이다.

그리고 믿을 만한 사람도 있겠지만

아마 나처럼 배우기를

좋아하지는 못할 것이다.

학문하는 사람이 많지 않구나.

子曰 已矣乎라. 吾未見能見其過而內自訟者也로라.
자왈 이의호   오미견능견기과이내자송자야

子曰 十室之邑에 必有忠信이 如丘者焉이어니와 不如丘之好學也니라.
자왈 십실지읍   필유충신   여구자언   불여구지호학야

주해

• 已(이) : 끝이다, 그만하다.
• 訟(송) : 적대하여 싸우다.
• 內自訟(내자송) : 내 안에 있는 싸움.
• 十室(십실) : 열 집 정도 사는 작은 마을.
• 邑(읍) : 사람이 모여 사는 곳.
• 충신보다도 학문하는 사람이 나오기가 어렵다는 뜻이다.

옹야(雍也)

『논어』는 인간학의 교과서로
우리에게 사람을 보는 견해를 밝혀 준다.
제6편 전반부에서는 부정적인 안목으로 사람들을 보고
후반부에서는 긍정적인 평가를 하셨다.

인(仁), 지(知), 군자의 참 모습에 대해
공자님은 정확하게 말씀하셨고
『논어』를 읽으면 사람 보는 눈이 트이고
확실한 인물을 찾게 된다.

정치는 바로 사람 다스림인데
공자님은 인간 연구에 사상적인 조명을 하면서
긍정적인 안목을 가지고
오늘의 우리를 알게 가르치셨다.

6-1

공자님이 말씀하셨다.

옹은 임금이 될 만하다.

중궁이 자상백자에 대해 여쭙자

공자님이 말씀하셨다.

좋지! 소탈하고 단순해서!

중궁이 말했다.

늘 경건하면서도 행동할 때는 단순한 자세로

백성을 대하면 괜찮지 않겠습니까?

언제나 소탈하고 행동도 단순하다면

지나치게 소탈한 것이 아닙니까?

공자님이 말씀하셨다.

네 말이 옳구나!

子曰 雍也는 可使南面이로다. 仲弓이 問子桑伯子한대 子曰 可也簡이니라.
자왈 옹야   가사남면   중궁   문자상백자   자왈 가야간

仲弓曰 居敬而行簡하여 以臨其民이면 不亦可乎잇가. 簡而行簡이면
중궁왈 거경이행간   이림기민   불역가호   거간이행간

無乃太簡乎잇가. 子曰 雍之言이 然하느니라.
무내태간호   자왈 옹지언   연

- 雍(옹) : 염옹. 자는 중궁(仲弓)이다.
- 南面(남면) : 임금 자리. 신하는 북면(北面)이다.
- 子桑伯子(자상백자) : 노나라 사람으로 『장자(莊子)』에 나오는 자상호(子桑戶)라고 하나 확실치 않다.

- 居(거) : 스스로 자처하는 일.   • 居敬(거경) : 몸조심.
- 行(행) : 법령의 시행.   • 簡(간) : 잔일을 그만두다.
- 無乃(무내) : 하지 않는가?   • 太(태) : 지나치게, 너무.

6-2

애공이 물었다.

제자 중에는 누가 배우기를 좋아합니까?

공자님이 말씀하셨다.

안회가 배우기를 좋아했습니다.

그는 노여움을 남에게 옮기지 않고

같은 잘못을 두 번 저지르지도 않았습니다.

그런데 그가 불행히도 일찍 죽었습니다.

이제는 이런 사람이 없습니다.

그 뒤로는 배우기를 좋아한다는 사람을

들어 보지 못했습니다.

공자님은 안회의 요절을 안타까워했다.

그와 같은 사람이 더 없음을 괴로워했다.

哀公이 問 弟子가 孰爲好學이니잇고.
애공   문 제자   숙위호학

孔子對曰 有顏回者가 好學하여 不遷怒하며 不貳過하더니
공자대왈 유안회자   호학   불천노   불이과

不幸短命死矣라. 今也則亡하니 未聞好學者也니이다.
불행단명사의   금야즉무   미문호학자야

주 해

• 哀公(애공) : 노나라의 왕으로 성은 희(姬), 이름은 장(蔣)이고 애공은 시호이다.
• 不遷怒(불천노) : 노여움을 옮기지 않다, 가난해도 남을 원망하지 않다.
• 不貳過(불이과) : 두 갈래로 나누어지다, 두 번 다시 허물을 짓지 않다.
• 亡(무) : 없다. '무(無)'와 같은 의미이다.

122

자화가 제나라에 사신 갈 때
염자가 제 어머니를 위한 곡식을 청했다.
공자님은 여섯 말 넉 되를 주라 하셨다.
더 요청하자 열여섯 말을 주라 하셨다.

염자가 곡식 여든 섬을 주니 공자님은
적이 제나라 갈 때 살진 말 타고 털가죽 입었다.
군자는 절박한 자는 도와주고
부유한 자는 더 부자 되게 하지 않는다 하셨다.

원사가 공자님 집안 관리를 맡아
그에게 곡식 구백 말을 주었더니
그가 끝내 사양하자
공자님은 그러지 말고 마을 이웃을 도우라 하셨다.

子華가 使於齊러니 冉子가 爲其母請粟한대 子曰 與之釜하라. 請益한대
자화   사어제   염자   위기모청속   자왈 여지부   청익
曰與之庾하라. 冉子가 與之粟五秉한대 子曰 赤之適齊也에 乘肥馬하며
왈여지유   염자   여지속오병   자왈 적지적제야에 승비마
衣輕裘하니 吾는 聞之也하니 君子는 周急이요 不繼富라호라. 原思가
의경구   오 문지야   군자 주급   불계부   원사
爲之宰러니 與之粟九百이어시늘 辭한대 子曰 毋하여 以與爾鄰里鄕黨乎인저.
위지재   여지속구백   사 자왈 무   이여이린리향당호

주 해

• 子華(자화) : 공자의 제자로 성은 공서(公西), 이름은 적(赤)이고 자(字)는 자화이다.
• 冉子(염자) : 공자의 제자로 성은 염(冉), 이름은 구(求)이다.
• 釜(부) : 양을 헤아리는 단위로 6말 4되.   • 庾(유) : 양을 헤아리는 단위로 16말 정도.
• 五秉(오병) : 병은 16곡(斛)으로 오병은 80곡이다. 1곡은 10말이며 곡은 1섬이다.
• 適齊(적제) : 제나라에 가다.   • 周急(주급) : 위급, 절박한 사람, 구제하다.
• 繼富(계부) : 부유함을 더해 주다, 재물을 보태 주다.   • 九百(구백) : 900말.
• 毋(무) : 그러지 말라, 사양 말라.   • 鄰(린) : 정현(鄭玄)에 따르면 다섯 집.
• 里(리) : 다섯 린(鄰).   • 鄕(향) : 12,500집.   • 黨(당) : 500집.
• 외국에 사신으로 가는 것을 핑계로 재산을 뜯어내는 자화나 염자는 큰 과오를 범했다.

6-4 공자님이 중궁에 대한 인물평을 말씀하셨다.

얼룩소 송아지라도

털이 붉고 뿔이 반듯하다면

쓸 만하지 않겠느냐.

비록 제물로 쓰지 않으려 해도

산천의 신이 그것을

그냥 내버려 두겠느냐.

중궁은 그 아버지보다 훌륭했기 때문이다.

6-5 공자님이 말씀하셨다.

안회는 석 달이 지나도 인(仁)에서 어긋남이 없으나

나머지 사람들은 하루나 한 달에 한 번

인에 이를 뿐이다.

子謂仲弓曰 犁牛之子가 騂且角이면 雖欲勿用이나 山川은 其舍諸아.
자 위 중 궁 왈　 이 우 지 자　 성 차 각　　 수 욕 물 용　　 산 천 은　 기 사 저

子曰 回也는 其心이 三月不違仁이요 其餘則日月至焉而已矣니라.
자 왈 회 야 는 기 심 이　 삼 월 불 위 인 이 요 기 여 즉 일 월 지 언 이 이 의

주해

- 仲弓(중궁) : 십철(十哲) 중 한 사람.
- 犁(이) : 얼룩소.
- 騂(성) : 붉다. 주나라 사람들은 붉은색을 좋아해 붉은 소를 제물로 많이 썼다.
- 角(각) : 제사에 쓸 만한 반듯한 뿔.
- 舍(사) : 버리다. '사(捨)'와 같은 의미이다.
- 諸(저) : 의문사나 감탄사. 좋지?
- 回(회) : 공자의 제자 안회.
- 三月(삼월) : 석 달. 오래되었다는 뜻이다.
- 違(위) : 멀리 떨어지다.
- 其餘(기여) : 안연 외의 다른 제자들.
- 日月至(일월지) : 하루나 한 달에 한 번 인에 이르다.

6-6

계강자가 여쭈었다.
중유는 정치할 만한
사람이 되겠습니까?
공자님이 말씀하셨다.

중유는 과단성이 있으니
정치를 하는 데 무슨 어려움이 있겠느냐.
사는 정치가로 나갈 만합니까?
사는 세상사에 밝으니 무슨 어려움이 있겠느냐.

구는 정치에 종사하도록 하겠습니까?
구는 제 국가 있으니 정치하는 데
무슨 어려움이 있겠느냐.
제자들의 각양각색 인품을 말씀하셨다.

季康子가 問 仲由는 可使從政也與잇가.
계강자　문 중유　가사종정야여

子曰 由也는 果하니 於從政乎에 何有리오.
자왈 유야　과　　어종정호　　하유

曰 賜也는 可使從政也與잇가. 曰 賜也는 達하니 於從政乎에 何有리오.
왈 사야　가사종정야여　　왈 사야　달　　어종정호　　하유

曰 求也는 可使從政也與잇가. 曰 求也는 藝하니 於從政乎에 何有리오.
왈 구야　가사종정야여　　왈 구야　예　　어종정호　　하유

주해

- 仲由(중유) : 자로.
- 何有(하유) : 어렵지 않다.
- 達(달) : 사리에 밝다. 두루 통달하다.
- 從政(종정) : 벼슬하다.
- 賜(사) : 자공(子貢).
- 求(구) : 염유(冉有).
- 果(과) : 과단성, 결단성.
- 藝(예) : 재능이 많다. 벼슬아치는 다재다능하기를 바라지만 공자는 과(果), 달(達), 예(藝) 중 하나만 갖춰도 족하다고 했다.

6-7 계손씨가 민자건을
비 지방 원님으로 보내려고
사람을 보냈더니 민자건이 말했다.
적당한 말로 거절해 주십시오.

만약 다시 그런 말씀을 하면
저는 국경 지역 문강으로 가서
그 강기슭에 머물겠습니다.
그 지역은 한때 계씨가 사유지로 차지했었다.

6-8 백우가 병들자 공자님이 문병을 가셨다.
창문 너머 손잡고 말씀하셨다.
이럴 수 없는데 이게 운명인가.
이런 사람에게 이런 병이 들다니!

季氏가 使閔子騫으로 爲費宰한대 閔子騫이 曰 善爲我辭焉하오.
계 씨 사민자건 위비재 민자건 왈 선위아사언

如有復我者면 則吾가 必在汶上矣로리라.
여유부아자 즉오 필재문상의

伯牛가 有疾이어늘 子問之하실새 自牖로 執其手曰亡之러니
백우 유질 자문지 자유 집기수왈망지

命矣夫인저. 斯人也가 而有斯疾也여. 斯人也가 而有斯疾也여.
명의부 사인야 이유사질야 사인야 이유사질야

주해

• 閔子騫(민자건) : 공자의 제자로 성은 민(閔), 이름은 손(損)이다.
• 費(비) : 노나라 동쪽 지역의 땅이다.　• 汶(문) : 노나라와 제나라의 강으로 계씨 관할 지역이다.
• 上(상) : 강 이름과 함께 쓰면 '물가, 강변'이라는 의미이다.
• 伯牛(백우) : 성은 염(冉), 이름은 耕(경)이고 백우는 자(字)이다.
• 有疾(유질) : 병들다. 나병이라고 하나 확실치 않다.
• 自牖(자유) : 창문 너머로.　• 亡(망) : 죽음, 잃게 되다, 없어지다.
• 斯人(사인) : 얻기 어려운 이 사람.　• 斯病(사질) : 죽게 될 병.

6-9

공자님이 말씀하셨다.

회여! 참 어질도다.

한 그릇의 밥과 한 바가지 물

이것을 가지고 누추한 거리에 사는구나!

보통 사람이라면 그런 근심을

이겨 내지 못할 것이다.

그렇지만 회는

오히려 즐기며 사는구나!

그 즐거움이 변치 않는구나!

정말 어질고 착하구나!

가난을 벗어나려고 진리 찾는 즐거움을 포기하거나

세상에 영합하지 않는다.

子曰 賢哉라 回也여. 一簞食와 一瓢飮으로 在陋巷을
자왈 현재   회야   일단사   일표음   재루항

人不堪其憂어늘 回也가 不改其樂하니 賢哉라 回也여.
인불감기우   회야   불개기락   현재   회야

주 해

- 簞食(단사) : 대나무 도시락 밥.
- 瓢飮(표음) : 표주박 물, 바가지 물.
- 陋巷(루항) : 좁고 더러운 저잣거리.
- 堪(감) : 견뎌 내다, 감당하다.
- 안자(顔子)의 즐거움은 요, 순, 주공, 공자의 도(道)를 즐기는 데서 우러나온 것이다. 안빈낙도(安貧樂道)가 바로 이런 것이다.

6-10 염구가 말했다.
선생님의 도(道)를 싫어하는 것은
전혀 아니지만
저의 능력이 부족합니다.

공자님이 말씀하셨다.
능력이 부족한 사람은
도중에 그만두게 되는데
지금 너는 미리 선을 긋고 물러나는구나!

6-11 공자님이 자하에게 말씀하셨다.
너는 군자다운 선비가 되어야지
소인배 같은 선비가 되어서는 안 된다.
군자는 천하의 공적 도의를 우선시한다.

冉求曰 非不說子之道언마는 力不足也로이다.
염구왈 비불열자지도   역부족야

子曰 力不足者는 中道而廢하나니 今女는 畫이로다.
자왈 역부족자   중도이폐   금녀   획

子謂子夏曰 女爲君子儒요 無爲小人儒하라.
자위자하왈 여위군자유   무위소인유

주해

• 說(열) : 기뻐하다, 좋아하다. '열(悅)'과 같은 의미이다.
• 廢(폐) : 그만두다, 넘어지다, 무너지다.
• 畫(획) : 선을 긋다, 한계를 드러내다.
• 君子儒(군자유) : 군자다운 유학자, 학자다운 학자. 도의(道義)를 따르면 군자유가 되고 명리(名利)를 따르면 소인유가 된다.
• 小人儒(소인유) : 군자유의 반대 개념이다.
• 中道(중도) : 일을 하다가.
• 女(여) : 너. '여(汝)'와 같은 의미이다.

6-12

자유가 무성 지방 원님이 되었다.

공자님이 말씀하셨다.

너는 인재를 구했느냐?

자유가 목민(牧民)하는 데 관심을 보이셨다.

담대멸명이란 사람이 있습니다.

그는 길을 갈 때 지름길로는 가지 않고

공적인 일이 아니면

제 집에 찾아온 적이 전혀 없습니다.

자유는 정말 공명정대한 인물을 만나

백성을 잘 돌보는

담대멸명을 기용한 자랑을 했다.

子游가 爲武城宰러니 子曰 女가 得人焉爾乎아.
자유   위무성재   자왈 여 득인언이호

曰有澹臺滅明者하니 行不由徑하며
왈유담대멸명자   행불유경

非公事어든 未嘗至於偃之室也니이다.
비공사   미상지어언지실야

주 | 해

• 武城(무성) : 지금의 산둥 성 비현 서남쪽 지역.
• 得人(득인) : 인재(현인, 인물)를 얻다(등용하다).
• 焉爾乎(언이호) : 어조사.
• 澹臺滅明(담대멸명) : 공자보다 39세 어린 제자로 성이 담대, 이름이 멸명이고 자(字)는 자우(子羽)이다.
• 行不由徑(행불유경) : 바르고 큰 길을 걷다. '경(徑)'은 '지름길, 샛길'을 말한다.
• 偃(언) : 자유(子游)의 이름.
• 之室(지실) : 공관(公館)의 정당(政堂), 자유 원님의 사무실.

6-13

공자님이 말씀하셨다.
맹지반은 자랑하지 않는 사람이다.
전쟁에 패하여 쫓길 때는
군대의 맨 뒤에서 뒤처리를 했다.

성문에 들어올 때 그는
말에 채찍질하면서 외쳤다.
뒤에 처지지 않으려 했는데
말이 달리지 못했소라고 했다.

6-14

공자님이 말씀하셨다.
축타 같은 말 재주꾼이든 송조 같은 미남이든
그래야 요즘 같은 세상에
화를 면하고 살아남을 것이다.

子曰 孟之反은 不伐이로다. 奔而殿하여 將入門할새
자왈 맹지반   불벌   분이전   장입문

策其馬曰非敢後也라 馬不進也라 하니라.
책기마왈비감후야   마부진야

子曰 不有祝鮀之佞이며 而有宋朝之美면 難乎免於今之世矣니라.
자왈 불유축타지녕   이유송조지미   난호면어금지세의

주 해

• 孟之反(맹지반) : 노나라의 대부로 성은 맹(孟), 이름은 지측(之側)이고 지반은 자(字)이다.
• 伐(벌) : 공로를 자랑하다.   • 奔(분) : 달아나다, 도망치다.
• 殿(전) : 뒤처지다, 군대 후방에서 적을 막다.   • 策(책) : 채찍질하다.
• 非敢後(비감후) : 감히 뒤에 처지려 한 것이 아니다.
• 祝鮀(축타) : 위나라 사람으로 이름은 타(鮀), 자(字)는 자어(子魚)이고, 축(祝)은 직명인 듯하다.
• 佞(녕) : 말 재주꾼. 아낙네같이 재잘거리는 사람을 가리킨다.   • 而有(이유) : 혹시 있다.
• 宋朝(송조) : 위영공의 아내와 밀통한 송의 공자(公子)로 당대 최고의 미남자였다.
• 免(면) : 재앙을 모면하다.

6-15 공자님이 말씀하셨다.

누구든지 문을 통하지 않고

밖으로 나갈 수 있겠는가.

어찌하여 이 도(道)를 따르지 않는가.

6-16 공자님이 말씀하셨다.

본바탕이 겉모습보다 좋으면

그건 촌뜨기가 된다.

겉모습이 본바탕보다 좋으면 형식적이다.

겉모습과 본바탕이

잘 어울린 다음에라야

군자다운 점이 보인다.

질은 바탕이고 문(文)은 형식이다.

子曰 誰能出不由戶리오마는 何莫由斯道也오.
자왈 수능 출불유호   하막 유 사 도 야

子曰 質勝文則野요 文勝質則史니 文質이 彬彬然後에 君子니라.
자왈 질승문즉야   문승질즉사   문질   빈빈연후   군자

주 해

• 由戶(유호) : 문을 통해서 나가다.
• 道(도) : 사람의 길. 공자가 추구하는 진리로 참 사람의 길은 천명(天命)을 따르는 것이다.
• 質勝文(질승문) : 바탕이 형식을 이긴다. 알맹이가 껍데기보다 낫다.
• 野(야) : 들짐승같이 인격도 예의도 모르고 거칠게 야인으로 살아가는 것을 의미한다.
• 史(사) : 사관(史官)이 문장을 많이 쓴다. 문장이 화려하고 수식과 형식을 잘 갖추면 의미가 부족해짐을
  비유한 것이다.
• 彬彬(빈빈) : 잘 어울리다. 조화를 이루다.

6-17

공자님이 말씀하셨다.

사람은 모름지기 정직하게 살아야 한다.

정직하지 못한 삶은

요행히 화를 면하는 것에 불과하다.

6-18

공자님이 말씀하셨다.

사람이 무언가를 안다는 것은

그것을 좋아하는 것만

못하다.

그리고 좋아하는 것은

즐기는 것만 못하다.

우리가 좋아하는 것도 즐기는 것도

다 진리요 도리이다.

子曰 人之生也가 直하니 罔之生也는 幸而免이니라.
자왈 인지생야   직   망지생야   행이면

子曰 知之者가 不如好之者요 好之者가 不如樂之者니라.
자왈 지지자   불여호지자   호지자   불여락지자

주해

• 生(생) : 날 때부터의 삶.
• 直(직) : 정직, 올바름, 곧음.
• 罔(망) : 속이다, 정직하지 않다.
• 幸而免(행이면) : 요행으로 면하다.
• 知(지) : 안다는 것은 깨달음이다.
• 好(호) : 선을 실천하는 기쁨.
• 樂(락) : 선을 생활화하는 즐거움.

6-19 공자님이 말씀하셨다.
중간 이상 수준의 사람들에게는
더 높은 수준의 것을
말할 수 있다.

그리고 중간 이하 수준의 사람들에게는
더 높은 수준을 말할 수 없다.
늘 그 수준에 맞추어서
말하는 것이다.

사람마다 지혜와 능력이 다르고
저마다 수준에 따라서
말하는 것이 슬기롭다.
공자님은 늘 수준에 맞게 교육했다.

子曰 中人以上은 可以語上也어니와
자왈 중인이상   가이어상야

中人以下는 不可以語上也니라.
중인이하   불가이어상야

주 해

• 中人(중인) : 상, 중, 하에서 중간.
• 上(상) : 높은 수준의 학문, 높은 수준의 도리.
• 語上(어상) : 이해할 수 있는 예지.
• 공자는 중인 이하의 수준을 하우(下愚)라 일컬었다.

6-20
번지가 지혜에 대해 여쭙자
공자님이 말씀하셨다.
사람이 지켜야 할 도의에
온 힘을 기울여 행해야 한다.

귀신을 삼가여 멀리하면
슬기롭다 할 것이다.
인(仁)에 대해 여쭙자
공자님이 말씀하셨다.

인한 사람은 어려운 일에는 앞에 나서고
이익 챙기는 데는 남보다 뒤지는데
이렇게 한다면
인하다고 할 수 있다.

樊遲가 問知한대 子曰 務民之義요
번지　　문지　　　　자왈 무민지의

敬鬼神而遠之면 可謂知矣니라.
경귀신이원지　　가위지의

問仁한대 曰 仁者가 先難而後獲이면 可謂仁矣니라.
문인　　왈 인자　　선난이후획　　　가위인의

주 해

• 務(무) : 진력을 다하다.
• 義(의) : 선을 위해 악을 버리는 것.
• 鬼神(귀신) : 천신(天神)과 인귀(人鬼).
• 難(난) : 고생스러운 일.
• 獲(획) : 이익을 주는 것, 획득.

6-21

공자님이 말씀하셨다.
슬기로운 사람은 물을 좋아하고
인(仁)한 어진 사람은
산을 좋아한다.

슬기로운 사람은 활동적이고
인한 어진 사람은 조용한 편이다.
슬기로운 사람은 즐겁게 살고
인한 어진 사람은 장수한다.

6-22

공자님이 말씀하셨다.
제나라가 한 번 달라지면 노나라만큼 되고
노나라가 한 번 달라지면
질서가 바로 설 것이다

子曰 知者는 樂水하고 仁者는 樂山이니
자왈 지자   요수   인자   요산

知者는 動하고 仁者는 靜하며 知者는 樂하고 仁者는 壽니라.
지자   동   인자   정   지자   낙   인자   수

子曰 齊一變이면 至於魯하고 魯一變이면 至於道니라.
자왈 제일변   지어노   노일변   지어도

주 해

• 樂(요) : 즐기다.
• 壽(수) : 오래다. '구(久)'와 같은 의미이다.
• '지자요수(知者樂水), 인자요산(仁者樂山)'이라는 격언이 되었다.
• 齊(제) : 주초(周初)에 강태공의 봉지이다.
• 魯(노) : 주초에 공신 주공의 봉지이다.
• 道(도) : 선왕(先王)의 도는 이상 국가의 목표이다.
• 공자 시대에 제나라와 노나라는 이미 쇠퇴했다.

6-23 공자님이 말씀하셨다.
술잔은 모가 나 있는데
모나지 않은 술잔은 그게 술잔이던가.
모나지 않은 술잔이 어찌 달라지겠는가.

6-24 재아가 여쭈었다.
인(仁)한 사람이 누가 말하기를
우물 속에 인한 사람이 있다 하면
그 우물 속으로 들어가야 합니까?

공자님이 말씀하셨다.
어찌 그러겠느냐.
군자는 가 보게는 해도 우물에 빠지게 할 수는 없지!
속일 수는 있지만 사리 판단을 잘못하게 할 수는 없다.

子曰 觚가 不觚면 觚哉觚哉아.
자왈 고   불고   고재고재

宰我가 問曰 仁者는 雖告之曰井有仁焉이라도 其從之也로소이다.
재아   문왈 인자   수고지왈정유인언   기종지야

子曰 何爲其然也리오. 君子는 可逝也언정 不可陷也며
자왈 하위기연야   군자   가서야   불가함야

可欺也언정 不可罔也니라.
가기야   불가망야

주 해

• 觚(고) : 팔각으로 된 술잔으로 당시에는 이런 잔을 술잔으로 여겼다. 사람이 사람다우려면 효제충신 (孝悌忠信)의 덕을 갖춰야 함을 술잔에 비유한 것이다.
• 井(정) : 우물, 함정.   • 仁(인) : 사람다운 것.
• 逝(서) : 해를 피해서 멀리하다.   • 陷(함) : 이해를 따지다가 빠지다.
• 欺(기) : 이치를 따지다가 속임수에 걸리다.   • 罔(망) : 멍청하여 속임수에 빠지다.

6-25 공자님이 말씀하셨다.
군자가 학문을 널리 배우고
예로써 조절하여 교만하지 않게 하면
도리에 어긋나지 않게 될 것이다.

6-26 공자님이 남자를 만나시니
자로가 좋아하지 않았다.
이에 선생님이 다짐하셨다.
내가 잘못이 있느냐?

있다면 하늘이 나를 버리실 것이요
정말 하늘이 나를 버리실 것이다.
이런 사람을 통해서라도
영공을 가까이한 것이다.

子曰 君子가 博學於文이요 約之以禮면 亦可以弗畔矣夫인저.
자왈 군자   박학어문   약지이례   역가이불반의부

子見南子하신대 子路가 不說이어늘 夫子矢之曰 子所否者인대
자견남자   자로   불열   부자시지왈 여소부자

天厭之天厭之시리라.
천염지천염지

주 해

• 博(박) : 넓다, 넓히다.   • 文(문) : 선왕(先王)이 남긴 글.
• 約(약) : 단속하다, 집약하다, 좁히다.
• 弗畔(불반) : '불(弗)'은 '불(不)', '반(畔)'은 '반(叛)'과 같으며, 위반하거나 도리를 배반하지 않는다는 뜻이다.
• 南子(남자) : 위나라 영공(靈公)의 총애를 받던 부인으로 유명한 음녀(淫女)이다. 송조와 밀통했는데,
  태자는 어머니의 음행이 부끄러워 죽이려다 실패하고 송나라로 도망갔다.
• 說(열) : 기뻐하다. '열(悅)'과 같은 의미이다.
• 矢(시) : '서(誓)'와 같은 의미이다.   • 否(부) : '불견(不見)'이라는 의미이다.

137

6-27

공자님이 말씀하셨다.

『중용』의 바른 실천인 덕(德)은

지극한 것임에 틀림없다.

백성 가운데는 이것을 지니곤 한다.

그러나 이 덕을 지닌 사람이

드물게 된 지가

이미 오래되었다.

실천하기가 정말 어렵기 때문이다.

『중용』의 가르침은

사람들의 일상생활을 이끌어 간다.

그러나 백성은 이것을 실천하기가 어려워

생각만 하고 있었다.

子曰 中庸之爲德也가 其至矣乎인저.

자왈 중용지위덕야   기지의호

民鮮이 久矣니라.

민선   구의

주 | 해

- 中庸(중용) : '중(中)'은 알맞고 모자람이 없는 것, '용(庸)'은 변함없는 일정한 것을 말한다. 『중용』은 유교의 실천 윤리 교과서이다.
- 爲德(위덕) : 덕성, 덕스러움.
- 至(지) : 지극하다.
- 鮮(선) : 적다, 드물다.
- 民鮮久(민선구) : 백성 중에 드문 지가 오래다.

6-28

자공이 여쭈었다.

만일 백성에게 은혜 베풀고 많은 사람을 구제한다면

그런 사람을 인(仁)한 사람이라 하겠습니까?

공자님이 말씀하시길 그게 어찌 인에만 해당되겠느냐?

반드시 성인이라 할 것이다.

요임금, 순임금도 그렇게는 못하고 근심만 하셨다.

인한 사람은 자신이 서고자 할 때 남부터 세워 주고

자기 뜻보다 남의 뜻을 먼저 이룬다.

자신이 원하는 바는 미루어 두고

남이 원하는 바를 이해하는 것이

바로 인을 실천하는 방법이다.

공자님은 인간관계에서 군자가 된다 하셨다.

子貢曰 如有博施於民而能濟衆이면 何如하니잇고.
자공왈 여유박시어민이능제중   하여

可謂仁乎잇가. 子曰 何事於仁이리오. 必也聖乎인저.
가위인호   자왈 하사어인   필야성호

堯舜도 其猶病諸시니라. 夫仁者는 己欲立而立人하며
요순   기유병저   부인자   기욕립이립인

己欲達而達人이니라. 能近取譬면 可謂仁之方也已니라.
기욕달이달인   능근취비   가위인지방야이

주 해

• 博施(박시) : 널리 베풀다, 은덕을 베풀다.
• 濟衆(제중) : 많은 사람을 구제하다.
• 何事於仁(하사어인) : 어찌 인에 한정되겠는가.
• 聖(성) : 인격이 하늘에 닿은 사람, 성자.
• 堯(요) : 상고오제(上古五帝) 중 한 사람이다.
• 舜(순) : 요의 뒤를 이은 임금으로 상고(上古)의 천자(天子)이다.
• 立(립) : 벼슬자리에 앉다.
• 達(달) : 막히지 않다, 통달하다.

제7편

술이(述而)

보다 어진 사람들의 생각과 말,
행동을 살펴보고
군자와 현명한 사람, 어진 사람의 덕행을
「술이」 편에서 논하셨다.

『논어』 중에서 가장 아름다운 문장과
빛나는 글월이 많이 수록되어 있다.
성인들의 겸허한 태도와 말씀으로
남을 가르치신다.

점잖은 몸가짐이나
모범적인 행적에 대한 글을
모아서 한자리에 담은
『논어』를 읽으면 인생을 배운다.

7-1

공자님이 말씀하셨다.

옛것을 익혀서 전해 주고는 있으나 창작은 없다.

옛것을 그냥 믿고 좋아함을

노팽에게 견주어 보는 것이다.

7-2

조용히 마음속에 새겨 두고

배움에 싫증내지만 않으며

남을 가르치는 일에 게으르지 않는 것 중에

내가 어느 것도 제대로 하는가 하셨다.

7-3

나도 걱정거리가 많다. 인격 수양이 부족한 것,

배운 것을 제대로 익히지 못하는 것,

바른 것을 듣고도 실천하지 못하는 것,

그리고 잘못을 고치지 못하는구나!

子曰 述而不作하며 信而好古를 竊比於我老彭하노라.
자왈 술 이 부 작   신 이 호 고   절 비 어 아 노 팽

子曰 黙而識之하며 學而不厭하며 誨人不倦이 何有於我哉오.
자왈 묵 이 지 지   학 이 불 염   회 인 불 권   하 유 어 아 재

子曰 德之不修와 學之不講과 聞義不能徙와 不善不能改가 是吾憂也니라.
자왈 덕 지 불 수   학 지 불 강   문 의 불 능 사   불 선 불 능 개   시 오 우 야

주 해

- 述(술) : 옛것을 전하다, 남의 것을 전하다.
- 信(신) : 옛 기록과 문화를 믿고 좋아하다, 옛 선왕(先王)의 도(道)를 믿다.
- 竊(절) : 은근히, 가만히, 겸손하게 뜻을 드러내다.
- 我(아) : 우리, 친근한 표시로 덧붙이는 말이다.   • 老彭(노팽) : 은나라의 어진 대부.
- 黙而識之(묵이지지) : 기억해 두다, 묵묵히 마음에 새겨 두다.
- 學(학) : 전적(典籍)의 고증.
- 誨人不倦(회인불권) : 다른 사람을 가르치는 일을 게을리하지 않다.
- 德(덕) : 곧은 마음.   • 講(강) : 익히다, 학습하다, 정리하다.
- 徙(사) : 옳은 길로 옮기다, 고치다, 실천하다.

7-4 공자님은 집에 계시거나 한가할 때는
늘 온화하고 고분고분하셨다.
부드러운 모습으로 온화하여
사람들을 편안하게 대하셨다.

7-5 공자님이 어느 날 말씀하셨다.
내가 이제 너무 늙었나?
주공을 꿈에서도 못 본 지
오래되었구나!

7-6 공자님이 조심스레 말씀하셨다.
도(道)에 뜻을 두고 곧은 마음에 덕(德)을 세우고
인(仁)에 의지하고 예술을 즐기며
산다는 것이 좋다.

子之燕居에 申申如也하시며 夭夭如也러시다.
자 지 연 거   신 신 여 야   요 요 여 야

子曰 甚矣라 吾衰也여. 久矣라 吾不復夢見周公이로다.
자 왈 심 의   오 쇠 야   구 의   오 불 부 몽 견 주 공

子曰 志於道하며 據於德하며 依於仁하며 遊於藝니라.
자 왈 지 어 도   거 어 덕   의 어 인   유 어 예

주 해

- 燕居(연거) : 편히 집에 머물다, 한가롭게 지내다.
- 申申如(신신여) : 말이 자상하고 편안한 모습, 마음이 온화한 것. '여(如)'는 '연(然)'과 같은 의미이다.
- 夭夭如(요요여) : 느긋하고 편안한 모습.
- 周公(주공) : 문왕의 아들이자 무왕의 동생으로 성은 희(姬), 이름은 단(旦)이다. 노나라의 시조이며,
  무왕이 죽자 어린 성왕을 도와 나라를 다스려 문물제도를 잘 확립했다.
- 志(지) : 마음의 방향, 뜻을 정하다.   · 據(거) : 움직일 수 없는 근거.
- 依(의) : 옷이 몸에 맞듯이 가까이 의지하다.   · 遊(유) : 고기가 물에서 놀 듯 헤엄치다.
- 藝(예) : 예(禮), 악(樂), 사(射), 서(書), 수(數) 등.
- 사람의 도리와 덕, 인의 종합적인 구조가 형성되면 곧 군자이다.

7-7

공자님이 말씀하셨다.
마른고기 몇 묶음 들고 와도
나는 늘 제자 삼아 왔다.
예물보다 사람을 보고 가르쳐 온 것이다.

7-8

공자님이 친히 말씀하셨다.
배우려고 달려들지 않으면
결코 일깨워 주지 않게 된다.
공부도 제 할 탓이기 때문이다.

한 귀퉁이 보여 주었을 때
나머지 세 귀퉁이를 미루어 알지 못해
그렇게 애태우며 배우지 않으면
되풀이해서 가르쳐 주지는 않는다.

子曰 自行束脩以上은 吾未嘗無誨焉이로라.
자왈 자행속수이상   오미상무회언

子曰 不憤이어든 不啓하며 不悱어든 不發하되
자왈 불분   불계   불비   불발

擧一隅에 不以三隅反이어든 則不復也니라.
거일우   불이삼우반   즉불부야

주해

- 自~以上(자~이상) : ~으로부터 그 이상.
- 束脩(속수) : '속(束)'은 10개가 한 묶음, '수(脩)'는 말린 고기로 예물이나 수업료를 말한다.
- 誨(회) : 가르치다, 깨우쳐 주다.
- 悱(비) : 말로 표현하려고 애쓰다.
- 復(부) : 다시 하다, 반복해서 가르치다.
- 憤(분) : 분발, 배우겠다는 열의.
- 發(발) : 열어 주다, 덮개를 벗겨 주다.
- 공자는 계발주의 교육법으로 제자를 가르쳤다. 애타게 깨닫게 하고 막힌 것을 벗겨 주어 스스로 자라게 했다.

7-9 공자님은 상주 곁에서는

배부르게 드시지 않았다.

상주와 같은 심정으로 임하시고

곡을 한 날에는 노래를 부르시지 않았다.

7-10 공자님이 안연에게 말씀하시길, 나라에서 써 주면 일하고

관직에서 나오면 숨어 사는 게 너와 나만의 뜻이다.

자로가 여쭈었다.

삼군을 통솔하신다면 누구와 함께 그 일 하시겠습니까?

공자님이 말씀하셨다.

맨손으로 범 잡고 맨몸으로 황하를 건너려다 죽어도

후회 없는 사람과는 함께하지 않는다.

반드시 신중하고 계획 세워 일하는 사람과 함께하겠다.

子食於有喪者之側에 未嘗飽也러시다. 子於是日에 哭則不歌러시다.
자식어유상자지측   미상포야   자어시일   곡즉불가

子謂顔淵曰 用之則行하고 舍之則藏이니 惟我與爾 有是夫인저.
자위안연왈 용지즉행   사지즉장   유아여이   유시부

子路曰 子行三軍이면 則誰與시리잇고. 子曰 暴虎馮河하여
자로왈 자행삼군   즉수여   자왈 포호빙하

死而無悔者를 吾不與也니 必也臨事而懼하며 好謀而成者也니라.
사이무회자   오불여야   필야림사이구   호모이성자야

주해

• 有喪者(유상자) : 상을 당한 사람, 장례 치르는 상주.
• 於是日哭(어시일곡) : 그날 곡을 하면, 곡한 그날에는. • 歌(가) : 시를 외우며 길게 뽑는 시창.
• 用(용) : 관직에 등용되다.   • 舍(사) : 버리다, 관직에서 나오다.
• 有是夫(유시부) : 그런 뜻이나 능력이 있다. '부(夫)'는 감탄사이다.
• 行三軍(행삼군) : 삼군을 통솔하다.   • 暴虎(포호) : 맨손으로 호랑이를 때려잡다.
• 馮河(빙하) : 맨몸으로 강을 건너다.
• 臨事而懼(림사이구) : 일을 두려워하다, 일을 대할 때 신중하게 하다.
• 好謀而成(호모이성) : 계획을 잘해서 일을 성공적으로 마치다.

7-11 공자님이 말씀하셨다.

부자 되는 것이 힘써서 될 일이라면

마부가 되어 채찍질하는 천한 일이라도 할 것이다.

그게 안 된다면 내가 좋아하는 일이나 하겠다.

7-12 공자님이 조용히 말씀하셨다.

조심스럽게 할 일은

목욕재계와 전쟁, 질병에 대한 일이다.

제사 지내기 전에 몸과 마음을 깨끗이 해야 한다.

7-13 제나라에서 순임금의 음악 소리를 들으시고

석 달간이나 고기 맛을 잊고 말씀하셨다.

음악을 하는 것이

이런 경지에 이를 줄은 몰랐다.

子曰 富而可求也인대 雖執鞭之士라도 吾亦爲之어니와
자왈 부이가구야   수집편지사   오역위지

如不可求인대 從吾所好하리라.
여불가구   종오소호

子之所愼은 齊戰疾이러시다.
자지소신   재전질

子在齊聞韶하시고 三月을 不知肉味하사 曰不圖爲樂之至於斯也호라.
자재제문소   삼월   부지육미   왈부도위악지지어사야

주 해

- 富(부) : 귀(貴)를 통한 부유함.
- 可求(가구) : 바람직한 치세(治世).
- 從吾所好(종오소호) : 내가 좋아하는 바를 하겠다.
- 齊(재) : 제사에 앞서 몸과 마음을 깨끗이 하다.
- 爲樂(위악) : 음악을 연주하다, 음악을 만들다. 공자는 예와 더불어 악(樂)을 강조했다.
- 而(이) : 만약에. '여(如)'와 같은 의미이다.
- 執鞭(집편) : 채찍을 들다. 천한 직업을 말한다.
- 愼(신) : 조심.
- 韶(소) : 순임금의 악(樂).

7-14 위나라를 위해 선생님이 일하실지 염유가 묻자
자공이 제가 한번 여쭈어 보겠습니다 했다.
안에 가서 백이와 숙제는 어떤 사람입니까 하자
다 옛날 분이시지 하셨다.

그들이 세상을 원망했을까요?
인(仁)을 추구하여 얻었으니 무슨 원망 하겠느냐.
자공이 밖에 나와 선생님은
위나라를 위해 일하지 않으실 것이라 했다.

7-15 공자님은 나물죽에 찬물 마시고
팔베개하고 누워도 즐겁다 하셨다.
외롭지 않으면서 부귀하면
내게는 뜬구름 같다고 하셨다.

冉有曰 夫子爲衛君乎아. 子貢曰 諾다 吾將問之하리라.
염유왈 부자위위군호   자공왈 낙   오장문지

入曰 伯夷叔齊는 何人也잇고. 曰古之賢人也니라.
입왈 백이숙제   하인야   왈고지현인야

曰怨乎잇가. 曰求仁而得仁이어니 又何怨이리오. 出曰 夫子不爲也시니라.
왈원호   왈구인이득인   우하원   출왈 부자불위야

子曰 飯疏食飲水하고 曲肱而枕之라도 樂亦在其中矣니
자왈 반소사음수   곡굉이침지   낙역재기중의

不義而富且貴는 於我에 如浮雲이니라.
불의이부차귀   어아   여부운

주 해

- 爲衛君(위위군) : 위나라 임금을 위하여.
- 飯疏食(반소사) : 거친 밥(나물죽)을 먹다.
- 枕之(침지) : 팔베개.
- 諾(낙) : 긍정적인 대답.
- 曲肱(곡굉) : 팔을 굽히다.
- 백이숙제는 부귀를 버리고 가난과 고초를 겪으면서 불의와 합하지 않아 공자가 자주 언급했다.

7-16 공자님이 말씀하셨다.
내게 몇 해 시간이 더 주어져
쉰 살까지 역학(易學)을 공부한다면
큰 허물은 없을 것이다.

7-17 공자님은 평소에 말씀하실 때도
늘 『시경』과 『서경』, 예(禮)를
실천하자는 것이었으니
언제나 그런 말씀을 하셨다.

공자님의 인간 교육은 늘 『시경』과 『서경』
그리고 예의 테두리를 벗어나지 않았고
역사 의식, 사회 규범, 인격 형성을
늘 강조하여 가르치셨다.

子曰 加我數年하여 五十以學易이면 可以無大過矣리라.
자왈 가아수년   오십이학역   가이무대과의

子所雅言은 詩書執禮니 皆雅言也러시다.
자소아언   시서집례   개아언야

주 해

• 加(가) : 보태다. '가(假)'와 같은 의미이다.
• 易(역) : 역경, 주역, 역학.
• 學易(학역) : 역학 연구. 역은 순수천명(順受天命)의 도(道)이다.
• 雅言(아언) : 평소에 늘 하신 말씀. '아(雅)'는 '상(常)'과 같은 의미이다.
• 詩書(시서) : 『시경』과 『서경』.
• 執禮(집례) : 집행하는 의례.

7-18

섭공이 공자님에 대해 묻자 자로는 묵묵부답했다.
공자님이 이 말을 듣고 말씀하셨다.
너는 왜 내가 의욕이 생기면 먹는 것 잊고
도를 즐기고 산다 하지 않았느냐?

근심도 버리고 늙음도 잊고 사는
도에 미친 사람이라 일러 주지 그랬느냐?
공자님은 자신을 두고 이렇게 말씀하고
특별히 자랑할 것도 욕할 것도 없다 하지 하셨다.

7-19

공자님이 말씀하셨다.
나는 태어나면서부터 진리를 안 사람이 아니라
옛것을 좋아하여 부지런히 그것을
추구하고 있는 사람이다.

葉公이 問孔子於子路어늘 子路가 不對한대 子曰 女가 奚不曰
섭공 문공자어자로 자로 부대 자왈 여 해불왈

其爲人也가 發憤忘食하고 樂以忘憂하여 不知老之將至云爾오.
기위인야 발분망식 낙이망우 부지로지장지운이

子曰 我非生而知之者라 好古敏以求之者也로라.
자왈 아비생이지지자 호고민이구지자야

주 해

- 葉公(섭공) : 초나라 좌사마(左司馬)였던 심윤술(沈尹戌)의 아들로, 초나라 섭 지방이 식읍(食邑)이어서 섭공이라 칭했다.
- 不對(부대) : 몰라서 대답 안 하다.   奚(해) : 어찌, 어째서.
- 發憤(발분) : 의욕이 생겨 열중하다.   將至(장지) : 곧 이르다.
- 生而知之者(생이지지자) : 태어나면서부터 안 사람, 세상 이치와 도리를 아는 천재.
- 敏(민) : 민첩하게, 부지런히.   敏以求之(민이구지) : 부지런함으로 추구하다.

7-20 공자님은 괴이한 일이나
힘으로 하는 어떤 일, 사회를 어지럽히는 일
그리고 귀신의 일에 대해서는
전혀 말씀하시지 않았다.

 7-21 공자님이 말씀하셨다.
세 사람이 함께 길을 간다면
그중에 반드시 내 스승이 될 만한 이가 있다.
그들의 좋은 점을 가려서 본받아야 한다.

그리고 그들의 좋지 않은 점을 발견하면
그것으로 나 자신을 바로잡는
교훈을 배울 것이다.
그래서 셋 가운데 반드시 스승이 있는 것이다.

子不語怪力亂神이러시다.
자 불 어 괴 력 난 신

子曰 三人行에 必有我師焉이니 擇其善者而從之요 其不善者而改之니라.
자 왈 삼 인 행   필 유 아 사 언   택 기 선 자 이 종 지   기 불 선 자 이 개 지

주 해

• 괴(怪), 력(力), 난(亂), 신(神) 등은 인간 교화에 전혀 도움이 되지 않는다는 의미이다.
• 三人行(삼인행) : 셋이 길을 가다, 동행자가 적다.
• 師(사) : 스승. 도(道)뿐만 아니라 백공기예(百工技藝)를 배워도 스승이 된다.
• 동행자 중에 반드시 배울 점이 있는 스승이 있다. 배우고자 하는 마음만 있으면 도처에 스승이 있다는
  교훈이 담겼다.

7-22 공자님이 말씀하셨다.
하늘이 내게 덕을 내려 주셨는데 환퇴가 어찌하겠느냐?
송나라에 갔을 때 공자님을 죽이려 하여
속히 떠나면서 제자들에게 하신 말씀이다.

7-23 자네들은 내가 무언가 숨긴다고 생각하나?
나는 하나도 숨기는 게 없다네.
자네들이 행할 모든 것을 가르쳤네.
나는 바로 그런 사람이라네.

7-24 공자님은 제자들에게
네 가지를 가르치셨다.
선왕이 남긴 글과
남을 속이지 않는 믿음이 그것이다.

子曰 天生德於子시니 桓魋가 其如子何리오.
자왈 천생덕어여   환퇴   기여여하

子曰 二三子는 以我爲隱乎아. 吾無隱乎爾로라.
자왈 이삼자   이아위은호   오무은호이

吾無行而不與二三子者가 是丘也니라.
오무행이불여이삼자자   시구야

子以四敎하시니 文行忠信이니라.
자이사교   문행충신

주 해

• 天生德於子(천생덕어여) : 하늘이 내게 덕을 부여해 주다.
• 桓魋(환퇴) : 송나라의 사마(司馬)로 공자를 죽이려 했다.
• 二三子(이삼자) : 여러 제자들.   • 無隱乎爾(무은호이) : 자네들에게 숨김이 없다.
• 丘(구) : 공자의 이름.   • 文行忠信(문행충신) : 학문, 몸가짐, 실천, 신의 등.

7-25

공자님이 말씀하셨다.

성인을 만날 수 없다면 군자라도 만났으면 좋겠다.

착한 사람을 만날 수 없다면

한결같은 사람이라도 만났으면 좋겠다.

없으면서 있는 체한다든가

속이 비었으면서 가득 찬 체한다든가

가난하면서도 부유한 체하는 이 세상

정말 한결같은 마음 지니고 살기가 어렵구나!

7-26

공자님은 낚시하러 가시기는 해도

절대로 그물질하러 가시지는 않았다.

주살질은 하시더라도

둥우리의 새를 쏘아 잡으시지는 않았다.

子曰 聖人을 吾不得而見之矣어든 得見君子者면 斯可矣니라.
자왈 성인　오부득이견지의　　득견군자자　사가의

子曰 善人을 吾不得而見之矣어든 得見有恒者면 斯可矣니라.
자왈 선인　오부득이견지의　　득견유항자　사가의

亡而爲有하며 虛而爲盈하며 約而爲泰면 難乎有恒矣니라.
무이위유　　허이위영　　약이위태　　난호유항의

子는 釣而不綱하시며 弋不射宿이러시다.
자　조이불강　　　익불석숙

주 해

• 聖人(성인) : 인간으로서 최고의 표상으로 교화의 능력을 가진 사람.
• 君子(군자) : 최고 정치가의 표상으로 문질(文質)을 겸비한 지도자.
• 斯可(사가) : 이것으로도 좋다.
• 有恒者(유항자) : 한결같은 마음을 가진 사람, 일을 잘 처리하는 사람.
• 亡(무) : 없다. '무(無)'와 같은 의미이다.　　• 盈(영) : 가득 차다.
• 約(약) : 가난하다, 약소하다.　　• 泰(태) : 부유하다, 넉넉하다, 충실하다.
• 釣(조) : 낚시.　　• 弋(익) : 주살, 줄 달린 화살.
• 射(석) : 쏘아 맞히다.　　• 宿(숙) : 둥우리에 들어 잠든 새.

7-27 공자님이 말씀하셨다.
잘 모르면서 새 집을 만드는 이도 있지만 나는 그러지 않는다.
많이 듣고 좋은 것을 택하여 따르고 많이 보고 마음에 새겨
참으로 아는 것에 버금가는 일을 한다.

7-28 호향 사람은 더불어 이야기하기 어렵다.
그곳 아이가 공자님을 찾아뵙자 제자들이 놀랐다.
공자님이 말씀하시길, 바른 길 가는 이는 받아들이고
바른 길에서 돌아서는 이는 안 돌아보는 법이다.

배우겠다고 찾아오면 어찌 모질게 대하겠느냐.
사람이 자신을 깨끗이 하고 바른 길로 나아가면
깨끗함을 받아들인 것이니
지난 일에 매달릴 것이 아니다.

子曰 蓋有不知而作之者아. 我無是也로라.
자왈 개유부지이작지자   아무시야

多聞하여 擇其善者而從之하며 多見而識之가 知之次니라.
다문   택기선자이종지   다견이식지   지지차야

互鄕은 難與言이러니 童子가 見커늘 門人이 惑한대 子曰 與其進也요
호향   난여언   동자   현   문인   혹   자왈 여기진야

不與其退也니 唯何甚이리오. 人이 潔己以進이어든 與其潔也요 不保其往也니라.
불여기퇴야   유하심   인 결기이진   여기결야   불보기왕야

주 해

• 知之次(지지차) : 제대로 아는 것에 버금가다.
• 互鄕(호향) : 고을 이름으로 오늘날의 하남성(河南星) 녹읍현(鹿邑縣)에 있다. 이곳 사람들의 성질이
나쁘다는 평이 있었다.
• 難與言(난여언) : 더불어 이야기하기 어렵다.   • 見(현) : 윗사람을 뵙다.
• 保其往(보기왕) : 지난 일에 연연하다. '보(保)'는 '얽매이다, 집착하다, 지난 일'을 뜻한다.

7-29 공자님이 말씀하셨다.

인(仁)이 우리한테서 멀리 있다는 말인가.

내가 인을 실천하고자 한다면

바로 인은 내게로 다가오는 것이다.

7-30 진나라 사패가 소공은 예(禮)를 압니까 하자

그래, 아는 사람이지 하시고 물러가셨다.

무마기를 맞아 군자는 편당 짓지 않은데요 하였다.

소공이 오나라에서 부인을 맞이하여 오맹자라 했다.

그것은 성이 같았기 때문이고 임금이 예를 알아야지.

무마기가 이를 알리자 내 허물을 알려 주니

나는 정말 행복하구나 말씀하셨다.

노나라와 오나라 왕실 성은 동성이었다.

子曰 仁遠乎哉아. 我欲仁이면 斯仁이 至矣니라.
자왈 인원호재   아욕인   사인   지의

陳司敗가 問昭公이 知禮乎잇가. 孔子曰 知禮시니라. 孔子退어시늘
진사패   문소공   지례호   공자왈 지례   공자퇴

揖巫馬期而進之曰 吾聞君子는 不黨이라 하니 君子亦黨乎아. 君이
읍무마기이진지왈 오문군자   부당   군자역당호   군

取於吳하니 爲同姓이라 謂之吳孟子라 하니 君而知禮면 孰不知禮리오.
취어오   위동성   위지오맹자   군이지례   숙부지례

巫馬期가 以告한대 子曰 丘也幸이로다. 苟有過어든 人必知之온여.
무마기   이고   자왈 구야행   구유과   인필지지

주 해

• 陳司敗(진사패) : 진나라의 벼슬.　　　• 昭公(소공) : 양공(襄公)의 서자로 이름은 조(稠)이다.
• 巫馬期(무마기) : 공자의 제자로 성은 무마(巫馬), 이름은 시(施)이다.
• 吳孟子(오맹자) : 노나라 소공(昭公)의 부인으로 오희라 해야 하는데 오맹자라고 해서 동성(同姓)을 감추려 한 것이다. 동성불혼(同姓不婚)의 예를 어긴 것이다.

7-31 공자님은 여럿이 함께
노래를 부르며 잘 어울리시다가
누가 노래를 잘 부르면 반드시 부르게 하시고
뒤이어 화답 노래를 부르셨다.

7-32 공자님이 말씀하셨다.
내가 학문에 대해서는 누구보다 못하지 않겠지만
군자의 도리를 몸소 실천하는 데는
아직도 멀고 이루지 못했다.

7-33 감히 성인(聖人)과 인인(仁人)이 되겠다 할 수 없지.
그러나 그 도리를 배우는 데 싫증내지 않고
가르치는 데는 게을리 안 했다 할 수 있지.
공서화는 바로 그것을 제자들이 배울 수 없습니다 했다.

子與人歌而善이어든 必使反之하시고 而後和之러시다.
자 여 인 가 이 선　　　　　필 사 반 지　　　　이 후 화 지

子曰 文莫吾猶人也아. 躬行君子는 則吾未之有得호라.
자 왈 문 막 오 유 인 야　　　궁 행 군 자　　즉 오 미 지 유 득

子曰 若聖與仁은 則吾豈敢이리오. 抑爲之不厭하며 誨人不倦은
자 왈 약 성 여 인　　즉 오 기 감　　　　억 위 지 불 염　　　회 인 불 권

則可謂云爾已矣니라. 公西華曰 正唯弟子가 不能學也로소이다.
즉 가 위 운 이 이 의　　　공 서 화 왈 정 유 제 자　　불 능 학 야

주 해

- 反之(반지) : 그것을 되풀이하다.
- 莫(막) : 어찌 안 하랴.
- 躬行君子(궁행군자) : 군자의 도리를 몸소 실천하여 군자답게 살아가다.
- 抑(억) : 하지만, 그렇지만.
- 可謂(가위) : 말할 수 있을 뿐이다.
- 已矣(이의) : ~뿐이다.
- 和之(화지) : 그것에 화답하다.
- 猶(유) : 같다.
- 爲之(위지) : 성인(成仁)하려고 학문을 탐구하다.
- 云爾(운이) : 그렇다고.

공자님이 심하게 앓자 자로가 기도할 것을 청하니

그런 선례가 있느냐 하셨다.

자로가 대답했다. 있고 말고요!

뇌문에 너를 위해 하늘과 땅의 신에게 기도하라 했습니다.

공자님은 나는 그런 기도를

드린 지가 까마득하구나 하셨다.

전에는 하느님에게 기도하신 것이

공자님의 정신세계였다.

사치하다 보면 공손함을 잃게 되고

검소하다 보면 딱딱해지게 마련이다.

불손한 것보다야 딱딱한 게 더 낫지.

공자님은 사치를 싫어하셨다.

子疾病이어시늘 子路가 請禱한대 子曰 有諸아.
자 질 병　　　　　자로　청도　　자왈 유저

子路對曰 有之하니 誄曰 禱爾于上下神祇라 하니이다.
자로대왈 유지　　　뇌왈 도이우상하신기

子曰 丘之禱가 久矣니라.
자왈 구지도　구의

子曰 奢則不孫하고 儉則固니 與其不孫也론 寧固니라.
자왈 사즉불손　　검즉고　여기불손야　　영고

주 해

- 疾病(질병) : 병이 심해지다.
- 有諸(유저) : 그런 선례가 있는가? 예(禮)에 있는가?
- 誄(뇌) : 기도하는 글.
- 神祇(신기) : 천신(天神)과 지기(地祇).
- 固(고) : 융통성 없다. 고루하다. 고지식하다. '루(陋)'와 같은 의미이다.
- 上下(상하) : 하늘과 땅.
- 孫(손) : '순(順)'과 같은 의미이다.

7-36 공자님이 말씀하셨다.
군자는 마음이 평온하고
늘 너그러운 마음씨이다.
그러나 소인은 늘 근심에 싸여 있다.

7-37 공자님은 언제나 온화하시고도
엄숙한 자세를 가누셨으며
위엄을 지니시면서도 사납지 않고
공손하시면서도 편안한 마음이었다.

그래서 공자님은 불안한 마음에도
찡그린 얼굴을 하지 않으셨다.
사람을 대할 때는 늘 온화하여
보는 이의 마음이 편안했다.

子曰 君子는 坦蕩蕩이요 小人은 長戚戚이니라.
자왈 군자　　탄탕탕　　　소인　　장척척

子는 溫而厲하시며 威而不猛하시며 恭而安이러시다.
자　온이려　　　위이불맹　　　공이안

주해

- 坦(탄) : 평탄, 평안.
- 蕩蕩(탕탕) : 넓은 모양. 너그럽고 도량이 넓은 모습.
- 長(장) : 오랫동안, 늘.
- 戚戚(척척) : 근심과 두려움이 가득한 모습.
- 厲(려) : 엄숙하다, 엄격하다, 엄하다.
- 猛(맹) : 사납다, 성내다, 잔혹하다.
- 공자의 평온한 모습을 묘사하고 있다. 위풍당당하면 무서워지고 공손이 지나치면 불안해지기 쉽다.

제8편

태백(泰伯)

주나라 태왕에게는 세 아들
태백, 우중, 계력이 있었는데
태왕은 계력의 아들 창에게 왕위를 주려 했다.
이것을 눈치챈 태백이 선수를 쳤다.

동생 우중을 남방으로 보내어
오나라를 세우고 선조가 되게 했다.
무난히 태왕의 뜻대로 창을 세웠다.
공자님은 이런 사연을 잘 아셨다.

태백의 심사를 칭찬해야겠다 여기시고
『논어』에 태백의 장을 담으셨다.
권력을 탐하지 않고 동생과 조카에게
왕좌를 내주는 태백의 모습을 자랑하셨다.

8-1 공자님이 말씀하셨다.

태백은 큰 덕을 지닌 분이라 할 만하다.

태왕의 맏아들로 왕위에 오를 사람이지만 천하를 양보했다.

그러나 백성은 그를 칭송할 길이 없구나.

8-2 공손하면서 예(禮)가 없으면 수고롭기만 하고

신중하면서 예가 없으면 두려움을 갖게 된다.

용감하면서 예가 없으면 질서를 어지럽히고

정직하면서 예가 없으면 박절해지고 만다.

군자가 친족을 잘 보살피면

백성에게 인(仁)의 기풍이 일어나게 되고

옛 친구를 버리지 않으면

백성이 본받아 인정이 깊어진다 하셨다.

子曰 泰伯은 其可謂至德也已矣로다. 三以天下讓하되 民無得而稱焉이온여.
자왈 태백 기가위지덕야이의   삼이천하양   민무득이칭언

子曰 恭而無禮則勞하고 愼而無禮則葸하고 勇而無禮則亂하고
자왈 공이무례즉로   신이무례즉사   용이무례즉란

直而無禮則絞니라. 君子가 篤於親이면 則民興於仁하고
직이무례즉교   군자 독어친   즉민흥어인

故舊를 不遺면 則民不偸니라.
고구   불유   즉민불투

주해

- 泰伯(태백) : 주나라 태왕의 큰아들로 우중(虞仲)과 계력(季歷)의 형이다. 태왕이 셋째인 계력의 아들 창(昌)에게 왕위를 주려 하자 태백과 우중은 남방으로 피신해 오나라를 세우고 선조가 되었다.
- 三以(삼이) : 세 번씩이나.
- 無得(무득) : 방포를 얻지 못하다.
- 勞(로) : 불안한 모습.
- 葸(사) : 화평하지 못한 모습.
- 絞(교) : 박절하다, 엄하다, 목 졸리듯 다급하다.
- 興於仁(흥어인) : 인을 일으키다, 인한 기풍이 일어나다.
- 偸(투) : 각박하다, 인정이 없다.

8-3 증자가 병들자 제자들을 불러 말했다.

내 손발을 보아라.

『시경』에 떨면서 깊은 늪가 지나듯 얇은 얼음 밟듯 하라 했는데

이제부터는 그런 걱정 벗어나게 되었구나, 얘들아.

8-4 맹경자가 증자의 문병을 가니

새도 죽을 때는 울음이 슬프고 사람이 죽을 때는 착해집니다.

군자의 도 세 가지는 몸을 움직일 때 거만함 버리고

얼굴빛을 신의에 가깝게 하며 말할 때 어긋남 없는 것입니다.

제사상 차리는 것은 소소한 일이라

예에 관한 일은 맡은 이들이

하도록 맡겨 두면 됩니다.

예를 잘 갖추자는 것입니다 했다.

曾子가 有疾하여 召門弟子曰 啓予足하며 啓予手하라. 詩云戰戰兢兢하여
증자   유질   소문제자왈 계여족   계여수   시운전전긍긍

如臨深淵하며 如履薄氷이라 하니 而今而後에야 吾知免夫로라 小子아.
여림심연   여리박빙   이금이후   오지면부   소자

曾子가 有疾이어늘 孟敬子가 問之러니 曾子가 言曰 鳥之將死에 其鳴也哀하고
증자   유질   맹경자 문지   증자   언왈 조지장사에 기명야애

人之將死에 其言也善이니라. 君子所貴乎道者가 三이니 動容貌에 斯遠暴慢矣며
인지장사 기언야선   군자소귀호도자 삼   동용모 사원포만의

正顔色에 斯近信矣며 出辭氣에 斯遠鄙倍矣니 籩豆之事는 則有司存이니라.
정안색 사근신의   출사기 사원비배의 변두지사 즉유사존

• 詩云(시운) : 『시경(詩経)』「소민(小旻)」편.
• 孟敬子(맹경자) : 맹무백(孟武伯)의 아들로 노나라의 대부이다.
• 所貴乎道(소귀호도) : 도에서 귀하게 여기는 것.
• 斯(사) : 곧, 즉시. '즉(則)'과 같은 의미이다.
• 鄙倍(비배) : 비루하고 어긋나다.

• 吾知免(오지면) : 죄인의 몸을 상하게 하는 벌.
• 動容貌(동용모) : 몸을 움직이다.
• 出辭氣(출사기) : 말과 소리를 내다.
• 籩豆(변두) : 제사 그릇.

8-5

증자가 말했다.

능력 있어도 없는 듯이 사람들에게 물었고

많이 알면서도 적게 아는 이에게 물었다.

있으면서도 없는 듯이 살았다.

꽉 차 있으면서도 텅 빈 듯하였고

남이 잘못해도 따지거나 다투지 않았다.

예전에 내 친구 안연이

이를 실천하고 살았다.

8-6

증자가 말했다.

어린 임금을 부탁하고 한 나라 정치를 맡길 사람,

나라의 큰일이 있을 때는 그 뜻을 뺏을 수 없다면 군자다운가?

그렇다, 군자다운 사람이다.

曾子曰 以能으로 問於不能하며 以多로 問於寡하며 有若無하며
증자왈 이능   문어불능   이다 문어과   유약무

實若虛하며 犯而不校를 昔者吾友가 嘗從事於斯矣러니라.
실약허   범이불교 석자오우 상종사어사의

曾子曰 可以託六尺之孤하며 可以寄百里之命이요
증자왈 가이탁육척지고   가이기백리지명

臨大節而不可奪也면 君子人與아. 君子人也니라.
임대절이불가탈야 군자인여   군자인야

• 校(교) : 잘잘못을 따지다.
• 吾友(오우) : 내 친구. 안연(顔淵)을 가리키며, 증자가 안연의 인간 됨됨이를 말하고 있다. 지기지우(知己知友)로 군자의 모습이다.
• 從事於斯(종사어사) : 이 일에 종사하다. 즉 위와 같이 실천하며 살다.
• 六尺之孤(육척지고) : 어린 고아. 여기서는 어린 임금을 말한다.
• 百里之命(백리지명) : 사방 100리 정도 되는 나라의 책임자.
• 大節(대절) : 나라의 중대한 상황, 자신의 목숨이 걸린 상황, 큰 사건이 생긴 때.

8-7 증자가 말했다.

선비는 모름지기 뜻이 크고 의지 또한 강해야 한다.

책임은 무겁고 갈 길 또한 멀다.

인(仁)을 자신의 임무로 삼아 산다.

인의 사람은 이렇게 책임이 무겁지 않느냐.

죽은 뒤에야 그만두는 것 아니냐.

그러니 갈 길이 멀지 않느냐.

인은 정말 힘든 것이다.

8-8 공자님이 말씀하셨다.

시를 읽으면 선을 좋아하고 악을 미워하게 되는

순수한 감성을 불러일으킨다.

예의로 도리를 지키고 음악으로 인격을 완성한다.

曾子曰 士不可以不弘毅니 任重而道遠이니라.
증자왈 사불가이불홍의   임중이도원

仁以爲己任이니 不亦重乎아. 死而後已니 不亦遠乎아.
인이위기임   불역중호   사이후이   불역원호

子曰 興於詩하며 立於禮하며 成於樂이니라.
자왈 흥어시   입어례   성어악

주해

• 士(사) : 군자의 도(道)를 업으로 삼는 이.　　• 弘(홍) : 포용력이 크다, 뜻이 크다, 도량이 넓다.
• 毅(의) : 떳떳한 힘, 굳세다, 의지가 강하다.
• 仁以爲己任(인이위기임) : 인의 실현을 자신의 임무로 삼다.
• 興於詩(흥어시) : 시를 통해 순수한 감정을 불러일으키는 것, 거짓 없는 참된 경지.
• 禮(예) : 형식적으로는 구속을 하고 윤리적으로는 행동을 규제한다.
• 樂(악) : 정서를 평화롭게 한다.
• 공자는 시(詩)를 사무사(思無邪), 선심(善心), 진정성을 일깨우는 것으로 보았다.

8-9 공자님이 말씀하셨다.
백성이 도리를 따르게 할 수는 있어도
도리를 이해하게 할 수는 없다.
도리에 대한 이해는 그만큼 어려운 것이다.

8-10 용맹을 떨치면서 가난을 싫어하면
사회 질서를 어지럽히게 되고
사람으로서 인(仁)을 갖추지 못한 이를 미워하면
사회 질서를 어지럽히는 게 되는 것이다.

백성에게 도리를 순종시키는 것이
이해시키는 것보다 쉽고
함께 사는 사람이 가난하면
난리를 꾸미는 것이다.

子曰 民은 可使由之요 不可使知之니라.
자왈 민   가사유지   불가사지지

子曰 好勇疾貧이 亂也요 人而不仁을 疾之已甚이 亂也니라.
자왈 호용질빈 난야 인이불인 질지이심   난야

주 해

• 民(민) : 농공상인, 백성.
• 由之(유지) : 그것으로 말미암아.
• 知(지) : 이해하다, 선왕의 도를 알게 하다.
• 흔히 이 문장을 우민 정책의 근거로 생각하는데 이는 불가(不可)를 '안 된다'로 해석하기 때문이다. 하지만 '할 수 없다'로 해석해야 한다.
• 疾貧(질빈) : 가난을 싫어하다.
• 亂(난) : 어지럽다, 난동 부리다.
• 已(이) : 너무, 지나치게.
• 疾之已甚(질지이심) : 미워함이 너무 심하다, 지나치게 미워하다.

공자님이 말씀하셨다.
주공 같은 훌륭한 재주꾼이라도
교만하고 인색하면 그다음에야
전혀 볼 게 없는 인물이 된다.

주나라 무왕의 아들 단(旦)같이
재주 많다 해도 교만에 빠지고
거기에 인색하기까지 하면
보잘것없는 사람이 되고 만다.

공자님이 말씀하셨다.
3년이나 공부하면 벼슬길에 마음 쓰지 않는 것이
그리 쉽지만은 않은 법이다.
공부할 때는 꿈이 있기 때문이다.

子曰 如有周公之才之美라도 使驕且吝이면 其餘는 不足觀也已니라.
자왈 여유주공지재지미   사교차린   기여   부족관야이

子曰 三年學에 不至於穀을 不易得也니라.
자왈 삼년학   부지어곡   불이득야

주 해

• 周公(주공) : 주나라 문왕의 아들로 이름은 단(旦)이다.
• 美(미) : 훌륭하다.
• 使(사) : 가령.
• 驕(교) : 잘난 체하다.
• 吝(린) : 남 돕기를 싫어하다.
• 不足觀(부족관) : 보기에 부족하다, 볼 가치가 없다.
• 不至於穀(부지어곡) : 벼슬에 마음 가지 않다. '곡(穀)'은 벼슬아치의 녹봉을 뜻한다.
• 不易得(불이득) : 쉽게 할 수 없다, 쉬운 일이 아니다.

8-13 공자님이 말씀하셨다.

성현을 존경하여 두터운 믿음으로 배우기를 좋아하면
죽음으로써 선한 도를 지켜야 한다.
위험한 나라, 어지러운 나라에 가지도 머물지도 말라.

천하에 도가 행해지면
세상에 그 모습을 드러내게 된다.
도가 이루어지지 않으면 조용히 숨어 살고
나라에 도가 이루어지기를 기다려라.

가난하고 천하게 산다면 부끄러운 일이며
나라에 도가 행해지지 않는데
부귀를 누린다는 것 또한 부끄러운 일이다.
도가 이루어지도록 해야 한다.

子曰 篤信好學하며 守死善道니라. 危邦不入하고 亂邦不居하며
자왈 독신호학   수사선도   위방불입   난방불거

天下有道則見하고 無道則隱이니라. 邦有道에 貧且賤焉이 恥也며
천하유도즉현   무도즉은   방유도 빈차천언 치야

邦無道에 富且貴焉이 恥也니라.
방무도   부차귀언   치야

주 해

• 篤信(독신) : 독실하게 믿다, 아주 굳게 믿다.
• 善道(선도) : 도를 닦다.
• 守死善道(수사선도) : 선한 도를 죽음으로 지키다.
• 亂(난) : 통치가 안 되다.
• 見(현) : 나타나다, 드러나다.
• 隱(은) : 은거하다, 숨어 살다.
• 독신선도(篤信善道)는 군자의 신념으로 군자의 생활 태도요 공자의 삶의 자세이다.

8-14 공자님이 말씀하셨다.
누구든지 그런 지위에 있지도 않으면서
감 나라 대추 나라 하면
참견하는 것일 뿐이니 그러지 말라.

8-15 공자님이 말씀하셨다.
악사장(樂師長) 지(摯)가 연주한 첫 곡의
마지막 악장이 아직도 귀에 쟁쟁하구나.
그 아름다운 선율이 넘쳐흘러 내 귀에 가득하구나.

8-16 공자님이 말씀하셨다.
뜻은 크나 정직하지 못하고
무식하면서도 성실하지 못하며
무능하면서도 신의가 없는 사람이면 내 알 바 아니구나.

子曰 不在其位하여는 不謀其政이니라.
자왈 부재 기위   불모 기정

子曰 師摯之始에 關雎之亂이 洋洋乎盈耳哉라.
자왈 사지지시   관저지란   양양호영이재

子曰 狂而不直하며 侗而不愿하며 悾悾而不信을 吾不知之矣로라.
자왈 광이부직   동이불원   공공이불신   오부지지의

주 해

- 位(위) : 벼슬자리.
- 其政(기정) : 그 직위에서 담당해야 할 정사.
- 始(시) : 첫 곡조.
- 洋洋(양양) : 아름다움이 넘쳐흐르는 모양.
- 狂(광) : 함부로 하다, 뜻이 크다, 진취적이다.
- 愿(원) : 부지런함, 성실함.
- 吾不知之(오부지지) : 그런 사람을 모르다, 그런 사람을 내가 알 턱이 없다.
- 謀(모) : 도모하다, 꾀하다, 논의하다.
- 摯(지) : 노나라의 악사장.
- 亂(란) : 끝 장, 음악의 마지막 악장.
- 盈(영) : 차다, 채우다.
- 侗(동) : 무지하다, 성숙하지 못하다.
- 悾悾(공공) : 무능한 모습.

8-17
공자님이 말씀하셨다.
배울 때는 능력이 미치지 못할까 안타까워하고
나아가서 그것을 잃어버릴까 두려워해야 한다.
배운 것이 내 것이 되게 해야 한다.

8-18
공자님이 말씀하셨다.
아, 위대하여라!
순임금과 우임금은 천하를 다 가지시고도
사사로이 관여함이 없으셨구나.

높고도 높으신 순임금, 우임금
천하에 비길 데 없는데도
그렇게 담담하게 사셨고
뽐내어 교만하지도 않으셨다.

子曰 學如不及이요 猶恐失之니라.
자왈 학여불급   유공실지

子曰 巍巍乎라. 舜禹之有天下也而不與焉이여.
자왈 외외호   순우지유천하야이불여언

주 해

• 學如不及(학여불급) : 배울 때는 능력이 모자라서 가르침을 따라가지 못할까 안타까워하며 끝없이 노력해야 한다는 뜻이다.
• 猶(유) : 오히려, 그 위에 더욱.
• 巍巍(외외) : 깎아지른 듯 높은 모양.
• 禹(우) : 하나라의 시조로 이름은 문명(文命)이고, 황제 전욱의 손자이자 곤의 아들이다.
• 不與(불여) : 관여하지 않다.

8-19 공자님이 말씀하셨다.

위대하신 요임금이시여! 높고도 높으심이여.

오직 하늘만이 이토록 높은데 요임금만이 본받으시고

넓고 저 아득함 무슨 말로 찬양하리까!

무어라 형용할 수가 없도다.

그 높고 높으심을 어찌 다 말하리오.

위대하신 공적이 빛나도다.

그 찬란한 문화여!

요임금이 이룩하신 문화는

후세에 누가 또 그렇게 하겠습니까?

우러러 사모하고 배우고 익혀서

그 찬란함을 영원히 노래하리라.

子曰 大哉라 堯之爲君也여 巍巍乎唯天爲大어시늘
자왈 대재 요지위군야 외외호유천위대

唯堯則之하시니 蕩蕩乎民無能名焉이로다.
유요칙지 탕탕호민무능명언

巍巍乎其有成功也여 煥乎其有文章이여.
외외호기유성공야 환호기유문장

주 해

• 爲君(위군) : 임금 노릇.
• 則之(칙지) : 그것을 본받아.
• 蕩蕩(탕탕) : 넓고 아득한 것.
• 名(명) : 이름 붙이다, 말로 표현하다, 이름 지어 말하다.
• 煥(환) : 빛나다.
• 文章(문장) : 아름답게 드러난 예악 법도, 즉 찬란한 문화.

8-20

순임금에게는 다섯 신하가 있어
천하를 잘 다스렸다 한다.
무왕이 말하길,
내게는 능력 있는 신하 열 사람이 있어 나라가 평안했다.

공자님이 말씀하셨다.
인재를 얻는 것은 정말 어려운 일이 아니던가.
당나라에서 우나라로 넘어가던 때에 비하여
무왕 시대에는 인재가 더 많았다.

그 가운데 부인도 한 사람 있었고
실제로는 아홉 사람뿐이다.
주나라 문왕은 천하의 삼분의 일을 차지하고도 은나라를 섬겼다.
주나라 덕은 지극한 덕이었다 할 것이다.

舜이 有臣五人而天下治하니라. 武王이 曰 予有亂臣十人호라. 孔子曰
순   유신오인이천하치   무왕   왈 여유란신십인   공자왈

才難이 不其然乎아. 唐虞之際 於斯爲盛하나 有婦人焉이라 九人而已니라.
재난   불기연호   당우지제   어사위성   유부인언   구인이이

三分天下에 有其二하사 以服事殷하시니 周之德은 其可謂至德也已矣로다.
삼분천하   유기이   이복사은   주지덕   기가위지덕야이의

- 五人(오인) : 우후(禹后), 직(稷), 설(契), 고요(皐陶), 백익(伯益).
- 武王(무왕) : 주나라의 1대 왕으로 문왕의 아들이다.
- 亂臣(란신) : 어지러운 것을 다스리는 신하, 능력 있는 신하.
- 十人(십인) : 주공단(周公旦), 소공석(召公奭), 태공망(太公望), 필공(畢公), 영공(榮公), 태전(太顚), 굉요(閎夭), 산의생(散宜生), 남궁괄(南宮适), 읍강(邑姜). 읍강은 무왕의 부인이다.
- 才難(재난) : 인재를 구하기 어렵다[人材難得].
- 於斯(어사) : 무왕 시절. 이때 인재가 풍부했다.
- 婦人(부인) : 문왕의 부인인 태사(太姒) 또는 무왕의 부인인 읍강.
- 以服事殷(이복사은) : 그것을 가지고 은나라에 복종하며 섬기다.

8-21 공자님이 말씀하셨다.

우임금에 대해 나는 비난할 것이 없구나.

자신의 식사도 형편없었지만

신(神)에게는 정성을 다하셨다.

자신의 옷은 아주 검소했지만

제사 때 예복은 참 아름답게 입으셨다.

자신의 집은 허름하면서도

농민의 물길 사업에는 온 힘을 다 바쳤다.

우임금에 대해서는 정말

비난할 것이 없음이 이런 일 때문이다.

얼마나 겸손하고 검소했는지

그의 다스림은 나라와 백성을 위하는 것이었다.

子曰 禹는 吾無間然矣로다.
자왈 우   오무간연의

菲飮食而致孝乎鬼神하시며 惡衣服而致美乎黻冕하시며
비음식이치효호귀신   악의복이치미호불면

卑宮室而盡力乎溝洫하시니 禹는 吾無間然矣로다.
비궁실이진력호구혁   우   오무간연의

주해

- 間(간) : 틈, 틈을 엿보다, 흠을 잡다, 틈새가 벌어지다.
- 菲(비) : 박하게 하다, 형편없이 하다.
- 致孝(치효) : 정성을 다하여 제물과 예를 갖추다.
- 鬼神(귀신) : 조상 신.
- 黻冕(불면) : '불(黻)'은 제사 때 입는 예복, '면(冕)'은 제사 때 쓰는 관이다.
- 卑宮室(비궁실) : '비(卑)'는 '비천하다, 허름하게 되다'라는 뜻이고, 궁실은 우임금이 사는 집을 말한다.
- 溝洫(구혁) : 논밭 사이에 물을 끌어오는 도랑, 농수로.

자한(子罕)

여기서 공자님의 덕행을
여러 가지로 이야기하고 있다.
세상은 타락하여 언제나
잘 먹고 잘사는 것을 축복이라 했다.

그러나 공자님은 그런 세속적인 복을
하늘이 내린 축복이라고 말씀하시지 않았다.
부귀와 영광을 누리는 삶이 때로는
독약이 될 수도 있다.

공자님은 하늘의 축복이
인(仁)으로써 겸손하고 진실하며
사랑하고 은덕을 끼치며 사는
군자의 길이라고 하셨다.

9-1 공자님은 잇속이나 천명이나
인(仁)에 대해서나 실현이 어려운 것이나
사람 도리에 관해서는 좀처럼
말씀하시지 않았다.

9-2 달항 고을 사람이 말했다.
공자님은 위대하시고 폭넓게 공부도 하셨지만
어느 한 분야에서도 전문가다운
명성을 이루지는 못하셨구나!

공자님이 이 말을 듣고 제자들에게 말씀하셨다.
나는 무엇을 전문으로 할까?
수레몰이를 할까? 활쏘기를 할까?
나는 수레몰이를 전문으로 해야겠다.

子는 罕言利與命與仁이러시다.
자   한언리여명여인

達巷黨人이 曰 大哉라 孔子여. 博學而無所成名이로다. 子聞之하시고
달항당인 왈 대재   공자   박학이무소성명   자문지

謂門弟子曰 吾何執고. 執御乎아. 執射乎아. 吾執御矣로리라.
위문제자왈 오하집   집어호   집사호   오집어의

주해

• 罕(한) : 드물다. '희(希)'와 같은 의미이다.
• 利(리) : 이익. 의로움과 상대적인 개념이다.
• 命(명) : 천명(天命).「공야장」편을 참조한다.
• 達巷(달항) : 고을 이름.
• 無所成名(무소성명) : 이름을 이룬 바 없다. 명성을 얻을 만큼 특출 난 것이 없다.
• 執(집) : 전문으로 하다.   • 御(어) : 말 모는 일, 수레 모는 일.
• 射(사) : 활쏘기.

공자님이 말씀하셨다.

삼베로 만든 관을 쓰는 게 예법이다.

지금은 명주로 만든 관을 쓴다.

이것이 검소하니 여러 사람 하는 대로 따르겠다.

마루 아래에서 절을 하는 것이 예법이다.

그런데 다들 마루 위에서 절을 하지만

이는 교만한 것이므로

나는 다르더라도 마루 아래에서 절을 하겠다.

공자님은 절대로 네 가지는 하지 않으셨다.

내 멋대로만 생각하는 것, 반드시 그렇게 되리라 여기는 것,

고집 부리는 것, 내 입장만 세우는 것

이 네 가지이다.

子曰 麻冕이 禮也어늘 今也純하니 儉이라 吾從衆하리라.
자왈 마 면   예야   금야순   검   오종중

拜下禮也어늘 今拜乎上하니 泰也라. 雖違衆이나 吾從下하리라.
배하례야   금배호상   태야   수위중   오종하

子絶四러시니 毋意毋必毋固毋我러시다.
자절사   무의무필무고무아

주 해

• 麻冕(마면) : 삼베로 짠 검은색 관으로 제사 때 쓴다.
• 純(순) : 실. 명주실로 관을 짰는데 삼베보다 만들기 쉬워 검소하다고 여겼다.
• 拜(배) : 당(마루) 아래에서 절하다.   • 泰(태) : 교만.
• 從下(종하) : 마루 아래에서 절하는 예법을 따르다.   • 毋(무) : 없다, 아니다.
• 意(의) : 자의, 임의, 사의(私意), 사사로운 생각.
• 毋必毋固(무필무고) : 반드시 해야 한다는 일이 없다, 고집 부릴 일이 없다.
• 我(아) : 자신을 내세우는 것, 자신이 아니면 안 된다는 생각, 아집, 기욕(己欲).
• 공자는 대천명(待天命)의 자세로 살았다.

9-5

공자님은 광 지방에서 뜻밖의 재난을 당해 말씀하셨다.

문왕이 돌아가셨으나 그 문화는 여기에 있다.

하늘이 이것을 없앤다면 나는 참여할 수 없구나.

하늘이 그냥 두겠다면 광 사람들이 나를 어쩌랴!

9-6

태재가 자공에게 묻기를, 선생님은 성인이신가?

어찌 그렇게도 다재다능하신가?

자공이 대답하기를, 하늘이 성인으로 삼으니

진정 다재다능하신 것입니다.

공자님이 들으시고 태재가 나를 아는가?

나는 어려서 천하게 자라 뭐든지 했지!

군자는 다 잘할까? 안 그래! 뇌가 말했다.

공자님은 관직에 나가지 않아 여러 가지를 익히셨다.

子畏於匡이러시니 曰 文王이 旣沒하시니 文不在茲乎아. 天之將喪斯文也신댄
자외어광　　　왈 문왕 기몰　　　문부재자호　　천지장상사문야

後死者가 不得與於斯文也어니와 天之未喪斯文也시니 匡人이 其如予何리오.
후사자　부득여어사문야　　　천지미상사문야　　　광인　기여여하

太宰가 問於子貢曰 夫子는 聖者與아. 何其多能也오.
태재　문어자공왈 부자　성자여아　　하기다능야

子貢曰 固天縱之將聖이시고 又多能也시니라. 子聞之曰 太宰知我乎인저.
자공왈 고천종지장성　　　우다능야　　　자문지왈 태재지아호

吾少也賤이라 故로 多能鄙事하니 君子는 多乎哉아 不多也니라.
오소야천　고　다능비사　군자　다호재　부다야

牢曰 子云吾不試라 故로 藝라 하시니라.
뇌왈 자운오불시　고　예

주해

• 畏(외) : 두려운 일을 당하다, 위태롭게 되다.　　• 匡(광) : 정나라의 지방 이름.

• 文王(문왕) : 주나라를 세운 고공단보(古公亶父)의 손자로 이름은 창(昌)이다.

• 如予何(여여하) : 나를 어찌하랴.　　• 太宰(태재) : 벼슬 이름.

• 縱(종) : 펴 놓다.　　• 藝(예) : 기술이나 재주가 많다.

9-7 공자님이 말씀하셨다.

내가 아는 게 있나? 나는 아는 게 없다.

그러나 어느 비천한 사람이 나를 찾아와서 묻는다면

아무리 어리석은 이에게라도 내가 아는 바를 다 말해 줄 것이다.

9-8 공자님이 말씀하시길, 봉황새가 날아오지 않고

황하에서 용마(龍馬)가 지고 나온 그림도 나오지 않았으니

나는 이제 끝인가 보다.

성인이 나타날 징조가 없다고 탄식하셨다.

공자님이 스스로 무지하다 하심은

겸손한 모습이다.

성왕(聖王)이 나타날 징조가 없음을 탄식하며

연로한 공자님은 시대 상황을 안타까워했다.

子曰 吾有知乎哉아. 無知也로다. 有鄙夫가 問於我하되
자왈 오유지호재   무지야   유비부   문어아

空空如也라도 我叩其兩端而竭焉하노라.
공공여야   아고기양단이갈언

子曰 鳳鳥不至하며 河不出圖하니 吾已矣夫인저.
자왈 봉조부지   하불출도   오이의부

주해

- 鄙夫(비부) : 비천한 사람, 고독한 사람.
- 空空如(공공여) : 텅 빈 모양, 어리석고 무식한 모습.
- 叩(고) : 두드리다, 잡아당기다.
- 鳳鳥(봉조) : 봉황새, 길상조, 신령한 새. 순임금 때 나타났다는 설이 있다.
- 出圖(출도) : 복희씨 때 황하에서 용마가 팔괘도문(八卦圖文)을 등에 지고 나왔다는 설이 있다.
- 已(이) : 그치다, 다 되다.

9-9
공자님은 상복 입은 이나 예복 갖춘 이
그리고 장님을 만나면
그들이 젊든 늙든 상관없이
그들 앞을 지날 때는 반드시 잰걸음으로 가셨다.

9-10
안연이 감탄했다.
우러르면 더 높고 파고들면 더 단단하며
앞에 계신 듯 어느새 뒤에 계시고 차분히 이끌어 주며
학문으로는 더 넓혀 주고 예의로 단속해 주신다.

이젠 그만두고 싶어도 어쩔 수 없으며
이내 다 아시는 내 재주 세워 주신 우뚝함
비록 따르고자 해도 더 따라갈 수 없구나!
안연의 고백은 모든 제자들의 말이었다.

子見齊衰者와 冕衣裳者와 與瞽者하시고
자 견 재 최 자   면 의 상 자   여 고 자

見之에 雖少나 必作하시며 過之에 必趨러시다.
견 지   수 소   필 작   과 지   필 추

顔淵이 喟然歎曰 仰之彌高하며 鑽之彌堅하며 瞻之在前이러니 忽焉在後로다.
안 연   위 연 탄 왈 앙 지 미 고   찬 지 미 견   첨 지 재 전   홀 언 재 후

夫子循循然善誘人하사 博我以文하시고 約我以禮하시니라. 欲罷不能하여
부 자 순 순 연 선 유 인   박 아 이 문   약 아 이 례   욕 파 불 능

旣竭吾才하니 如有所立卓爾라 雖欲從之나 末由也已로다.
기 갈 오 재   여 유 소 립 탁 이   수 욕 종 지   말 유 야 이

주 해

• 冕衣裳(면의상) : '면(冕)'은 모자, '의(衣)'는 저고리, '상(裳)'은 아래옷으로 이 셋을 갖추면 예복이 된다.
• 瞽(고) : 장님.
• 過之必趨(과지필추) : 그 앞을 지나갈 때는[過之] 반드시 잰걸음으로 경건한 모습을 보이다.
• 顔淵(안연) : 공자의 제자로 공자와 특별히 친밀한 사이였다.
• 彌(미) : 더욱.   • 末由(말유) : 따라갈 수 없다.

9-11 공자님이 병나시자 자로가 제자들을 시켜

가신(家臣) 노릇을 하게 했다.

병이 좀 낫자 말씀하시길, 오래되었구나 유가 거짓 행한 지가.

가신 없는 집의 가신 노릇 하였구나 하셨다.

내가 누구를 속이랴! 하늘을 속일까?

가신의 손에 내가 죽을까?

자네들 손에 죽는 게 낫겠지.

성대한 장례는 못해도 길바닥에서 죽기야 하겠느냐.

9-12 자공이 묻기를, 여기 고운 옥이 있다면 궤 속에 넣겠습니까,

상인에게 파시겠습니까?

공자님이 말씀하시길, 팔아야지 팔고말고!

나는 상인을 기다리는 사람이라네.

子疾病이어시늘 子路가 使門人으로 爲臣이러니 病間日 久矣哉라 由之行詐也여
자질병   자로 사문인   위신   병간왈 구의재   유지행사야

無臣而爲有臣하니 吾誰欺오. 欺天乎인저. 且予與其死於臣之手也론
무신이위유신   오수기   기천호   차여여기사어신지수야

無寧死於二三子之手乎아. 且予縱不得大葬이나 予死於道路乎아.
무녕사어이삼자지수호   차여종부득대장   여사어도로호

子貢曰 有美玉於斯하니 韞匵而藏諸잇가. 求善賈而沽諸잇가.
자공왈 유미옥어사   온독이장저   구선가이고저

子曰 沽之哉沽之哉나 我는 待賈者也로라.
자왈 고지재고지재   아   대가자야

주 해

• 疾病(질병) : 병이 심해지다.
• 病間(병간) : 병이 뜸해지다, 큰 고비 넘기다.
• 誰欺(수기) : 누구를 속이겠는가?
• 二三子(이삼자) : 자네들.
• 韞(온) : 넣어 두다, 다른 가죽으로 싸 두다.
• 諸(저) : 의문을 나타내며 '지호(之乎)'와 같다.

• 爲臣(위신) : 가신이 되다.
• 行詐(행사) : 거짓을 행하다, 속이다.
• 與其~無寧(여기~무녕) : 차라리 ~가 더 낫다.
• 縱(종) : 비록, 설령, 가령.
• 匵(독) : 궤, 상자.   • 藏(장) : 저장, 보관.
• 沽(고) : 팔다.   • 賈(가) : 장사하다, 상인.

180

9-13 공자님이 동이족 땅에 살고 싶다 하시자
누군가가 거기는 누추할 텐데요 하고 말했다.
공자님은 군자가 가서 살면 교화가 잘될 테니
무슨 누추함이 있겠느냐 하셨다.

9-14 공자님이 말씀하셨다.
내가 위나라에서 노나라로 돌아온 뒤에
비로소 음악이 바르게 되어
아(雅)와 송(頌)이 제자리를 찾았구나!

9-15 공자님이 말씀하셨다.
나가서는 벼슬 높은 이를 섬기고 들어와서는 어른을 모시며
상 당했을 때는 정성을 다하고 술 마시면 실수 안 하는 것
이런 모든 것이 내게 문제 되겠는가.

子欲居九夷러시니 或曰 陋어니 如之何잇고. 子曰 君子居之면 何陋之有리오.
자욕거구이   혹왈 누   여지하   자왈 군자거지   하루지유

子曰 吾自衛反魯然後에 樂正하여 雅頌이 各得其所하니라.
자왈 오자위반노연후   악정   아송   각득기소

子曰 出則事公卿하고 入則事父兄하며 喪事를 不敢不勉하며
자왈 출즉사공경   입즉사부형   상사   불감불면

不爲酒困이 何有於我哉오.
불위주곤   하유어아재

• 九夷(구이) : 동이족. 모두 아홉 종족이었다.   • 何陋(하루) : 어찌 누추하랴.
• 自衛反魯(자위반노) : 노나라 애공 11년 겨울, 공자 68세 때.
• 雅(아) : 아악. 궁정 음악 105편.   • 頌(송) : 종묘 음악 40편.
• 各得其所(각득기소) : 각각 그의 차례가 정리되다.
• 공자는 시가(詩歌)에 대한 관심이 컸다. 시 305편을 엮어 낸 시기를 이때로 보는 학자가 많다.
• 公卿(공경) : 군대부(君大夫), 높은 관직.
• 不敢不勉(불감불면) : 감히 힘쓰지 않을 수 없다, 정성을 다해 상례를 치르다.
• 酒困(주곤) : 과음해 난동을 부리다.   • 何有於我哉(하유어아재) : 어떤 문제가 내게 있겠는가.

181

9-16 공자님이 냇가에 나와 말씀하셨다.
흐르는 것은 다 물과 같구나.
시간도 인생도 밤낮없이 흘러가고
쉬는 법이 없다.

9-17 공자님이 말씀하셨다.
나는 아직 못 보았네.
덕을 좋아하기를 아름다운 여인 좋아하듯
그렇게 좋아하는 이를 못 보았다네.

9-18 공자님이 말씀하시길, 산을 쌓는데 한 삼태기 모자랄 때
그만둔다면 그건 내가 그만둔 게 아니다.
땅을 고를 때도 흙 한 삼태기 갖다 부어
일이 잘 진전된다면 그것은 내가 한 일이다.

子在川上曰 逝者가 如斯夫인저. 不舍晝夜로다.
자재천상왈 서자   여사부   불사주야

子曰 吾未見好德이 如好色者也로라.
자왈 오미견호덕   여호색자야

子曰 譬如爲山에 未成一簣하여 止도 吾止也며
자왈 비여위산   미성일궤   지   오지야

譬如平地에 雖覆一簣나 進도 吾往也니라.
비여평지   수복일궤   진   오왕야

주 해

• 川上(천상) : 냇가, 물가.
• 不舍(불사) : 멈추지 않다.
• 好色(호색) : 인심(人心).
• 簣(궤) : 삼태기.
• 平地(평지) : 땅을 고르다, 땅을 평평하게 하다.

• 逝者(서자) : 가는 것, 흘러가는 것, 지나가는 것.
• 好德(호덕) : 도심(道心).
• 爲山(위산) : 산을 만들다, 산을 쌓아 올리다.
• 吾(오) : 산을 쌓는 사람.
• 覆(복) : 흙을 갖다 부어 덮다, 북돋우다.

9-19 공자님이 말씀하셨다.
뭐든지 일러만 준다면 게을리하지 않고
실행하는 사람으로 치면 아마도 안회일 것이다.
그만큼 부지런한 사람이니 말이다.

9-20 공자님이 죽은 안연에 대해 말씀하셨다.
애석하구나, 정말 아깝구나.
나는 그가 진보하는 것만을 보았구나.
그냥 멈추어 있는 것을 본 적이 없구나.

9-21 공자님이 말씀하셨다.
움터 싹이 자라지만 꽃을 다 피우는 것은 아니고
또 꽃이 피어도 끝내
열매를 맺지 못하는 것도 있구나!

子曰 語之而不惰者는 其回也與인저.
자왈 어지이불타자   기회야여

子謂顏淵曰 惜乎라. 吾見其進也요 未見其止也로라.
자위안연왈 석호   오견기진야   미견기지야

子曰 苗而不秀者가 有矣夫며 秀而不實者가 有矣夫인저.
자왈 묘이불수자   유의부   수이불실자   유의부

• 惰(타) : 게으르다, 게을리하다. '태(怠)'와 같은 의미이다.
• 回(회) : 안연.
• 惜乎(석호) : 아깝다, 애석하다, 안타깝다. 안연이 요절한 것을 공자뿐만 아니라 모두가 안타까워했다.
• 實(실) : 열매를 맺다. 목적을 향해 꾸준히 노력해도 결실이 멀고 아득할 때가 있다.

9-22 공자님이 말씀하셨다.

후배들이 정말 두려운 사람들이다.

그들이 지금의 우리보다 못하리라고 어찌 알겠느냐.

그러나 40, 50에도 유명해지지 않는다면 겁낼 것 없다.

9-23 바른 말 일러 주면 왜 안 따르겠느냐.

그러나 중요한 것은 잘못을 고치는 것이다.

은근하게 알리는 말에 기뻐하겠지만

참 중요한 것은 실천하는 것이라 하셨다.

일러 주는 말에 기뻐하기만 하고

그 말의 참뜻을 궁구하지 않고

실제로 잘못을 고치지 않는다면

난들 그런 사람을 끝내 어찌하랴.

子曰 後生이 可畏니 焉知來者之不如今也리오.
자왈 후생   가외   언지래자지불여금야

四十五十而無聞焉이면 斯亦不足畏也已니라.
사십오십이무문언   사역부족외야이

子曰 法語之言을 能無從乎아. 改之爲貴니라. 巽與之言을 能無說乎아.
자왈 법어지언   능무종호   개지위귀   손여지언   능무열호

繹之爲貴니라. 說而不繹하며 從而不改면 吾末如之何也已矣니라.
역지위귀   열이불역   종이불개   오말여지하야이의

주해

- 可畏(가외) : 학문을 계속하면 두려울 수밖에.
- 法語(법어) : 올바른 말, 법대로 꾸짖다.
- 爲貴(위귀) : ~하는 것이 중요하다.
- 繹之爲貴(역지위귀) : 그 말을 듣고 기뻐하기만 할 것이 아니라 말의 참뜻을 실천함이 더 중요하다. '역(繹)'은 '궁구하다, 찾다'라는 의미이다.
- 末如之何(말여지하) : 끝내 어찌할 수 없다.
- 來者(래자) : 장래, 앞으로의 날들, 후배들.
- 改之(개지) : 허물을 고치다.
- 巽與(손여) : 은근하고 부드럽게 타일러 주다.

9-24

공자님이 말씀하셨다.
성심을 다하고 신의를 지키면서도
자기보다 못한 사람을 벗 삼지 말고
언제라도 잘못이 있으면 고치기를 주저하지 말라.

9-25

공자님이 말씀하셨다.
대군의 장수를 빼앗을 수는 있어도
한 사람의 뜻은 결코 빼앗을 수 없다.
뜻을 품는 것은 그 사람의 생명이다.

잘못을 뉘우쳐 회개하는 것은
성자의 첫걸음이다.
군대의 지휘관을 잡을 수는 있어도
한 사람의 뜻을 빼앗지는 못한다.

子曰 主忠信하며 毋友不如己者요 過則勿憚改니라.
자왈 주충신   무우불여기자   과즉물탄개

子曰 三軍은 可奪帥也어니와 匹夫는 不可奪志也니라.
자왈 삼군   가탈수야   필부   불가탈지야

주 해

- 主(주) : ~을 위주로 하다, ~을 핵심으로 삼다.
- 勿憚改(물탄개) : 고치기를 꺼리지 말라, 주저 없이 고쳐라.
- 三軍(삼군) : 큰 나라의 군대로 삼군은 12,500명이다. 천자는 삼군, 제후는 이군을 거느렸다.
- 帥(수) : 장수, 지휘자.
- 匹夫(필부) : 일부(一夫), 하찮은 사나이. 그러나 뜻을 가지면 인격의 존엄성을 갖게 되면서 침체할 수 없는 것이다.

공자님이 말씀하셨다.

9-26

다 낡은 솜 옷 입고도

여우나 담비 털가죽 옷을 입은 사람과 함께 서 있어도

부끄러워하지 않을 사람이 바로 자로이다.

그러나 남 해치지 않고 탐내지 않으니

이 어찌 훌륭하지 아니한가.

이런 시 구절을 평생 외우고 다닌 자로가

그런 도(道)에 사니 어찌 훌륭하다 하지 않으랴!

9-27

공자님이 말씀하셨다.

날씨가 추워진 뒤에야

소나무와 잣나무가 뒤늦게 시든다는

사실을 알게 된다.

子曰 衣敝縕袍하며 與衣狐貉者로 立而不恥者는 其由也與인저. 不忮不求면
자왈 의폐온포　　　여의호락자　　입이불치자　　기유야여　　　불기불구

何用不臧이리오. 子路가 終身誦之한대 子曰 道也가 何足以臧이리오.
하용부장　　　자로 종신송지　　　자왈 시도야　　하족이장

子曰 歲寒然後에 知松柏之後彫也니라.
자왈 세한연후　　지송백지후조야

주 해

- 敝縕袍(폐온포) : 천하고 가난한 사람이 입는 낡은 옷. '폐(敝)'는 '해지다, 낡다', '온(縕)'은 '솜옷', '포(袍)'는 '도포'를 의미한다.
- 狐貉(호락) : '호(狐)'는 여우, '락(貉)'은 담비이며, 이런 짐승의 털가죽 옷은 귀인이 입었다.
- 由(유) : 자로.　　　　　　• 忮(기) : 해치다.　　　　　• 求(구) : 탐내다, 탐하다.
- 不求(불구) : 내게 없는 것을 부끄러워하다. 『시경』의 「위풍」편 〈웅치(雄稚)〉에 나온 구절이다.
- 何用(하용) : 어찌. '용(用)'은 '이(以)'와 같은 의미이다.
- 終身(종신) : 항상, 평생, 늘.　　　　　　　　　　• 臧(장) : 착하다, 훌륭하다.
- 歲寒(세한) : 겨울, 낙엽 질 때, 날씨가 추워지다.　　• 彫(조) : 시들어 떨어지다.

9-28

공자님이 말씀하셨다.

슬기로운 사람은 쉽게 미혹되지 않고

인(仁)한 사람은 근심하지 않으며

용기 있는 사람은 두려워하지 않는다.

9-29

공자님이 말씀하셨다.

함께 공부하는 사람이라 할지라도

같은 도(道)에 나아갈 수 없고

함께 도에 나아갈지라도 입장이 다를 수 있다.

아무리 입장을 같이한다 해도

그 사람의 상황에 따라서

판단이 다를 수 있다.

늘 같을 수는 없는 것이 사람이다.

子曰 知者는 不惑하고 仁者는 不憂하고 勇者는 不懼니라.
자왈　지자　불혹　　　인자　불우　　　용자　불구

子曰 可與共學이라도 未可與適道며 可與適道라도
자왈　가여공학　　　미가여적도　　가여적도

未可與立이며 可與立이라도 未可與權이니라.
미가여립　　　가여립　　　미가여권

주 해

• 知(지), 仁(인), 勇(용) : 이 세 가지는 『중용』에 나온 것이다. 「위영공」 편에 '지천명(知天命), 행인(行仁), 용덕(勇德)'이 나온다.
• 適道(적도) : 올바른 도의 길로 나아가다.
• 立(립) : 확고한 신념, 입장을 취하다.
• 학도립권(學道立權)은 학행(學行)의 과정이다. 학(學)은 교육을 잘 받아서 천명(天命)의 길을 닦는 것이다.

9-30

산속 앵두꽃이 바람에 나부끼네.
이런 날 어찌 그대 그립지 않으리오.
그러나 그대가 지금 머무는 곳은
여기서 까마득하구나.

공자님은 이 시를 읊으며
조용히 말씀하셨다.
이것은 그리워하지 않는 것이야.
사무치는 것이 멀기 때문이다.

그리워한다면 어찌
거리가 멀다고만 탓하리오.
결코 멀어야 할 까닭이
있을 리가 없지 않느냐!

· · · ·   ·
唐棣之華여 偏其反而로다. 豈不爾思리오마는 室是遠而니라.
당 체 지 화   편 기 반 이   기 불 이 사   실 시 원 이

子曰 未之思也언정 夫何遠之有리오.
자 왈 미 지 사 야   부 하 원 지 유

주 해

• 唐棣(당체) : 산 앵두나무.
• 華(화) : 꽃. '화(花)'와 같은 의미이다.
• 偏(편) : 나부끼다. '편(翩)'과 같은 의미이다.
• 反(반) : 바람 불어 꽃잎이 뒤집히는 모습. '번(翻)'과 같은 의미이다.
• 而(이) : 어조사.
• 이 시에 등장하는 꽃의 은유는 형제, 처자 간의 반목을 나타내는 것으로 볼 수 있다.
• 생각이 깊으면 천 리라도 뜰 앞이고, 정이 성글면 한 방 안에서도 산하(山河)를 사이에 둔 것과 같다.

향당(鄕黨)

『논어』가 좋은 책이 된 것은
위대하고 거룩한 인물의
참모습을 그대로 보여 주고
독자가 자기 자신을 만나게 하는 데 있다.

여기서는 공자님의 일상생활의 면모를
있는 그대로 기록으로 남겼다.
공과 사의 얼굴이며
예(禮)와 악(樂)을 몸으로 보여 주셨다.

공자님의 성실, 근엄한 삶의 진실을
웅변으로 말씀하시는 자세는
우리의 영원한 스승으로서
그 진실을 남김없이 보여 주셨다.

10-1 공자님이 사시는 마을에 머물 때는
겸손하고 과묵하시어 말수가 적어서
말을 잘 못하는 분 같기도 하였다.
그러나 종묘와 조정에 나오면 주장이 뚜렷하셨다.

10-2 공자님은 조정에서 신중하셨다.
하대부에게는 강직하게 상대부에게는 부드럽게
그리고 어울리면서도 주장은 분명하셨다.
그 자리에 따라서 확실하게 말씀하셨다.

임금이 계신 자리에서는
늘 공경하는 자세를 보이셨고
절도에 맞는 태도를 하셨으며
그런 중에도 위엄을 갖추셨다.

孔子於鄕黨에 恂恂如也하사 似不能言者러시다.
공자어항당   순순여야   사불능언자

其在宗廟朝廷하사는 便便言하시되 唯謹爾러시다.
기재종묘조정   편편언   유근이

朝에 與下大夫言에 侃侃如也하시며 與上大夫言에 誾誾如也러시다.
조   여하대부언   간간여야   여상대부언   은은여야

君在어시든 踧踖如也하시며 與與如也러시다.
군재   축적여야   여여여야

주해

• 鄕黨(향당) : 주나라 때 12,500집은 향, 500집은 당이라 했다.

• 恂恂(순순) : 온건, 온화, 공손.

• 便便(편편) : 말로 따지다.

• 侃侃如(간간여) : 더불어 즐기는 화락(和樂)하는 모습, 강직한 모습.

• 誾誾如(은은여) : 중정(中正)한 모습, 더불어 즐기면서도 주장을 분명히 하는 모습.

• 踧踖如(축적여) : 공경하면서도 근심하는 모습, 공경하지만 편안하지 않은 모습.

10-3

임금이 불러서 나라의 손님을 접대하는 경우에는
얼굴빛 바로 하시고
공경스러운 발걸음을 옮기셨다.
함께 서 있는 사람에게도 정중하게 인사하셨다.

마주 잡은 두 손을 좌우로 돌리며
좌우의 사람들에게 읍을 하셨다.
그럴 때면 옷깃이 앞뒤로 움직였다.
빠른 걸음으로 가실 때는 손길을 새 날개 펴듯 하셨다.

손님이 물러간 뒤에는 반드시
손님이 완전히 떠나셨습니다
하고 보고하셨다.
이렇게 공자님은 예를 차리셨다.

君이 召使擯이어시든 色勃如也하시며 足躩如也러시다.
군   소사빈   색발 여야   족확 여야

揖所與立하사대 左右手러시니 衣前後襜如也러시다.
읍소여립   좌우수   의 전후 첨 여야

趨進에 翼如也러시다. 賓退어든 必復命曰 賓不顧矣라 하시다.
추진   익여야   빈퇴   필복명왈 빈불고의

• 擯(빈) : 손님 접대 역할.
• 色(색) : 안색, 얼굴 표정.
• 勃如(발여) : 얼굴빛을 고치다.
• 躩如(확여) : 경의 표하듯 옆으로 비켜서 걷는 모양.
• 所與立(소여립) : 함께 서 있는 사람.
• 左右手(좌우수) : 왼쪽에 인사할 때는 마주 잡은 손을 왼쪽으로 돌리고, 오른쪽에 인사할 때는 마주 잡은 손을 오른쪽으로 돌리며 인사하는 예의범절.
• 襜如(첨여) : 가지런한 모양.
• 趨進(추진) : 빠른 걸음으로 가는 것.
• 翼如(익여) : 새가 날개 편 듯 손 움직임을 단정히 한 모습.
• 復命(복명) : 결과 보고.
• 賓不顧(빈불고) : 손님이 돌아보지 않다, 손님이 완전히 떠나다.

10-4

관청 큰문에 들어가실 때는 몸 굽혀
마치 문이 작아 들어가기 힘든 듯하셨다.
문 가운데에는 서지 않고
지나실 때는 문지방도 밟지 않으셨다.

임금 앞을 지나실 때는 얼굴빛 바로잡고
발걸음은 공경스럽고 말씀할 때는 좀 더듬으시며
옷자락 잡고 당(堂)에 오르실 때는 몸 굽히시고
숨죽이듯 소리 내지 않으셨다.

한 계단 내려가실 때 얼굴 긴장 푸시고
온화하고 기쁜 얼굴빛으로 계단을 내려가시며
빠른 걸음은 새가 날개 편 듯 단정하고
제자리 와서 공손하고 조심히 앉으셨다.

入公門하실새 鞠躬如也하사 如不容이러시다. 立不中門하시며
입공문　　　 국궁여야　　 여불용　　　　 입부중문

行不履閾이러시다. 過位하실새 色勃如也하시며 足躩如也하며 其言이
행불리역　　　　 과위　　　 색발여야　　　 족확여야　　 기언

似不足者러시다. 攝齊升堂하실새 鞠躬如也하시며 屛氣하사
사부족자　　　　 섭재승당　　　　 국궁여야　　　 병기

似不息者러시다. 出降一等하사는 逞顔色하사 怡怡如也하시며
사불식자　　　　 출강일등　　　 영안색　　　 이이여야

沒階하사는 趨進翼如也하시며 復其位하사는 跋踖如也러시다.
몰계　　　　 추진익여야　　　 복기위　　　 축적여야

주 해

- 公門(공문) : 궁궐의 큰문, 관청 문.　　• 鞠躬(국궁) : 굽혀 오므리다.　　• 閾(역) : 문지방.
- 過位(과위) : 비어 있는 임금 자리 앞을 지나다.　　• 攝齊(섭재) : 옷자락을 잡다.
- 屛氣(병기) : 숨죽이듯, 소리 안 나게.　　• 出降一等(출강일등) : 나와서 한 계단 내려서다.
- 逞(영) : 긴장을 풀다.　　• 怡怡如(이이여) : 온화하고 기쁜 모습.
- 沒階(몰계) : 계단을 다 내려오다.　　• 復其位(복기위) : 자기 자리로 돌아오다.

10-5 제후가 준 규를 잡을 때는 무게 못 이기듯
그렇게 몸 굽히고 조심하셨다.
규 잡을 때 위로는 읍할 때처럼 두 손 모으시고
아래로는 물건 들 때처럼 손을 내미셨다.

손을 내리고 낯빛을 바로잡으며
두려운 빛을 조금 띠셨다.
발걸음은 폭을 좁게 걷고 뒤꿈치는 끄는 듯 하셨다.
근엄하고 조심하는 사신의 자세를 보이셨다.

가져간 예물을 제후에게 올릴 때
낯빛을 부드럽게 하셨다.
개인적으로 예물을 주고받으며 사귈 때는
온화하고 즐겁게 하셨다.

執圭하사대 鞠躬如也하사 如不勝하시며 上如揖하시고
집규   국궁여야   여불승   상여읍

下如授하시며 勃如戰色하시며 足蹜蹜如有循이러시다.
하여수   발여전색   족 축 축 여 유 순

享禮에 有容色하시며 私覿에 愉愉如也러시다.
향례   유용색   사적   유유여야

주 해

• 圭(규) : 서옥(瑞玉), 옥으로 된 신표. 사신을 보낼 때 왕의 신임장 같은 것이다.
• 上如揖(상여읍) : 규를 잡을 때 위로는 읍하고 두 손 잡는 위치와 같게 하다.
• 下如授(하여수) : 규를 잡을 때 아래로는 남에게 물건 주듯 손을 내미는 위치와 같게 하다.
• 戰色(전색) : 전율의 빛, 두려워하듯, 공손과 조심.   • 蹜蹜(축축) : 보폭을 좁게 걷는 모습.
• 如有循(여유순) : 발뒤꿈치를 끄는 모습.   • 享禮(향례) : 사신이 준비해 온 예물을 바치는 법.
• 容色(용색) : 편 얼굴빛, 온화한 낯빛.
• 私覿(사적) : 예물을 개인적으로 주고받는 것, 서로 사귀는 것.
• 愉愉如(유유여) : 온화하고 즐거운 모습.

10-6 군자의 옷깃은 색깔이 없고

여름 홑옷은 갈포 옷에 반드시 속옷을 입으셨다.

검은 옷에 양털 옷 입고 흰 옷은 새끼 사슴 털 옷이다.

평상복 갖옷은 길게 하되 오른쪽 소매는 짧게 하셨다.

반드시 잠옷을 입는데 키보다 길게 하시고

자리에는 여우, 담비의 털가죽을 까셨다.

탈상하면 패옥을 차셨고

조복이나 제사복만 옷 폭을 넓게 하셨다.

검은 털가죽 옷에 검은 관을 쓰고

조문하러 다니셨다.

반드시 매달 초하루에는

조복을 입고 조정에 들어가셨다.

君子는 不以紺緅飾하시며 紅紫로 不以爲褻服이러시다. 當暑하사
군자   불이감추식   홍자   불이위설복   당서

袗絺綌을 必表而 出之러시다. 緇衣엔 羔裘요 素衣엔 麑裘요 黃衣엔
진치격   필표이 출지러시다   치의   고구   소의   예구   황의

狐裘러시다. 褻裘는 長하되 短右袂러시다. 必有寢衣하시니 長이 一身有半이러라.
호구   설구   장   단우메   필유침의   장 일신유반

狐貉之厚로 以居러시다. 去喪하사는 無所不佩러시다. 非帷裳이어든
호맥지후   이거   거상   무소불패   비유상

必殺之러시다. 羔裘玄冠으로 不以弔러시다. 吉月에 必朝服而朝러시다.
필쇄지   고구현관   불이조   길월   필조복이조

주 해

- 紺緅(감추) : 짙은 보라색과 주홍색.
- 絺(치) : 고운 갈포.
- 羔裘(고구) : 검은 양털 가죽 옷.
- 麑裘(예구) : 사슴 털가죽 옷.
- 帷裳(유상) : 조정에 나갈 때 입는 조복, 제사 때 입는 제복, 공식적 예복.
- 殺(쇄) : 폭을 줄이다.

- 褻服(설복) : 평소에 입는 옷, 평상복.
- 綌(격) : 굵은 갈포.
- 素衣(소의) : 새끼 사슴 털가죽으로 만든 옷.
- 短右袂(단우메) : 오른쪽 소매를 짧게 하여 행동을 편하게 한 옷.

- 袗(진) : 홑옷.
- 緇衣(치의) : 검은 옷.

- 吉月(길월) : 매달 초하루, 월삭(月朔).

195

10-7 목욕재계하실 때는 반드시
밝고 깨끗한 옷을 입으셨는데 삼베옷이었다.
재계하시고는 음식도 평소와는 달리하셨고
거처도 반드시 평소와는 달리하셨다.

10-8(1) 쌀밥은 흴수록 좋아하셨고 생선회는 잘게 드셨다.
쉰 밥, 축 처진 생선, 뭉개진 고기는 안 드셨고
빛이 나빠도 냄새가 나도 설익어도 안 드셨다.
뭐든지 제때 것이 아니면 안 드셨다.

잘못 잘린 것, 간이 맞지 않는 것은
거들떠보지 않으셨다.
고기가 많더라도 반찬으로 먹는
정도로만 드셨다.

齊必有明衣러시니 布러라. 齊必變食하시며 居必遷坐러시다.
재 필 유 명 의   포   재 필 변 사   거 필 천 좌

食不厭精하시며 膾不厭細러시다. 食饐而餲와 魚餒而肉敗를 不食하시며
사 불 염 정   회 불 염 세   사 의 이 애   어 뇌 이 육 패   불 식

色惡不食하시며 臭惡不食하시며 失飪不食하시며 不時不食이러시다.
색 악 불 식   취 악 불 식   실 임 불 식   불 시 불 식

割不正이어든 不食하시며 不得其醬이어든 不食이러시다.
할 부 정   불 식   부 득 기 장   불 식

肉雖多나 不使勝食氣하시며 唯酒無量하시되 不及亂이러시다.
육 수 다   불 사 승 사 기   유 주 무 량   불 급 난

주해

• 明衣(명의) : 목욕 뒤에 입는 밝고 깨끗한 옷.
• 饐(의) : 쉰 밥.
• 敗(패) : 부패한 고기.
• 割不正(할부정) : 반듯하게 자르지 않은 것.
• 不得其醬(부득기장) : 재료에 맞게 간이 제대로 안 되다.

• 遷坐(천좌) : 경건하기 위해 자리를 옮기다.
• 餒(뇌) : 상한 생선.
• 失飪(실임) : 익히는 데 실패한 것.

10-8(2) 술은 제한하지 않으나 품격 잃을 정도는 안 드셨다.
사 온 술과 육포는 안 드시고
생강은 많이 드시지 않았으며
나라의 제사 때 고기는 하룻밤 묵히지 않으셨다.

다른 제사 때 고기도 사흘 넘기지 않고
식사 때는 말씀 안 하시고 잠자리에서도 말 없으셨다.
비록 거친 밥과 채소국이라도 꼭 고수레하시고
언제나 엄숙하고 삼가는 모습을 보이셨다.

10-9 자리를 바르게 깔지 않으면 앉지 않으셨다.
모두 삼가셨다.
군자의 삶은 이렇게 철저히 자기 관리를 하고
하늘을 우러러 살아가는 것이다.

沽酒市脯를 不食하시며 不撤薑食하시며 不多食이러시다. 祭於公에
고주시포　　불식　　　불철강식　　　　부다식　　　　제어공

不宿肉하시며 祭肉은 不出三日하시더라. 出三日이면 不食之矣니라.
불숙육　　　　제육　불출삼일　　　　출삼일　　　불식지의

食不語하시며 寢不言이러시다. 雖疏食菜羹이라도 瓜祭하시되 必齊如也러시다.
식불어　　　침불언　　　수소사채갱　　　과제　　　필재여야

席不正이어든 不坐러시다.
석부정　　　　부좌

주 해

• 沽酒市脯(고주시포) : 시장에서 사 온 술과 육포.
• 宿肉(숙육) : 고기를 하룻밤 묵히다.
• 菜羹(채갱) : 채소국.
• 齊如(재여) : 엄숙하고 삼가는 모습.
• 席(석) : 앉는 자리. 군자는 앉는 자리에 민감해야 한다.
• 撤(철) : 그만두다.
• 疏食(소사) : 거친 밥.
• 瓜祭(과제) : 반드시 고수레하다.

10-10 한마을 사람들과 술을 마실 때
늙은 어른이 일어나면 함께 일어나셨다.
마을굿을 할 때는 예복 입으시고는 나례(儺禮) 행할 때
동쪽 섬돌인 묘의 층계 위에 엄숙히 서 계셨다.

10-11 외국으로 사람을 보낼 때는 두 번 절했고
계강자가 약을 보내자 절하고 받으면서 말씀하시길,
제가 알지 못해서 아직 먹지는 못했습니다.
약을 잘 모르니 덥석 드시지는 않았다.

10-12 마구간이 불타 버렸다.
조정에서 퇴근하시어 사람 안 다쳤느냐 물으시고
말에 대해서는 아무 말 없으셨다.
사람이 늘 걱정되셨던 것이다.

鄕人飮酒에 杖者出이어든 斯出矣러시다.
향인음주　장자출　　　사출의

鄕人儺에 朝服而立於阼階러시다.
향인나　조복이립어조계

問人於他邦하실새 再拜而送之러시다.
문인어타방　　　재배이송지

康子가 饋藥이어늘 拜而受之曰 丘가 未達이라 不敢嘗이라 하시다.
강자　궤약　　　배이수지왈 구　미달　　　불감상

廄焚이어늘 子退朝曰 傷人乎아 하시고 不問馬하시다.
구분　　　자퇴조왈 상인호　　　　불문마

임금이 음식 주면 반듯하게 앉아 맛을 보셨다.

또 날고기를 주면 꼭 익혀서 조상님께 올리셨다.

임금이 산 짐승을 주면 기르셨고

임금 앞에서 식사할 때면 고수레 후 맛을 보셨다.

병나서 임금이 문병 오면 머리를 동쪽으로 하고 누워

조복 덮고 그 위에 띠를 걸치셨다.

임금이 부르면 수레 준비 기다리지 않고

그냥 걸어서 임금 앞에 가셨다.

태묘에 들어가서서는 하나하나

세심하게 보고 일일이 물으셨다.

팔일(八佾)에 나온 구절대로

늘 진지한 자세로 깊이 파고드셨다.

君이 賜食이어든 必正席先嘗之하시고 君이 賜腥이어든 必熟而薦之하시고
군   사식   필정석선상지   군   사성   필숙이천지

君이 賜生이어든 必畜之러시다. 侍食於君에 君祭어시든 先飯이러시다.
군   사생   필축지   시식어군   군제   선반

疾에 君視之어시든 東首하시고 加朝服拖紳이러시다.
질   군시지   동수   가조복타신

君이 命召어시든 不俟駕行矣러시다.
군   명소   불사가행의

入太廟하사 每事를 問이러시다.
입태묘   매사   문

주해

• 賜食(사식) : 익힌 음식을 보내 주다.   • 腥(성) : 날고기, 생고기.

• 君祭(군제) : 임금이 고수레하다.   • 東首(동수) : 머리를 동쪽으로 두다.

• 加朝(가조) : 조복을 덮다.   • 不俟駕行(불사가행) : 수레에 말 매기를 기다리지 않고 가다.

• 每事問(매사문) : 공자는 태묘에 가서는 매사에 묻는 것이 예의라 했다(「팔일」 편 참조).

벗이 죽었는데 돌봐 줄 사람이 없자
내 집에 빈소 차리라 하셨다.
벗이 주는 것이 수레나 말이라 해도
제육(祭肉)이 아니면 예(禮)를 드리지 않으셨다.

잘 때는 주검처럼 몸을 함부로 눕히지 않고
집 안에서는 엄숙지 않으나 몸가짐을 바로 하셨다.
상복 입은 이 만나면 친해도 낯빛을 고치셨고
예복 입은 이와 장님을 만나도 낯빛을 고치셨다.

상복 입은 이에게는 수레 위에서도 예의 갖추시고
나라 문서 진 사람에게도 그렇게 하셨다.
손님 대접 받을 때도 낯빛을 고쳐 일어나 인사하시고
천둥 치고 바람 세차도 낯빛을 고치셨다.

朋友死하여 無所歸어든 曰於我殯이라 하시다.
붕우사   무소귀   왈어아빈

朋友之饋는 雖車馬라도 非祭肉이어든 不拜러시다.
붕우지궤   수차마   비제육   불배

寢不尸하시며 居不容이러시다. 見齊衰者하시고 雖狎이나 必變하시며
침불시   거불용   견재최자   수압   필변

見冕者與瞽者하시고 雖褻이나 必以貌러시다. 凶服者를 式之하시며
견면자여고자   수설   필이모   흉복자   식지

式負版者러시다. 有盛饌이어든 必變色而作이러시다. 迅雷風烈에 必變이러시다.
식부판자   유성찬   필변색이작   신뢰풍렬   필변

주 해

• 無所歸(무소귀) : 돌아갈 곳 없다, 상주가 없다.
• 不尸(불시) : 시체처럼 함부로 눕지 않다.
• 冕者(면자) : 관을 쓴 사람, 예복을 입은 사람.
• 褻(설) : 업신여기다.
• 負版者(부판자) : 나라의 지도나 문서를 짊어진 사람.
• 饋(궤) : 선물, 예물로 준 것.
• 狎(압) : 친밀하다, 지나치게 가깝다.
• 瞽(고) : 장님.
• 式(식) : 수레 앞에 가로댄 나무에 몸 숙이는 인사.
• 而作(이작) : 일어나 예를 표하다.

10-17 수레에 오르면 꼭 서서 손잡이를 잡으셨다.

그 안에서는 두리번거리지 않으셨고

말도 재잘대는 투를 하지 않으셨으며

직접 손가락질도 하지 않으셨다.

10-18 나는 새도 살피다가 날아가고

맴돌다가 다시 내려앉는다.

공자님이 이를 보고 말씀하시기를,

산에 놓인 다리 위의 까투리야 제철 만났네.

자로가 이 까투리를 잡아서 바치자

세 번 냄새 맡으시고는

내키지 않아 일어나서 버리셨다.

새가 날 듯 군자는 화를 피하는 것이다.

升車하사 必正立執綏러시다.
승거   필정립집유

車中에 不內顧하시며 不疾言하시며 不親指러시다.
거중   불내고   부질언   불친지

色斯擧矣하여 翔而後集이니라.
색 사 거 의   상이후집

曰山梁雌雉는 時哉時哉인저 子路가 共之한대 三嗅而作하시다.
왈산량자치   시재시재   자로   공지   삼후이작

주 해

• 綏(유) : 수레 손잡이 줄을 붙잡고 오르다.
• 疾言(질언) : 말을 빨리 하다.
• 色(색) : 놀란 모습.
• 翔而(상이) : 빙빙 날며 살피다.
• 雌雉(자치) : 까투리, 암꿩.
• 共之(공지) : 그것을 잡아 바치다.

• 內顧(내고) : 두리번거리다, 안을 둘러보다.
• 親指(친지) : 직접 손가락질하다.
• 擧(거) : 날아오르다.
• 梁(량) : 다리.
• 時哉(시재) : 때를 만나다, 제철이다.
• 三嗅(삼후) : 세 번 냄새 맡다.

제11편

선진(先進)

『논어』의 자랑은 공자님의 덕행을
하나하나 거짓 없이 보여 주는 데 있다.
더 고마운 일은 제자들의 참모습을
기꺼이 말씀해 주신 것이다.

어떤 것이 어질고 착한지
어떤 것이 그렇지 않은지를
진실한 평가로 비교 검토하도록
그 여백을 넓게 펴 보이고 있다.

서로 평도 하면서
제자들의 슬기로움을 밝혔으며
정말 부러운 일은 공자 앞에
훌륭한 제자들이 모였다는 것이다.

11-1 공자님이 말씀하셨다.

옛 사람들은 예와 음악이 야인처럼 질박했지만

요즘 사람들은 예와 음악이 군자처럼 형식을 잘 갖췄다.

그런데 내가 선택한다면 옛 사람들 것을 따르겠다.

11-2 공자님이 말씀하셨다.

진나라와 채나라에서 고생할 때

나를 따르던 이들이 내 제자 속에는 없구나.

덕행의 모범생은 안연, 민자건, 염백우, 중궁뿐이다.

말 잘하기로는 재아, 자공이 있었고

정치에 능하기로는 염유, 계로가 있었고

문장과 학문에는 자유, 자하가 있었다.

제자들이 더러 떠난 것을 그러려니 여기셨다.

子曰 先進이 於禮樂에 野人也요 後進이 於禮樂에 君子也라 하나니
자왈 선진   어례악   야인야   후진   어례악   군자야

如用之則吾從先進하리라.
여용지즉오종선진

子曰 從我於陳蔡者가 皆不及門也로다. 德行엔 顔淵 閔子騫 冉伯牛 仲弓이요
자왈 종아어진채자   개불급문야   덕행   안연 민자건 염백우 중궁

言語엔 宰我 子貢이요 政事엔 冉有 季路요 文學엔 子游 子夏니라.
언어   재아 자공   정사   염유 계로   문학   자유 자하

주해

- 先進(선진), 後進(후진) : 벼슬의 선후배.
- 野人(야인) : 농부.
- 門(문) : 성문.
- 言語(언어) : 언변이 능하다, 말을 잘하다.
- 禮樂(예악) : 문물제도와 음악.
- 君子(군자) : 사대부(士大夫).
- 德行(덕행) : 인품과 행동의 모범생.
- 文學(문학) : 글과 학문이 뛰어나다. 소위 공문사과십철(孔門四科十哲)을 말하는데 여기서는 진나라와 채나라에 동행한 이를 중심으로 언급했다.

11-3 공자님이 말씀하셨다.

안회는 내게 도움 되는 사람이 아니다.

그는 내가 하는 말이라면 그냥 좋아하고

옳게만 여기니 무슨 도움이 되겠느냐.

11-4 공자님이 말씀하셨다.

민자건이여! 정말 효성이 지극하구나.

그 부모 형제 모두가 그의 효성을 칭찬하는데

어디 트집 잡을 만한 게 없구나!

안회에 대한 말씀은

기뻐하는 마음에서 우러나온 것이고

민자건에 대한 그 가족들의 칭찬은

당시 사람들의 말이었다.

子曰 回也는 非助我者也로다.
자왈 회야   비조아자야

於吾言에 無所不說이온여.
어오언   무소불열

子曰 孝哉라 閔子騫이여. 人不間於其父母昆弟之言이로다.
자왈 효재   민자건   인불간어기부모곤제지언

주해

- 助(조) : '익(益)'과 같은 의미이다.
- 無所不說(무소불열) : 기뻐하지 않는 것이 없다.
- 昆弟(곤제) : 형제. '곤(昆)'은 '형'을 의미한다.
- 助我(조아) : 나를 돕다.
- 間(간) : 틈, 트집, 간여하다.
- 父母昆弟之言(부모곤제지언) : 민자건의 가족이 그의 효성에 대해 칭찬하는 말. 민자건은 일찍이 어머니를 여의고 계모와 두 동생이 있었다. 계모가 민자건에게 갈옷을 입히려 하자 아버지가 계모를 쫓아내려 했을 때, "어미가 있으면 저 하나만 춥지만 어미가 없으면 세 아들이 춥습니다." 하여 계모를 쫓아내지 못하게 했다는 이야기가 있다.

11-5 남용이 백규의 시를 하루에 세 번 암송하자
공자님이 『시경』의 「대아(大雅)」 편
시 암송에 감동하셨는지
형님의 딸을 그에게 시집보냈다.

11-6 계강자가 물었다.
제자 중에 누가 더 학문을 좋아합니까?
공자님이 대답하시길, 안회가 좋아했으나
일찍 죽어 이제는 그런 사람이 없다.

남용이 공자님의 두 번째 조카사위가 된
사연이 여기에 있다.
계강자의 질문에 대해서는 「옹야」 편에
애공과의 자세한 이야기가 있다.

南容이 三復白圭어늘 孔子以其兄之子로 妻之하시다.
남용   삼복백규   공자이기형지자   처지

季康子問 弟子가 孰爲好學이니잇고. 孔子對曰 有顏回者好學하더니
계강자문 제자   숙위호학   공자대왈 유안회자호학

不幸短命死矣라 今也則亡하니라.
불행단명사의   금야즉무

주해

- 三復(삼복) : 매일 세 번 암송하다.
- 白圭(백규) : 『시경』의 「대아」 편 〈억(抑)〉에 있다.
- 妻之(처지) : 그의 처로 삼게 하다. 시집보내다.
- 孰(숙) : 누구.
- 亡(무) : 없다. '무(無)'와 같은 의미이다.

안연이 죽자 그 아버지인 안로가
아들의 덧관을 만들 생각으로
공자님의 수레를 팔자고 하자 공자님이 말씀하셨다.
재주가 있든 없든 제 자식 생각하는 것은 당연하다.

그러나 내 아들 리가 죽었을 때도
덧관 없이 지냈고
또 내가 대부의 신분으로 걸어 다닐 수 없어
수레를 팔지 못한다.

안연이 죽자 공자님이 탄식하셨다.
아! 하늘이 나를 버리시는구나!
하늘이 정말 나를 버리시는구나!
괴로워하며 말씀하셨다.

顔淵이 死커늘 顔路가 請子之車하여 以爲之槨한대
안연　사　　안로　청자지거　　이위지곽

子曰 才不才에 亦各言其子也니 鯉也死커늘 有棺而無槨하니
자왈 재부재　역각언기자야　리야사　　유관이무곽

吾不徒行以爲之槨은 以吾從大夫之後라 不可徒行也니라.
오부도행이위지곽　이오종대부지후　불가도행야

顔淵이 死커늘 子曰 噫라 天喪子삿다 天喪子삿다.
안연　사　　자왈 희　천상여　　천상여

주해

• 顔路(안로) : 안연의 아버지로 공자의 제자이며 이름은 무요(無繇)이다.
• 各言其子(각언기자) : 각기 자기 자식을 말하다, 누구나 제 자식을 위해 말한다.
• 鯉(리) : 공자의 아들.　• 槨(곽) : 외관(外棺).　• 徒行(도행) : 걷기, 보행.
• 從(종) : 따라다니다.　• 대부의 신분임을 환기시켜 수레 팔기를 거절했다.
• 噫(희) : 탄식하다.　• 天喪(천상) : 하늘이 버리다, 하늘이 죽이다.

11-9
안연이 죽자 공자님이 몹시 슬퍼 곡을 하셨다.
이를 본 이들이 공자님이 너무 애통해하신다 했다.
공자님은 내가 너무 슬퍼 이런 사람 위해 울지 않으면
누구를 위해 애통해하겠느냐 하셨다.

11-10
안연이 죽자 제자들이 성대하게 장사 지내려 하니
공자님이 안 된다 하셨다.
그러나 제자들이 성대하게 장사 지내자 공자님이 말씀하셨다.
회는 나를 아버지로 모셨는데 나는 그리 못 했구나.

이는 아무래도 너희 몇몇 탓이로구나.
공자님은 제자의 죽음에 애통해하며
아들처럼 조촐하게 장사를 지내려 했지만
몇몇 제자 때문에 그러지 못했다.

顔淵이 死커늘 子哭之慟하신대 從者曰 子慟矣시니이다.
안연　사　　자곡지통　　　　종자왈 자통의

曰 有慟乎아. 非夫人之爲慟이요 而誰爲리오.
왈 유통호　비부인지위통　　이수위

顔淵이 死커늘 門人이 欲厚葬之한대 子曰 不可하니라.
안연　사　　문인　욕후장지　　자왈 불가

門人이 厚葬之한대 子曰 回也는 視予猶父也어늘
문인　후장지　　자왈 회야　시여유부야

子不得視猶子也하니 非我也라 夫二三子也니라.
여부득시유자야　　　비아야　부이삼자야

209

11-11 계로가 귀신 섬김을 물었다.
공자님은 사람 하나도 제대로 섬기지 못하는데
어떻게 귀신까지 섬기겠느냐 하셨다.
사람과의 조화로운 관계를 중요시하셨다.

죽음에 대해 감히 묻습니다 하니
공자님은 삶도 제대로 알지 못하는데
어찌 또 죽음을 알겠느냐 하셨다.
죽음보다 삶을 먼저 알아야 함을 강조하셨다.

11-12 민자건은 공자님 곁에서 늘 즐거워하면서도
자기주장은 늘 분명하게 하였다.
자로는 용감하고 염유, 자공은 강직하며
유(자로)는 제 명대로 못 살 것이라 하셨다.

季路가 問事鬼神한대 子曰 未能事人이면 焉能事鬼리오.
계로   문사귀신   자왈 미능사인   언능사귀

曰 敢問死하노이다. 曰未知生이면 焉知死리오.
왈 감문사   왈미지생   언지사

閔子는 侍側에 誾誾如也하고 子路는 行行如也하고
민자   시측   은은여야   자로   행행여야

冉有子貢은 侃侃如也어늘 子樂하시다. 若由也는 不得其死然이로다.
염유자공   간간여야   자락   약유야   부득기사연

주해

- 季路(계로) : 자로의 또 다른 자(字).
- 焉能事鬼(언능사귀) : 어찌 귀신을 섬기겠느냐?
- 侍側(시측) : 곁에 모시다.
- 行行(행행) : 강하고 용감한 모습.
- 不得其死(부득기사) : 제 목숨을 얻지 못하다, 제 명대로 못 살다.
- 鬼神(귀신) : 천신과 인귀의 통칭.
- 閔子(민자) : 공자의 제자 민손(閔損).
- 誾誾(은은) : 중정(中正)한 모습.
- 侃侃(간간) : 화락(和樂)한 모습.

11-13 노나라의 장부를 다시 지었을 때
민자건이 옛것 그냥 쓰지 꼭 지어야 하는가 하자
이를 들으시고 공자님이 그 사람 말 자주 안 해도
말을 하면 반드시 이치에 맞다 하셨다.

11-14 공자님이 말씀하셨다.
자로는 왜 내 집에서 거문고를 연주하는가?
이 말에 제자들이 자로를 업신여겼다.
인심이란 그렇게 가벼운 것이 아닌가.

이 말에 공자님이 말씀하셨다.
자로는 대청마루에 이제 올라섰으나
방 안에는 아직 들어오지 못했구나.
상당한 경지에 올랐지만 아직 최고는 아니란 뜻이었다.

魯人이 爲長府어늘 閔子騫曰 仍舊貫如之何오. 何必改作이리오.
노인　위장부　　민자건왈 잉구관여지하　　하필개작

子曰 夫人이 不言이언정 言必有中이니라.
자왈 부인　불언　　　언필유중

子曰 由之瑟을 奚爲於丘之門고. 門人이 不敬子路한대
자왈 유지슬　해위어구지문　　문인　불경자로

子曰 由也는 升堂矣요 未入於室也니라.
자왈 유야　승당의　미입어실야

주해

• 長府(장부) : 창고 이름.
• 仍舊貫(잉구관) : 옛것을 따르다. '잉(仍)'은 '연유하다', '관(貫)'은 '일(事)'이라는 의미이다.
• 言必有中(언필유중) : 말에 반드시 적중함이 있다.　　• 瑟(슬) : 큰 거문고의 일종.
• 奚(해) : 어찌.　　　　　　　　　　　　　• 升堂(승당) : 마루에 오르다. 상당한 경지에 이르다.
• 入於室(입어실) : 방 안에 들어가다. 보다 높은 경지에 오름을 비유한 것이다.

11-15 자공이 사와 상 중에서 누가 더 슬기로운지 여쭈었다.
공자님이 말씀하시길, 사는 지나치고 상은 모자라는구나!
그럼 사가 낫네요?
지나친 것은 모자람만 못하다.

11-16 계씨는 주공보다 부자였는데
염구가 세금을 거둬 주니 더 큰 부자가 되었다.
공자님이 말씀하시길, 그는 내 제자가 아니다.
너희는 북을 울리고 그를 공격해도 된다.

11-17 고시는 어리석고 증삼은 둔하며
자장은 형식에 치우치고
자로는 거칠기만 하구나!
공자님은 제자들에 대해 깊이 인식하셨다.

子貢問 師與商也가 孰賢이니잇고. 子曰 師也는 過하고
자공문 사여상야   숙현   자왈 사야   과

商也는 不及이니라. 曰然則師愈與잇가. 子曰 過猶不及이니라.
상야   불급   왈연즉사유여   자왈 과유불급

季氏富於周公이어늘 而求也爲之聚斂而附益之한대
계씨부어주공   이구야위지취렴이부익지

子曰 非吾徒也로소니 小子아 鳴鼓而攻之가 可也니라.
자왈 비오도야   소자   명고이공지   가야

柴也는 愚하고 參也는 魯하고 師也는 辟하고 由也는 喭이니라.
시야   우   삼야   노   사야   벽   유야   언

주 해

• 師(사) : 공자의 제자 자장.
• 季氏(계씨) : 당시 노나라의 세도가 계손씨.
• 求(구) : 공자의 제자 염구.
• 附益之(부익지) : 그를 더 보태 주다.
• 魯(노) : 미련하다, 둔하다.

• 商(상) : 공자의 제자 자하.
• 周公(주공) : 주나라의 삼공(三公).
• 聚斂(취렴) : 세금을 거둬 주다.
• 鳴鼓而攻之(명고이공지) : 북을 울리며 그를 공격하다.
• 喭(언) : 지저분한 소리.

212

11-18

공자님이 말씀하셨다.

회는 거의 도(道)를 깨달았지만

자주 쌀통이 비는 가난이 있다.

안빈낙도는 마음을 비우는 데서 비롯된다.

사는 운명을 그대로 받아들이지 않고

재산을 늘려 나갔는데

그의 예측이 여러 번 적중했기 때문이다.

천명(天命)을 따르지 않고 자기 노력으로도 잘산다.

11-19

자장이 선한 사람 되는 길을 여쭈었다.

공자님이 말씀하셨다.

옛 성현의 가르침과 행적을 따르지 않으면

역시 높은 경지에 못 오른다.

子曰 回也는 其庶乎요 屢空이니라.
자왈 회야   기서호   누공

賜는 不受命이요 而貨殖焉이나 億則屢中이니라.
사   불수명   이화식언   억즉루중

子張이 問善人之道한대 子曰 不踐迹이나 亦不入於室이니라.
자장   문선인지도   자왈 불천적   역불입어실

주 해

• 回(회) : 안연.
• 庶(서) : 거의 가깝다.
• 空(공) : 쌀통이 비다, 곤궁하다, 궁핍하다.
• 賜(사) : 자공.
• 命(명) : 천명(天命). 빈부귀천의 운명을 말한다.
• 貨(화) : 재물을 팔다.
• 殖(식) : 가축을 기르다, 재물을 늘리다.
• 億(억) : 속셈, 헤아리다, 예측하다.
• 踐迹(천적) : 자취를 밟다, 옛 성현의 가르침과 행적을 따르다.
• 入於室(입어실) : 방에 들어가다, 방중지락(房中之樂)의 경지에 이르다, 높은 경지에 오르다.

공자님이 말씀하셨다.

말하는 것이 미덥고 든든하다 해서

그를 인정해 준다면 그가 군자인가.

겉모습만 번지르르하면 되는 것인가.

자로가 좋은 말 실천에 대해 여쭙자

공자님이 부형 계신데 어찌 그저 행하겠느냐 하셨다.

염유가 또 여쭙자 들으면 곧 행하라 하셨다.

공서화는 두 사람의 질문에 대한 답이 다르니

실천함이 이해되지 않는다 했다.

공자님이 말씀하셨다.

구는 소극적이니 적극적으로 나서도록 한 말이고

유는 남을 이기려 하니 물러서도록 한 말이다.

子曰 論篤을 是與면 君子者乎아 色莊者乎아.
자왈 논독 시여 군자자호 색장자호

子路問 聞斯行諸잇가. 子曰 有父兄在하니 如之何其聞斯行之리오.
자로문 문사행저 자왈 유부형재 여지하기문사행지

冉有問 聞斯行諸잇가. 子曰 聞斯行之니라. 公西華曰 由也問 聞斯行諸어늘
염유문 문사행저 자왈 문사행지 공서화왈 유야문 문사행저

子曰 有父兄在라 하시고 求也問 聞斯行諸어늘 子曰 聞斯行之라 하시니
자왈 유부형재 구야문 문사행저 자왈 문사행지

赤也惑하여 敢問하노이다. 子曰 求也는 退라 故로 進之하고
적야혹 감문 자왈 구야 퇴 고 진지

由也는 兼人이라 故로 退之니라.
유야 겸인 고 퇴지

주 해

• 論篤(논독) : 말솜씨가 훌륭하다.
• 聞(문) : 옳은 말을 듣다. 어려운데도 시행한다는 의미이다.
• 斯(사) : ~하면 곧.
• 諸(저) : '지호(之乎)'와 같은 의미이다.
• 由(유) : 자로.
• 求(구) : 염유.
• 赤(적) : 공서화.

11-22 공자님이 광 지방에서 위험한 일을 당했을 때

안연이 뒤처져서 왔다.

공자님이 나는 네가 죽은 줄 알았구나 하시니

그가 선생님이 계신데 제가 어찌 죽습니까 했다.

11-23 계자연이 중유와 염구는 큰 신하감이 되는지 물었다.

공자님이 말씀하셨다.

선생이 특별한 질문을 하실 줄 알았는데

겨우 유와 구에 대한 물음이네요.

큰 신하란 도(道)로써 임금을 섬기다가 안 되면 그만둡니다.

유와 구는 자리나 차지했을 뿐입니다.

그러면 임금을 잘 따를 사람입니까 물으니

아비와 임금을 시해하는 일은 따르지 않을 겁니다 하셨다.

子畏於匡하실새 顔淵이 後러니 子曰 吾以女爲死矣로라.
자 외 어 광　　　안 연　후　　자 왈 오 이 여 위 사 의

曰 子在어시니 回何敢死리잇가.
왈 자 재　　　회 하 감 사

季子然問 仲由冉求는 可謂大臣與잇가. 子曰 吾以子爲異之問이러니
계 자 연 문 중 유 염 구　가 위 대 신 여　　자 왈 오 이 자 위 이 지 문

曾由與求之問이로다. 所謂大臣者는 以道事君하다가 不可則止하나니
증 유 여 구 지 문　　　소 위 대 신 자　이 도 사 군　　　불 가 즉 지

今由與求也는 可謂具臣矣니라. 曰然則從之者與잇가.
금 유 여 구 야　가 위 구 신 의　　　왈 연 즉 종 지 자 여

子曰 弑父與君은 亦不從也리라.
자 왈 시 부 여 군　역 부 종 야

주 해

• 畏於匡(외어광) : 광 지방에서 두려운 일이 생기다(위기를 겪다).
• 不可則止(불가즉지) : 바른 도의로 임금을 모시지 못하면 그만둔다.
• 曾(증) : 곧, 이에, 다만.
• 具臣(구신) : 자릿수나 채우는 신하.

11-24

자로가 자고를 비 지방 원님으로 삼으려 하자
공자님이 말씀하셨다.
남의 자식 망치려는구나.
자고의 사양에도 억지로 보냈기 때문이다.

자로가 말씀드렸다.
다스릴 백성이 있고 받들 사직이 엄연히 있으면
하필 글 읽기만 공부입니까?
사직은 나라의 기본이니까요.

공자님이 말씀하셨다.
이래서 말 잘하는 사람을
사람들이 미워하는 것이다.
나랏일은 언제나 신중히 해야 한다.

子路가 使子羔로 爲費宰한대 子曰 賊夫人之子로다.
자로   사자고   위비재   자왈 적부인지자

子路曰 有民人焉하며 有社稷焉하니 何必讀書然後에 爲學이리잇고.
자로왈 유민인언   유사직언   하필독서연후   위학

子曰 是故로 惡夫佞者하노라.
자왈 시고   오부녕자

주해

• 子羔(자고) : 고시(高柴)의 자(字)이다.
• 宰(재) : 계씨(季氏)의 비읍재(費邑宰).
• 賊(적) : 해. 자고는 아직 배우는 중이므로 출세는 장래에 오히려 해로울 수 있었다.
• 夫人之子(부인지자) : 남의 자식. 자고를 가리킨다.
• 然後爲學(연후위학) : 그런 다음에라야 공부한 게 되는가?
• 惡(오) : 미워하다.
• 佞(녕) : 말재주, 말을 잘하다.

11-25(1)

자로, 증석, 염유, 공서화가 공자님을 모시고 앉았을 때
공자님이 말씀하셨다.

나이 타령 말고 말해 보아라.

너희를 내가 알아주지 않는다 하니 이제 알아준다면 어찌하랴?

자로가 얼른 대답했다.

나라가 크면 군대의 침략이 생기고 기근까지 있을 것이니

저라면 3년 만에 백성을 용감하고 살 길 알게 하겠습니다.

공자님이 웃으셨다.

구야, 너도 말해 보아라 하시니 염유가 말했다.

육칠십 리나 오륙십 리의 땅을 제가 다룬다면

3년 만에 잘살게 하고 예법과 음악은 군자에게 맡기겠습니다.

적아, 너는 어쩌겠느냐 하시니 저는 잘 배우겠습니다 했다.

子路曾晳冉有公西華侍坐러니 子曰 以吾一日長乎爾나 毋吾以也하라.
자로증석염유공서화시좌   자왈 이오일일장호이   무오이야

居則曰不吾知也라 하나니 如或知爾면 則何以哉오. 子路가 率爾而對曰 千乘之國이
거즉왈불오지야   여혹지이   즉하이재   자로 솔이이대왈 천승지국

攝乎大國之間하여 加之以師旅요 因之以饑饉이어든 由也가 爲之면
섭호대국지간   가지이사려   인지이기근   유야   위지

比及三年하여 可使有勇이요 且知方也케 하리이다. 夫子哂之하시다.
비급삼년   가사유용   차지방야   부자신지

求아. 爾는 何如오. 對曰 方六七十과 如五六十에 求也가 爲之면
구   이   하여   대왈 방육칠십   여오륙십   구야   위지

比及三年하여 可使足民이어니와 如其禮樂엔 以俟君子하리이다.
비급삼년   가사족민   여기례악   이사군자

赤아. 爾는 何如오. 對曰 非曰能之라 願學焉하노이다.
적   이   하여   대왈 비왈능지   원학언

宗廟之事와 如會同에 端章甫로 願爲小相焉하노이다.
종묘지사   여회동   단장보   원위소상언

- 攝(섭) : 끌다, 끼다.
- 哂(신) : 미소 짓다.
- 加之(가지) : 병력의 침략.
- 章甫(장보) : 예관의 이름.

점아 너는 어쩌겠는가? 거문고 놓고 대답했다.

세 사람 말과는 다릅니다 하자 그냥 말하라 하시니

늦은 봄에 봄옷 입고 어른 대여섯, 아이 예닐곱 데리고

기수에서 목욕하고 무우에서 쉬며 노래하다 오겠습니다 했다.

공자님이 감탄하셨다. 나는 점과 함께하겠다.

세 사람이 나가자 증석이 저들 말이 어떻습니까 하니 각자 말했다.

그럼 왜 유의 말에 웃으셨지요?

나라 다스림은 예로 하는데 겸손치 않았다.

구의 말은 나라 다스림이 아니잖아요?

어찌 육칠십 리나 오륙십 리도 나라지.

또 적의 경우도 나라 다스림이 아니었지요?

종묘, 천자 알현은 제후의 일이고 작은 일이면 어떠냐.

點아. 爾는 何如오. 鼓瑟希러니 鏗爾舍瑟而作하여 對曰 異乎三子者之撰이니다.
점 이 하여 고슬희 갱이사슬이작 대왈 이호삼자자지찬

子曰 何傷乎리오. 亦各言其志也니라. 曰莫春者에 春服旣成이어든
자왈 하상호 역각언기지야 왈모춘자 춘복기성

冠者五六人과 童子六七人으로 浴乎沂하여 風乎舞雩하여 詠而歸하리이다.
관자오륙인 동자육칠인 욕호기 풍호무우 영이귀

夫子喟然嘆曰 吾與點也하노라. 三子者가 出커늘 曾晳이 後러니
부자위연탄왈 오여점야 삼자자 출 증석 후

曾晳曰 夫三子者之言이 何如하니잇고. 子曰 亦各言其志也已矣니라.
증석왈 부삼자자지언 하여 자왈 역각언기지야이의

曰夫子何哂由也시니잇고. 曰爲國以禮어늘 其言이 不讓이라 故로 哂之호라.
왈부자하신유야 왈위국이례 기언 불양 시고 신지

唯求則非邦也與잇가. 安見方六七十과 如五六十而非邦也者리오.
유구즉비방야여 안견방육칠십 여오륙십이비방야자

唯赤則非邦也與잇가. 宗廟會同이 非諸侯而何오. 赤也가 爲之小면 孰能爲之大리오.
유적즉비방야여 종묘회동 비제후이하 적야 위지소 숙능위지대

주 해

• 鏗爾(갱이) : 거문고 소리.   • 而作(이작) : 연주하다 일어서는 것.

• 喟然(위연) : 크게 한숨 쉬다, 감탄하다.   • 爲之小(위지소) : 그것을 작다고 여기다.

제12편

안연(顔淵)

『논어』의 핵심은
공자님의 놀라운 정치 철학을
깊이 있게 확실히 보여 주는 데 있다.
정치가들의 생각과 행동에 대해 이야기한다.

임금과 신하, 아버지와 아들이
서로 간에 지켜야 할 덕목을 밝히고
먼저 한 사람으로서 인(仁)의 경지에
깊이 들어가 덕행으로 정치하는 길을 이끈다.

군자의 학문과 덕행,
또 어려운 옥사의 처리도 다룬다.
안연과 자장이 인(仁)에 대해 묻자
자신을 이기고 예(禮)로 돌아가라 하셨다.

12-1

안연이 인(仁)에 대해 여쭙자
공자님이 말씀하셨다.
자신을 이기고 예(禮)로 돌아가는 것이 인이다.
단 하루라도 그렇게만 하면 천하가 인에 돌아간다.

인을 실천하는 것은 어디까지나
자기 자신에게 달린 것 아니겠느냐.
안연이 구체적인 방법을 여쭈었다.
공자님이 말씀하셨다.

예가 아니면 보지도 듣지도 말고
말하지도 말고 움직이지도 말아라.
안연이 말하길, 제가 총명하지 못해도
이 말씀을 꼭 명심하고 실천하겠습니다.

顏淵이 問仁한대 子曰 克己復禮가 爲仁이니
안연 문인 자왈 극기복례 위인

一日克己復禮면 天下가 歸仁焉하리라.
일일극기복례 천하 귀인언

爲仁이 由己니 而由人乎哉아. 顏淵曰 請問其目하나이다.
위인 유기 이유인호재 안연왈 청문기목

子曰 非禮勿視하며 非禮勿聽하며 非禮勿言하며 非禮勿動이니라.
자왈 비례물시 비례물청 비례물언 비례물동

顏淵曰 回雖不敏이나 請事斯語矣리이다.
안연왈 회수불민 청사사어의

주 해

- 克(극) : 이기다.
- 己(기) : 욕심 덩어리인 나 자신.
- 復(복) : 돌아오다.
- 歸(귀) : 귀화하다.
- 事斯語(사사어) : 이 말을 일삼다, 이 말을 명심하고 실천하면서 살겠다.

12-2 중궁이 인(仁)에 대해 여쭙자
공자님이 말씀하셨다.
집 밖에 나가서는 큰 손님 대하듯 하고
백성 부릴 때는 큰 제사 받들 듯 하여라.

자기가 바라지 않는 일은
남에게도 시키지 말아야 한다.
이렇게만 하면 나라에서 원망이 없고
집 안에서 원망하는 이가 없을 것이다.

중궁이 말했다.
제가 비록 총명하지 못하고 모자라지만
이 말씀 명심하여 반드시 실천하겠습니다.
이렇게 예(禮)로써 상대함이 인이라 하셨다.

仲弓이 問仁한대 子曰 出門如見大賓하고 使民如承大祭하며
중궁   문인   자왈 출문여견대빈   사민여승대제

己所不欲을 勿施於人이니 在邦無怨하며 在家無怨이니라.
기소불욕   물시어인   재방무원   재가무원

仲弓曰 雍雖不敏이나 請事斯語矣리이다.
중궁왈 옹수불민   청사사어의

• 仲弓(중궁) : 공자의 제자 염옹(冉雍)의 자(字)이다.
• 大賓(대빈) : 공후(公侯)의 손님.
• 大祭(대제) : 체(禘), 교제(郊祭) 등의 제사.
• 在邦(재방) : 벼슬살이할 때.
• 在家(재가) : 집 안에 있을 때.

12-3 사마우가 인(仁)에 대해 여쭙자

공자님이 대답하셨다.

인한 사람은 말을 늘 조심해야 한다.

말조심하면 인하다 할 수 있습니까?

공자님이 말씀하셨다.

그야 실천이 정말 어렵지,

말조심이 어찌 없을 수가 있겠느냐.

인은 말조심에서 비롯되지 않을까!

12-4 사마우가 군자에 대해 여쭙자 공자님이 말씀하셨다.

군자는 근심도 두려움도 없다.

근심과 두려움만 없으면 군자입니까?

속으로 반성하고 부끄럼 없다면 근심도 두려움도 없지!

司馬牛가 問仁한대 子曰 仁者는 其言也가 訒이니라.
사마우   문인   자왈 인자   기언야   인

曰其言也가 訒이면 斯謂之仁矣乎잇가. 子曰 爲之難하니 言之得無訒乎아.
왈기언야   인   사위지인의호   자왈 위지난   언지득무인호

司馬牛가 問君子한대 子曰 君子는 不憂不懼니라.
사마우   문군자   자왈 군자   불우불구

曰不憂不懼면 斯謂之君子已乎잇가. 子曰 內省不疚어니 夫何憂何懼리오.
왈불우불구   사위지군자이호   자왈 내성불구   부하우하구

주 해

- 司馬牛(사마우) : 공자의 제자로 성은 사마, 이름은 경(耕)이며 한때 떠들썩했던 인물이다.
- 訒(인) : 말이 잘 안 나오다, 말을 더듬다. 말조심한다는 뜻이다.
- 爲之難(위지난) : 그것을 실천하기 어렵다.
- 인은 행사(行事)로 나타난다. 공언(空言), 거짓말 등은 인이 못 된다.
- 疚(구) : 잘못되다, 마음이 괴롭다, 마음이 꺼림칙하다.
- 사마우는 그의 형 환퇴(桓魋)의 난리로 근심이 많은 처지가 되었다. 그래서 공자는 남이 뭐라 하든 스스로 잘못이 없으면 근심, 두려움이 없다고 한 것이다.

12-5 사마우가 근심하여 말했다.

남들은 다 형제가 있는데 나만 없구나!

자하가 말했다.

죽고 사는 것은 천명이요, 부귀도 하늘이 낸다 했다.

군자가 공손하여 예의 지키면

온 세상 모두가 형제 아니냐!

군자가 어찌 형제 없음을 근심하겠느냐.

자하가 사마우를 달래는 말이다.

12-6 자장이 총명함에 대해 여쭙자 공자님이 말씀하셨다.

스미는 모략과 살결에 닿는 호소에도 끌리지 않으면

사리에 밝다 할 것이고 모략과 호소에도

끌려가지 않으면 멀리 본다 할 수 있다.

司馬牛가 憂曰 人皆有兄弟어늘 我獨亡로다. 子夏曰 商은 聞之矣로니
사마우 우왈 인개유형제   아독무   자하왈 상 문지의

死生有命이요 富貴在天이라 호라. 君子가 敬而無失하며
사생유명   부귀재천   군자 경이무실

與人恭而有禮면 四海之內가 皆兄弟也니 君子가 何患乎無兄弟也리오.
여인공이유례 사해지내 개형제야 군자 하환호무형제야

子張이 問明한대 子曰 浸潤之譖과 膚受之愬가 不行焉이면 可謂明也已矣니라.
자장 문명   자왈 침윤지참 부수지소 불행언   가위명야이의

浸潤之譖과 膚受之愬가 不行焉이면 可謂遠也已矣니라.
침윤지참 부수지소 불행언   가위원야이의

주 해

• 商(상) : 자하의 이름.
• 浸潤(침윤) : 물이 스며들다.
• 膚受(부수) : 살갗에서 골수까지.

• 無失(무실) : 공경심을 잠시도 잃지 않다.
• 譖(참) : 남의 약점을 들추다.
• 愬(소) : 내 사랑을 호소하다.

12-7

자공이 정치에 대해 여쭙자
공자님이 말씀하셨다.
식량이 넉넉하고 군비를 마련하며
무엇보다 백성의 믿음을 얻어야 한다.

할 수 없이 한 가지를 버린다면요?
군대이다.
또 한 가지를 버린다면
어느 것을 먼저 버려야 합니까?

식량을 버린다.
모두에게 죽음이 있지만
백성의 믿음이 없으면
나라가 곧 사라진다.

子貢이 問政한대 子曰 足食足兵이면 民이 信之矣리라.
자공　문정　　　자왈 족식족병　　　민　신지의

子貢曰 必不得已而去인댄 於斯三者에 何先이리잇고. 曰去兵이니라.
자공왈 필부득이이거　　　어사삼자에 하선　　　　　왈거병

子貢曰 必不得已而去인댄 於斯二者에 何先이리잇고. 曰去食이니라.
자공왈 필부득이이거　　　어사이자에 하선　　　　　왈거식

自古皆有死어니와 民無信不立이니라.
자고개유사　　　 민무신불립

주해

• 足食(족식) : 내정 충실.　　　　　• 足兵(족병) : 외적과 방어.
• 民信之(민신지) : 백성이 믿도록 하다. 식량, 군사보다 백성의 믿음이 국가 기반으로 이는 정치의 기본
　요소이다.
• 去(거) : 제거하다, 포기하다, 버리다.
• 民無信不立(민무신불립) : 백성의 믿음이 나라를 존립시키다.

12-8

극자성이 말했다.
군자는 바탕만 있으면 되지
겉모양과 형식이 뭐 필요합니까?
자공이 말했다.

안타깝소!
네 마리 수레도 선생의 혀를 못 따르며
무늬도 바탕도 다 중요하고
호피도 개 가죽과 같습니다.

겉모습이나 형식을
잘 꾸민다고
실제 가치가 더 있겠느냐.
실용 가치가 중요한 것이다.

棘子成曰 君子는 質而已矣니 何以文爲리오. 子貢曰 惜乎라.
극자성왈 군자 질이이의 하이문위   자공왈 석호

夫子之說이 君子也나 駟不及舌이로다.
부자지설 군자야 사불급설

文猶質也며 質猶文也니 虎豹之鞹이 猶犬羊之鞹이니라.
문유질야 질유문야 호표지곽 유견양지곽

주 해

- 棘子成(극자성) : 위나라의 대부.
- 質而已矣(질이이의) : 꾸밈없이 바탕뿐이다.
- 何以文爲(하이문위) : 문체로 무엇을 할 것이냐? 겉모습이나 형식을 꾸며 무엇 할 것이냐?
- 文猶質(문유질) : 무늬는 바탕과 같다.
- 鞹(곽) : 무두질한 가죽, 털을 없앤 가죽.

12-9 애공이 묻기를, 기근 들어 재정이 부족하면 어찌합니까?

유약이 대답하길, 십분일 과세법 있지 않소?

십분이도 모자라는데 십분일로 됩니까?

백성의 풍족이 임금의 풍족이고 백성이 부족하면 다 부족한 겁니다.

12-10 자장이 덕을 세우고 분별하는 방법에 대해 물으니

공자님이 말씀하셨다.

충성과 신의를 으뜸으로 하고

도의 실천이 바로 덕을 세우는 것이라 하셨다.

사랑하면 잘살기 바라고 미워하면 죽기 바란다.

이것이 바로 미혹이 된다.

진실로 삶을 풍요롭게 하지도 못하고

이상하게만 되고 만다 하셨다.

哀公이 問於有若曰 年饑用不足하니 如之何오.
애공   문어유약왈 연기용부족   여지하

有若對曰 盍徹乎시니잇고. 曰二도 吾猶不足이어니 如之何其徹也리오.
유약대왈 합철호   왈이   오유부족   여지하기철야

對曰 百姓이 足이면 君孰與不足이며 百姓이 不足이면 君孰與足이리잇고.
대왈 백성   족   군숙여부족   백성   부족   군숙여족

子張이 問崇德辨惑한대 子曰 主忠信하며 徙義가 崇德也니라.
자장   문숭덕변혹   자왈 주충신   사의   숭덕야

愛之란 欲其生하고 惡之란 欲其死하나니 旣欲其生이요
애지   욕기생   오지   욕기사   기욕기생

又欲其死가 是惑也니라. 誠不以富요 亦祇以異니라.
우욕기사   시혹야   성불이부   역지이이

제나라 임금 경공이 정치에 대해 물었다.

공자님이 대답하셨다.

임금이 임금답고 신하가 신하다우며

아버지가 아버지답고 아들이 아들다워야 합니다.

경공이 말했다. 네, 옳습니다.

진실로 임금답지 못하고 신하답지 못하며

아버지답지 못하고 아들답지 못하다면

비록 곡식이 있은들 어찌 먹을 수 있겠습니까?

공자님이 말씀하셨다.

한마디로 말해서

소송을 판결할 사람은 바로 자로뿐이구나.

자로는 승낙을 묵혀 두지 않았다.

齊景公이 問政於孔子한대 孔子對曰 君君臣臣父父子子니이다.
제경공　　　문정어공자　　　공자대왈　군군신신부부자자

公曰 善哉라. 信如君不君하며 臣不臣하며 父不父하며 子不子면
공왈 선재　　신여군불군　　　신불신　　　부불부　　　자불자

雖有粟이나 吾得而食諸아.
수유속　　　오득이식저

子曰 片言에 可以折獄者는 其由也與인저. 子路는 無宿諾이러라.
자왈 편언　　가이절옥자　　기유야여　　　　자로　　무숙낙

주 해

- 齊景公(제경공) : 제나라 임금으로 영공의 아들이며 이름은 저구(杵臼)이다.
- 信(신) : 진실로, 성실함.
- 粟(속) : 산출 식량, 곡식.
- 諸(저) : ~할 수 있겠느냐? '지호(之乎)'와 같은 의미이다.
- 片言(편언) : 한 조각 말, 한마디 말.
- 折(절) : 판결, 판단.
- 獄(옥) : 소송.
- 宿(숙) : 묵히다, 유예하다.

12-13 공자님이 말씀하셨다.

소송을 듣고 판결하는 일은

나도 남들과 별로 다를 게 없겠지만

반드시 해야 할 일은 소송이 없게 하는 것이다.

12-14 자장이 정치에 대해 여쭙자

공자님이 말씀하셨다.

위정자는 자기 자리에 꼿꼿이 앉아서

게으름 피우지 않아야 한다.

그리고 정성을 다하여 정사를 처리하고

늘 진실한 마음을 잃지 말아야 한다.

판결을 뒤로 미루어 흐지부지하지 말아야 하고

정치가의 올바른 자세를 갖추어야 한다.

子曰 聽訟이 吾猶人也나 必也使無訟乎인저.
자왈 청송   오유인야   필야사무송호

子張이 問政한대 子曰 居之無倦하며 行之以忠이니라.
자장   문정   자왈 거지무권   행지이충

주 해

- 聽訟(청송) : 이미 송사(訟事)가 터진 뒤의 일이니 뒤처리하는 셈이다.
- 無訟(무송) : 송사의 근원을 다스리는 일이니 원류(源流)를 막아 버리는 것이다. 『대학(大學)』에서 이 구절을 인용했다.
- 居(거) : 자신을 바르게 갖다. 위정자의 지위.
- 無倦(무권) : 직책에 부지런하다.
- 行之(행지) : 정사(政事)를 실행하다.
- 忠(충) : 성실하다.
- 정치의 핵심은 바르게 하는 데 있다. 먼저 자기 자신부터 바로 세우고 남을 가르쳐 바로 세워야 한다.

12-15 공자님이 말씀하셨다.
공부는 넓게 하고 예의로 몸단속 잘하면서 성실하면
빗나가는 일이 좀처럼 안 생길 것이다.
공부도 해야 하지만 사람이 바로 서야 한다.

12-16 공자님이 말씀하셨다.
군자는 남의 좋은 점은 도와서 키워 주고
남의 나쁜 점은 이루어지지 않도록 막아 주는 일을 한다.
그러나 속 좁은 사람은 이와 반대이다.

군자는 선행에 대해서는 작은 것이라도
적극적으로 돌봐 주고 이끌어 주며
악행에 대해서는 보잘것없는 작은 일이라도
끝까지 막아 준다.

子曰 博學於文이요 約之以禮면 亦可以弗畔矣夫인저.
자왈 박학어문   약지이례   역가이불반 의부

子曰 君子는 成人之美하고 不成人之惡하나니
자왈 군자   성인지미   불성인지악

小人은 反是니라.
소인   반시

주 해

• 博學(박학) : 넓은 범위의 학문을 배우다. 「옹야(雍也)」편에 이미 나온 말이다.
• 君子(군자) : 완벽한 인품을 가진 지도자.
• 美(미) : 좋은 점, 미명(美名).
• 惡(악) : 못된 점, 악명(惡名).
• 反是(반시) : 이와 반대로 하다.

12-17
계강자가 공자님에게 정치에 대해 물었다.
공자님은 정치란 바르게 하는 것이라 하시고
지도자가 바른 도리로 이끌면
누가 감히 바른 일을 안 할 수 있겠느냐 하셨다.

12-18
계강자가 도둑이 많아 걱정이라 하자
공자님은 진정 지도자가 욕심을 갖지 않는다면
백성은 상 준다 해도
도둑질을 하지 않을 것이라고 말씀하셨다.

노나라에 좀도둑이 많아서
민생은 굶주리고 헐벗으니
오늘날 총리 격인 계강자에게
너부터 욕심 버리라 하셨다.

季康子가 問政於孔子한대 孔子對曰 政者는 正也니
계강자　문정어공자　　공자대왈 정자　　정야

子帥以正이면 孰敢不正이리오.
자솔이정　　숙감부정

季康子가 患盜하여 問於孔子한대
계강자　환도　　문어공자

孔子對曰 苟子之不欲이면 雖賞之라도 不竊하리라.
공자대왈 구자지불욕　　수상지　　부절

주해

• 季康子(계강자) : 노나라의 상경(上卿)으로 신하의 통수(統帥)였다.
• 帥(솔) : 이끌다, 통솔하다.
• 患盜(환도) : 도둑이 많아서 걱정하다.
• 苟(구) : 진실로.　　　　　　　　　• 竊(절) : 훔치다, 도둑질하다.

12-19

계강자가 공자님에게 정치에 대해 물었다.
만약 무도한 자를 죽여서
올바른 도리로 나아가도록 한다면 어떻겠습니까?
처벌 위주의 정치를 물었다.

공자님이 대답하셨다.
지도자가 정치를 함에
어찌하여 죽이는 방법을 쓰려 합니까?
엄벌주의 정치를 하시렵니까?

지도자가 선해지고자 힘쓰면
반드시 백성도 선해질 것입니다.
군자의 덕은 바람이요 소인의 덕은 풀입니다.
풀 위로 바람 불면 풀은 반드시 눕게 마련입니다.

季康子가 問政於孔子曰 如殺無道하여 以就有道인댄
계강자　문정어공자왈 여살무도　　이취유도

何如하니잇고. 孔子對曰 子가 爲政에 焉用殺이리오.
하여　　　　공자대왈 자　위정　언용살

子가 欲善이면 而民이 善矣리니 君子之德은 風이요
자　욕선　　이민　선의　　군자지덕　풍

小人之德은 草이니라. 草上之風이면 必偃이니라.
소인지덕　초　　　초상지풍　　필언

주 해

• 無道(무도) : 도의가 없는 사람, 법도를 무시하는 사람.
• 以就(이취) : 그렇게 함으로써 ~로 나아가게 하다.
• 有道(유도) : 도리가 있는 것. 백성은 위정자를 본받고 따르게 마련이다.
• 焉用殺(언용살) : 어찌 살인하는 방법을 쓰는가?
• 必偃(필언) : 반드시 눕다, 반드시 넘어지다.

12-20

자장이 여쭈었다.

선비가 통달한 사람이 되려면 무엇을 해야 합니까?

자장은 나라 안에서나 집안에서 반드시 명성이 자자해야 한다 했다.

공자님은 그것은 다만 유명할 뿐이지 통달이 아니라 하셨다.

통달함은 본성이 곧고 의로우며

남의 말 잘 판단하고 남을 잘 살피며 집안에서 먼저 통달해야 한다.

그럼 나라 안에서도 통달하고

자신을 늘 낮추어 생각하는 겸손이 중요하다.

명성이 있어도 겉으로는 인(仁)을 가지면서

행실은 어긋나고 비뚤어지게 살면서

의심도 안 하고 어긋나면 안 된다.

진실하면 나라 안에서도 집안에서도 명성이 있는 사람이 된다.

子張이 問 士가 何如라야 斯可謂之達矣니잇고. 子曰 何哉오. 爾所謂達者여.
자장　문　사　　하여　　사가위지달의　　　자왈 하재　이소위달자

子張이 對曰 在邦必聞하며 在家必聞이니이다. 子曰 是는 聞也라 非達也니라.
자장　대왈 재방필문　　재가필문　　　　자왈 시　문야라 비달야

夫達也者는 質直而好義하며 察言而觀色하며 慮以下人하나니
부달야자　질직이호의　　찰언이관색　　여이하인

在邦必達하며 在家必達이니라. 夫聞也者는 色取仁而行違요
재방필달　　재가필달　　　　부문야자　색취인이행위

居之不疑하나니 在邦必聞하며 在家必聞이니라.
거지불의　　　재방필문　　　재가필문

- 達(달) : 두루 통하다.
- 質直(질직) : 바탕이 곧다, 본바탕이 정직하다(강직하다).
- 察言(찰언) : 말을 살피다, 잘 헤아리다, 남의 말을 잘 듣고 판단하다.
- 慮以下人(여이하인) : 남보다 낮추어 생각하다, 겸손한 자세로 처신하다.
- 行違(행위) : 인의 명예와는 달리 행동하다, 행동이 인에 어긋나다.

12-21 번지가 기우제 제단 언저리에서 공자님 모시고 노닐다가
덕을 숭상하고 잘못 씻으며 멍청하지 않으려면
어떻게 해야 하겠습니까 하니
공자님이 말씀하셨다.

네가 모처럼 좋은 질문을 하는구나!
일은 남보다 먼저 더 하고 소득은 뒤로 미루며
인격을 높이는 것이 길이 아니겠느냐.
자기 잘못은 깊이 따지고 남의 잘못은 따지지 않는 것

그것이 인격을 높이는 것이 아니겠느냐.
왈칵 화를 내어 참지 못해 몸을 그르치고
부모님께 걱정을 끼친다면
그게 바로 멍청한 짓이 아니겠느냐 말이다.

樊遲가 從遊於舞雩之下러니 曰敢問崇德修慝辨惑하노이다.
번지　종유어무우지하　　왈감문숭덕수특변혹

子曰 善哉라 問이여. 先事後得이 非崇德與아.
자왈 선재　문이여　　선사후득　비숭덕여

攻其惡이요 無攻人之惡이 非修慝與아.
공기악　　무공인지악　비수특여

一朝之忿으로 忘其身하여 以及其親이 非惑與아.
일조지분　　망기신하여　이급기친　비혹여

주해

- 舞雩(무우) : 기우제를 지내는 제단이 있는 언덕.
- 修慝(수특) : 사악함을 바로잡다. '특(慝)'은 간특함. 악을 마음에 숨기는 것이고, 수특은 그런 악한 마음을 닦아서 없애는 것이다.
- 先事後得(선사후득) : 일을 먼저 하고 이득은 뒤로 미루다.
- 攻其惡(공기악) : 자신의 악을 자신이 공격하다.
- 一朝之忿(일조지분) : 잠깐 동안의 분노, 하루아침의 분노. '일조(一朝)'는 '한때'라는 뜻이다.
- 以及其親(이급기친) : 부모님께 근심을 끼치다.

12-22

번지가 인(仁)에 대해 여쭙자 공자님이 말씀하셨다.

사람을 사랑하는 것이 인이다.

앎에 대해 여쭙자 사람을 알아보는 것이라 하셨다.

번지가 그 뜻을 몰라 하니 공자님이 다시 말씀하셨다.

올바른 사람을 등용하여 그릇된 사람 위에 두면

그 그릇된 사람을 올바르게 할 수 있다.

번지가 밖에 나와서 자하에게 물었다.

아까 선생님 말씀이 무슨 뜻이냐.

자하가 말했다. 함축된 말씀이다.

순임금 때 고요를 등용시켜 사람답지 않던 무리가 멀리 갔고

탕임금 때는 이윤을 등용시켜

사람 같지 않던 무리를 멀리 가게 했다.

樊遲가 問仁한대 子曰 愛人이니라. 問知한대 子曰 知人이니라.
번지   문인   자왈 애인   문지   자왈 지인

樊遲가 未達이어늘 子曰 舉直錯諸枉이면 能使枉者直이니라. 樊遲가
번지   미달   자왈 거직조저왕   능사왕자직   번지

退하여 見子夏曰 鄕也에 吾見於夫子而問知하니 子曰 舉直錯諸枉이면
퇴   견자하왈 향야에 오견어부자이문지   자왈 거직조저왕

能使枉者直이라 하시니 何謂也오. 子夏曰 富哉라 言乎여. 舜有天下에
능사왕자직   하위야 자하왈 부재   언호   순유천하

選於衆하사 舉皋陶하시니 不仁者가 遠矣요 湯有天下에 選於衆하사
선어중   거고요   불인자 원의 탕유천하   선어중

舉伊尹하시니 不仁者가 遠矣니라.
거이윤   불인자 원의

주 해

• 未達(미달) : 공자 말씀의 뜻에 도달하지 못하다, 잘 이해하지 못하다.
• 錯諸枉(조저왕) : 굽은 사람 위에 놓다, 그릇된 사람의 상관이 되게 하다.
• 鄕也(향야) : 앞서, 이전에.   • 皋陶(고요) : 순임금 때의 어진 신하.
• 湯(탕) : 은나라의 시조로 순임금 때 사도(司徒)인 설의 자손이다.
• 伊尹(이윤) : 은나라의 건국 공신으로 성은 이(伊), 이름은 지(摯)이고 윤(尹)은 관명이다.

12-23 자공이 벗에 대해 여쭙자 공자님이 말씀하셨다.

진심으로 벗을 타일러라, 잘 인도하여라.

그래도 잘 듣지 않거든 그만두어라.

듣지 않으니 어찌하겠느냐.

벗 때문에 모욕당하면서까지

할 까닭은 없는 것이다.

벗은 혈연도 아니니 충고를 듣지 않으면

그 일을 그만둘 뿐이 아니겠느냐.

12-24 증자가 말했다.

군자는 학문을 통해 벗을 모으고 사귄다.

그리고 벗을 통해 인(仁)의 덕을 수양한다.

좋은 벗은 군자의 길에 도움이 된다.

子貢이 問友한대 子曰 忠告而善道之하되
자공   문우   자왈 충고이선도지

不可則止하여 無自辱焉이니라.
불가즉지   무자욕언

曾子曰 君子는 以文會友하고 以友輔仁이니라.
증자왈 군자   이문회우   이우보인

주해

- 忠告(충고) : 시비를 따지며 일러 주다.
- 善道之(선도지) : 선으로 인도하다. '도(道)'는 '도(導)'와 같은 의미이다.
- 無自辱(무자욕) : 스스로 욕을 보지 말라, 친구 때문에 자신에게 욕됨이 없게 하다.
- 君子(군자) : 문(文), 우(友), 인(仁)의 일관된 길이 있다. 벗은 곧 문(文)으로 만난다. 벗은 서로 기둥이 되어 주는 것이다.
- 文(문) : 시서예악(詩書禮樂).
- 仁(인) : 효제충신(孝悌忠信).

제13편

자로(子路)

정치에 대한 자로의 물음에
공자님은 정치 현실을 하나하나 말씀하셨다.
정치에 참여하는 이들의 인격과
도덕, 가정을 언급하셨다.

나라를 다스리는 사람과 정치인의 도의를
중용으로 말씀하시고
자신이 덕을 가지고 정치해야 함을
공자님은 밝히셨다.

공정한 판단, 진실한 자기 자신이
군자의 도를 일깨워
나라를 다스리는 정치가의 부지런함을 강조하셨다.
정치 문답이 곧 인생 문답이 된 자리였다.

13-1

자로가 정치에 대해 여쭙자 공자님이 말씀하셨다.

먼저 앞장서서 몸소 솔선수범하고

누구보다 열심히 일하여라.

좀 더 설명 청하니 게을리하지 말아야 한다 하셨다.

13-2

중궁이 계씨의 총리가 되어 정치에 대해 물었다.

공자님은 먼저 실무자들의 할 일을 잘 분담시키고

작은 잘못은 눈감아 주며

보다 현명한 인물을 등용하라 하셨다.

어떻게 등용해야 합니까 하니 공자님이 말씀하셨다.

네가 아는 사람을 뽑아라.

모르는 사람을 세우면 남들이 그냥 두겠느냐.

사람들이 슬기로운 이를 천거할 것 아니냐.

子路가 問政한대 子曰 先之勞之니라. 請益한대 曰無倦이니라.
자로 　 문정 　 자왈 선지로지 　 　 청익 　 　 왈무권

仲弓이 爲季氏宰하여 問政한대 子曰 先有司요
중궁 　 위계씨재 　 　 문정 　 자왈 선유사

赦小過하며 擧賢才니라. 曰焉知賢才而擧之리잇고.
사소과 　 　 거현재 　 　 왈언지현재이거지

子曰 擧爾所知면 爾所不知를 人其舍諸아.
자왈 거이소지 　 이소부지 　 인기사저

• 先之(선지) : 백성보다 먼저 행하다.　　• 勞之(로지) : 백성의 수고를 먼저 더 맡다.

• 請益(청익) : 더 설명해 줄 것을 청하다. 옛날의 예로 스승님 말끝에 한마디 더 청하는 것이다.

• 無倦(무권) : 직책에 지치는 일이 없다.　　• 仲弓(중궁) : 염옹(冉雍).

• 先(선) : 먼저 하다. 선지(先之).　　　　　• 有司(유사) : 하급 공무원.

• 赦小過(사소과) : 아랫사람의 작은 잘못을 용서하는 아량.

• 擧賢才(거현재) : 현명한 부하를 얻는 데 있다.

• 人其舍諸(인기사저) : 사람들이 그를 내버려 두겠는가?

자로가 여쭈었다.

위나라 왕이 선생님을 모시고 정치한다면 무엇을 먼저 하시겠습니까?

공자님이 말씀하셨다.

반드시 먼저 명분을 바로잡겠다.

자로가 다시 여쭈었다. 그런 것이 있습니까?

세상물정 잘 모르시는 선생님이 어떻게 바로잡으시겠습니까?

어리석구나, 자로야!

군자는 잘 모르면 가만히 두고 명분에 맞지 않으면 일이 안 된다.

일이 잘 안 되면 예와 음악이 흥성하지 못한다.

그러면 형벌이 적당치 못하고 백성이 살 길이 없다.

군자는 명분이 있을 때 말을 하고 꼭 실천한다.

군자는 이렇게 말에서 구차함이 없어야 한다 하셨다.

子路曰 衛君이 待子而爲政인댄 子將奚先이시리잇고. 子曰 必也正名乎인저.
자로왈 위군 　 대자이위정 　 　 자장해선 　 　 　 　 　 자왈 필야정명호

子路曰 有是哉라 子之迂也여. 奚其正이시리잇고. 子曰 野哉라 由也여.
자로왈 유시재 　 자지우야 　 　 해기정 　 　 　 　 자왈 야재 　 유야

君子가 於其所不知에 蓋闕如也니라. 名不正이면 則言不順하고 言不順이면
군자 　 어기소부지 　 개궐여야 　 　 　 명부정 　 　 즉언불순 　 　 언불순

則事不成하고 事不成이면 則禮樂不興하고 禮樂不興이면 則刑罰不中하고
즉사불성 　 　 사불성 　 　 즉예악불흥 　 　 예악불흥 　 　 즉형벌부중

刑罰不中이면 則民無所措手足이니라. 故로 君子는 名之인댄 必可言也며
형벌부중 　 　 즉민무소조수족 　 　 　 　 고 　 군자 　 명지 　 　 필가언야

言之인댄 必可行也니 君子는 於其言에 無所苟而已矣니라.
언지 　 　 필가행야 　 군자 　 어기언 　 무소구이이의

주 해

• 衛君(위군) : 출공집(出公輯).
• 奚先(해선) : 무엇을 먼저 하겠는가?
• 名乎(명호) : 부자군신(父子君臣)의 정명(定名).
• 迂(우) : 멀다, 멀리 돌아가다, 세상물정에 어둡다.
• 闕如(궐여) : 빼놓다, 참견하지 않다.
• 民無所措手足(민무소조수족) : 백성의 손발 둘 곳이 없다, 백성이 살 길이 없다.

13-4 번지가 곡식 농사에 대해 여쭙자 공자님이 말씀하셨다.

나는 늙은 농부만 못해!

다시 채소 농사에 대해 여쭙자

나는 늙은 채소 농사꾼만 못하다 하셨다.

번지가 나가자 공자님이 말씀하셨다.

번지는 소인이로다.

윗사람이 예(禮)를 좋아하면 백성이 공경하고

또 도의를 좋아하면 당연히 백성이 복종하지 않으랴.

윗사람이 신의를 좋아하면

백성이야 당연히 진실하게 행동하지 않겠느냐.

그러면 온 나라 백성이 자식을 업고 와서 모일 텐데

언제 곡식 기르는 법을 배워 어디 쓰겠느냐.

樊遲가 請學稼한대 子曰 吾不如老農호라. 請學爲圃한대
번지   청학가   자왈 오불여로농   청학위포

曰吾不如老圃호라. 樊遲가 出이어늘 子曰 小人哉라
왈오불여로포   번지   출   자왈 소인재

樊須也여. 上好禮면 則民莫敢不敬하고 上好義면
번수야   상호례   즉민막감불경   상호의

則民莫敢不服하고 上好信이면 則民莫敢不用情이니
즉민막감불복   상호신   즉민막감불용정

夫如是면 則四方之民이 襁負其子而至矣리니 焉用稼리오.
부여시   즉사방지민   강부기자이지의   언용가

주해

- 圃(포) : 채소 농사 하는 일.
- 樊須(번수) : 번지의 이름.
- 襁負(강부) : 아이를 포대기에 싸서 업다. '강(襁)'은 '아이를 업을 때 두르는 포대기', '부(負)'는 '업다'라는 뜻이다.
- 焉(언) : 어찌. '하(何)'와 같은 의미이다.

13-5 공자님이 말씀하셨다.
『시경』의 시 300편을 다 외운다 해도
정치를 맡기면 잘하지 못하고
외국에 사신으로 보내도 혼자서 일 못한다.

비록 시를 외운다 해도 그게 무슨 소용이냐.
시는 사람의 마음과 진실을 알게 하고
자연과 인간의 이치를 알 수 있는 것이기는 하나
정치를 알아야 한다는 뜻이다.

13-6 공자님이 말씀하셨다.
사람이 올바르면 명령하지 않아도 자발적으로 행하고
자신이 올바르지 못하면 명령해도
백성이 따르지 않는다.

子曰 誦詩三百하되 授之以政에 不達하고
자왈 송시삼백   수지이정   부달

使於四方에 不能專對하면 雖多나 亦奚以爲리오.
사어사방   불능전대   수다   역해이위

子曰 其身正이면 不令而行하고 其身不正이면 雖令不從이니라.
자왈 기신정   불령이행   기신부정   수령부종

주해

- 詩三百(시삼백) : 『시경』의 시 300수를 말하는데 실제로는 305수이다.
- 授之以政(수지이정) : 그에게 정치를 맡기다.
- 專對(전대) : 독자적으로 대응하다.
- 奚以爲(해이위) : 많이 외우기만 하면 무슨 소용이냐? '이다위해(以多爲奚)'의 도치법이다.

13-7 공자님이 말씀하였다.

노나라와 위나라의 정치는

형제간에 같은 정치 상황이다.

주공과 강숙은 높은 벼슬에 오른 한 형제였다.

13-8 공자님이 위나라의 공자인 형(荊)에 대해

이렇게 말씀하였다.

그는 집안을 잘 다스렸구나.

처음에 재산이 모이기 시작할 때부터였다.

그런대로 필요한 만큼은 모였구나.

재산을 더 가지게 되자

그런대로 다 갖추었구나 했고

부자가 되자 그런대로 화려하다 했다.

子曰 魯衛之政이 兄弟也로다.
자 왈 노 위 지 정   형 제 야

子謂衛公子荊하시되 善居室이로다.
자 위 위 공 자 형   선 거 실

始有에 日苟合矣라 하고 少有에 日苟完矣라 하고
시 유   왈 구 합 의   소 유   왈 구 완 의

富有에 日苟美矣라 하니라.
부 유   왈 구 미 의

주 해

• 魯(노) : 주공(周公)의 봉국(封國).　　• 衛(위) : 강숙의 봉국. 노나라와 위나라는 형제 국가였다.

• 之政(지정) : 두 나라의 정치.　　• 荊(형) : 위나라의 대부.

• 善居室(선거실) : 집안 살림을 잘하다, 집안일 처리를 잘하다.

• 苟(구) : 대략, 어느 정도, 조금.　　• 合(합) : 모이다.

• 完(완) : 충분하다, 갖추다.　　• 美(미) : 넘치도록 좋아지다, 화려하다, 아름답다.

• 부자가 되어도 교만하지 않음을 칭찬한 것이다.

13-9 공자님이 위나라에 갔을 때
염유가 수레 채를 잡고 몰았다.
공자님이 말씀하시길, 백성이 많구나.
그러나 염유는 근심하듯 여쭈었다.

백성이 많아진 다음에는 무엇을 할까요?
부자가 되게 해 주어라 하시자
그다음에는 또 어떻게 할지 되물었더니
잘 가르쳐야지 하셨다.

13-10 공자님이 말씀하셨다.
진실로 나를 써 주는 사람이 있다면
1년 만에 어느 정도 기강을 잡고
3년이면 무언가를 이루어 내겠다.

子適衛하실새 冉有가 僕이러니 子曰 庶矣哉라.
자 적 위　　　염유　복　　　자왈 서의재

冉有曰 旣庶矣어든 又何加焉이리잇고. 曰富之니라.
염유왈 기서의　　우하가언　　　왈부지

曰旣富矣어든 又何加焉이리잇고. 曰敎之니라.
왈기부의　　우하가언　　　왈교지

子曰 苟有用我者면 朞月而已라도 可也니 三年이면 有成이니라.
자왈 구유용아자　기월이이　　가야　삼년　　유성

주해

- 適(적) : 가셨다.
- 庶(서) : 무리, 사람 수가 많다.
- 敎(교) : 예절 교육, 국민 교육, 교화하다.
- 朞月(기월) : 짧은 기간, 같은 달이 돌아오는 때(1년).
- 공자는 교화(敎化) 정책의 효과가 점진적임을 지적했다.

- 僕(복) : 수레를 몰다.
- 富(부) : 산업 부흥, 국민 소득 증대.

- 三年(삼년) : 긴 세월.

13-11 공자님이 말씀하셨다.
착한 사람이 한 100년 동안
나라를 잘 다스려 나간다면
잔악한 사람을 잘 교화할 것이다.

그러면 사형 당할 사람도 없어지고
살맛나는 세상이 될 것이다.
현철한 군왕이 대를 이어 다스려야만
그런 세상이 될 것이라 하셨다.

13-12 공자님이 말씀하셨다.
왕도 정치를 잘한다 하더라도
반드시 한 세대가 지나야만
그 풍속이 인(仁)해질 것이다.

子曰 善人이 爲邦百年이면 亦可以勝殘去殺矣라 하니
자왈 선인   위방백년   역 가이승잔거살 의

誠哉라 是言也여.
성재   시언야

子曰 如有王者라도 必世而後仁이니라.
자왈 여유왕자   필세이후인

주해

- 善人(선인) : 여기서는 정치를 잘하는 사람, 정사를 착하게 행하는 사람을 말한다.
- 爲邦(위방) : 나라를 다스리다.
- 勝殘(승잔) : 잔악한 사람을 이기다, 악한 사람을 교화하다. '잔(殘)'은 '사람을 해치는 사람'을 뜻한다.
- 去殺(거살) : 사형을 없애다. 사람들이 교화되어 사형을 당할 사람이 없어진 것이다.
- 如(여) : 만일.
- 王者(왕자) : 왕도주의자, 왕권론자, 덕으로 왕도 정치를 하는 사람.
- 世(세) : 1세대, 30년간.

13-13
공자님이 말씀하셨다.

누구든지 제 자신을 바르게만 한다면

정치하는 데 무슨 문제가 있겠느냐.

늘 모든 것은 자기 자신에게 문제가 있다.

제 자신을 바로 세우지 않고서야

어떻게 남을 바르게 인도하겠는가.

자신이 바르고 바로 살아야

정치가 올바로 되는 것이 아닌가.

13-14
염자가 계씨 집에서 돌아오자 공자님이 말씀하셨다.

어째서 늦었느냐?

정사(政事)가 있었습니다 하자 그 집안일이겠지,

내가 관직은 없어도 그 일은 다 들었을 것이다 하셨다.

子曰 苟正其身矣면 於從政乎에 何有며 不能正其身이면 如正人에 何오.
자왈 구정기신의   어종정호   하유   불능정기신   여정인   하

冉子가 退朝어늘 子曰 何晏也오. 對曰 有政이러이다.
염자   퇴조   자왈 하안야   대왈 유정

子曰 其事也로다. 如有政인댄 雖不吾以나 吾其與聞之니라.
자왈 기사야   여유정   수불오이   오기여문지

주해

• 苟(구) : '성(誠)'과 같은 의미이다.
• 從政(종정) : 정치에 종사하다. '정(政)'은 '정(正)'과 같은 의미이며, 잘못을 바로잡는 것이 정치이다.
• 如正人何(여정인하) : 어떻게 남을 바르게 할까? '여하정인(如何正人)'의 도치법이다.
• 退朝(퇴조) : 조정에서 물러나오다.
• 晏(안) : 늦다.
• 其事(기사) : 번잡한 일들.
• 以(이) : '용(用)'과 같은 의미이다.
• 不吾以(불오이): 내가 관직에 임용되지 않다. '오불이(吾不以)'의 도치법이다.
• 與聞(여문) : 관여하여 듣다, 함께 듣다.

13-15

정공이 물었다.

한마디로 나라를 흥하게 할 수도 있습니까?

공자님이 대답하셨다.

말 한마디로는 어렵겠지만 임금 일도 신하 일도 다 어려우니

말로도 흥하게 하지 않겠습니까?

말 한마디로 나라가 망하게도 됩니까?

말로 결과를 알 수는 없지만

사람들이 말하기를, 임금 일이 즐겁지 않아도

내 뜻을 어기지 않는다 하였으니

말이 선하여 거스르지 않는다면 좋지 않겠습니까?

만일 그 말이 선하지 않은데 어기지 않고 지키면

한마디 말로 나라를 잃게 되는 데 가깝지 않겠습니까?

定公이 問一言而可以興邦이라 하니 有諸잇가.
정공　　문일언이가이흥방　　　　유저

孔子對曰 言不可以若是其幾也어니와 人之言曰爲君難하며 爲臣不易라 하니
공자대왈 언불가이약시기기야　　　인지언왈위군난　　위신불이

如知爲君之難也인댄 不幾乎一言而興邦乎잇가. 曰一言而喪邦이라 하니
여지위군지난야　　　불기호일언이흥방호　　　왈일언이상방

有諸잇가. 孔子對曰 言不可以若是其幾也어니와 人之言曰予無樂乎爲君이요
유저　　공자대왈 언불가이약시기기야　　　인지언왈여무락호위군

唯其言而莫予違也라 하나니 如其善而莫之違也인댄 不亦善乎잇가.
유기언이막여위야　　　　여기선이막지위야　　　불역선호

如不善而莫之違也인댄 不幾乎一言而喪邦乎잇가.
여불선이막지위야　　　불기호일언이상방호

주 해

• 如知(여지) : 만일 안다면.　　　　• 喪邦(상방) : 나라를 잃다.

13-16 섭공이 정치에 대해 묻자
공자님이 말씀하셨다.
가까이에 있는 사람들은 좋아하게 되고
먼 데 있는 사람들은 찾아오게 하는 것입니다.

13-17 자하가 거부 지방 원님이 되어 정치에 대해 물으니
공자님이 말씀하셨다.
성공하려고 서두르지 말고
제발 작은 잇속에 팔리지 말아라.

빨리 성공하려다가
제대로 성과를 달성하지도 못하고
작은 이익을 추구해 나가다 보면
큰일을 전혀 이루지 못하게 된다.

葉公이 問政한대 子曰 近者悅하며 遠者來니라.
섭공   문정   자왈 근자열   원자래

子夏가 爲莒父宰하여 問政한대 子曰 無欲速하며 無見小利니
자하   위거보재   문정   자왈 무욕속   무견소리

欲速則不達하고 見小利則大事不成이니라.
욕속즉부달   견소리즉대사불성

주해

- 葉公(섭공) : 초나라 섭현의 대부로 섭은 그가 관할하던 지방의 이름이다.
- 가까이에 있는 사람들이 은덕을 입고 기뻐하면 멀리 있는 사람들이 그 소식을 듣고 찾아온다는 것이다.
- 莒父(거보) : 노나라의 작은 고을 이름.
- 無欲速(무욕속) : 빨리 성과를 이루지 말라.
- 無見小利(무견소리) : 작은 잇속을 차리지 말라.

13-18 섭공이 공자님에게 물었다.

우리 마을에 고지식한데 정직한 사람이 있습니다.

그의 아버지가 양을 훔치자

아들이 증언을 했습니다.

공자님이 말씀하셨다.

우리 마을의 정직한 사람은 그와는 아주 다릅니다.

아버지는 아들을 위해, 아들은 아버지를 위해 숨겨 주는데

정직함이 그 속에 있습니다.

13-19 번지가 인(仁)에 대해 여쭙자 공자님이 말씀하셨다.

평소에는 공손하고 일할 때는 경건하며

남에게 진심으로 어울리고

비록 오랑캐의 땅에서도 이를 버리지 않는다.

葉公이 語孔子曰 吾黨에 有直躬者하니 其父攘羊이어늘
섭공   어공자왈 오당   유직궁자   기부양양

而子證之하니이다. 孔子曰 吾黨之直者는 異於是하니 父爲子隱하며
이자증지   공자왈 오당지직자   이어시   부위자은

子爲父隱하나니 直在其中矣니라.
자위부은   직재기중 의

樊遲가 問仁한대 子曰 居處恭하며 執事敬하며 與人忠을
번지   문인   자왈 거처공   집사경   여인충

雖之夷狄이라도 不可棄也니라.
수지이적   불가 기야

주|해

• 直躬(직궁) : 몸가짐을 곧게 하다.
• 攘(양) : (어떤 이유가 있어서) 도둑질하다.
• 與人(여인) : 사람들과 함께하다(어울리다).
• 之夷狄(지이적) : 오랑캐에게 가다.
• 예속(禮俗)은 공(恭), 경(敬), 충(忠)이며 오랑캐라 할지라도 버릴 수 없다.

자공이 선비는 어떤 사람인지 여쭈었다.

공자님이 말씀하셨다.

자신의 행동에 부끄러워할 줄 알고

외국에 사신으로 가서도 임금의 명을 욕되게 하지 않는 사람이다.

감히 그다음 수준을 여쭙겠습니다.

일가친척이 효성스럽다 칭찬하고

마을 사람들이 공손하다 칭찬하는 사람이다.

또 그다음 수준을 말씀해 주십시오.

말에 신의 있고 행동에 성과 있으면

융통성 없는 소인이라 해도 그다음 수준이 된다.

요즘 정치가들은 어떻습니까 하니 공자님이 말씀하셨다.

아아 그릇이 작은 사람이지, 따져 볼 가치가 있겠느냐.

子貢이 問曰 何如라야 斯可謂之士矣잇고. 子曰 行己有恥하며 使於四方하여
자공 문왈 하여   사가위지사의   자왈 행기유치   사어사방

不辱君命이면 可謂士矣니라. 曰敢問其次하노이다. 曰宗族이 稱孝焉하며
불욕군명   가위사의   왈감문기차   왈종족 칭효언

鄕黨이 稱弟焉이니라. 曰敢問其次하노이다. 曰言必信하며 行必果면
향당 칭제언   왈감문기차   왈언필신   행필과

硜硜然小人哉나 抑亦可以爲次矣니라. 曰今之從政者는
갱갱연소인재   억역가이위차의   왈금지종정자

何如하니잇고. 子曰 噫라 斗筲之人을 何足算也리오.
하여   자왈 희 두소지인   하족산야

주해

• 弟(제) : 손윗사람에게 공손한 것을 말한다. '悌'와 같은 의미이다.
• 果(과) : 성과가 있다.
• 硜硜然(갱갱연) : 돌 소리같이 딱딱한 소리로 성글지 않은 것. 융통성 없이 꼬장꼬장한 모양을 뜻한다.
• 抑(억) : 그러나, 그런데도, 겨우.   • 噫(희) : 감탄사.
• 斗筲之人(두소지인) : 그릇이 작은 사람. '두(斗)'는 1말, '소(筲)'는 1말 2되로 용량이 작은 대나무 그릇이다.

13-21 공자님이 말씀하셨다.

중용의 도를 실천하는 사람과 함께할 수 없다면

반드시 꿈이 큰 사람이나 고집 센 사람과 함께할 것이다.

꿈이 크면 진취적이고 고집 세면 나쁜 일은 안 할 것이다.

13-22 공자님이 말씀하셨다.

남녘 사람들 말에 사람이 변덕스러우면

무당이나 의사도 될 수 없다 하는데 옳은 말이다.

오나라, 월나라 사람들 말이다.

사람이 이랬다저랬다 하면

수치를 사는 경우가 있다 하였다.

공자님이 말씀하셨다.

이는 점을 치지 않아도 알 수 있는 것이다.

子曰 不得中行而與之인댄 必也狂狷乎인저.
자왈 부득중행이여지   필야광견호

狂者는 進取요 狷者는 有所不爲也니라.
광자   진취   견자   유소불위야

子曰 南人이 有言曰 人而無恒이면 不可以作巫醫라 하니 善夫라
자왈 남인   유언왈 인이무항   불가이작무의   선부

不恒其德이면 或承之羞라 하니 子曰 不占而已矣니라.
불항기덕   혹승지수   자왈 부점이이의

주 해

• 狂狷(광견) : 꿈이 큰 사람과 고집 센 사람. 광자(狂者)는 뜻은 높지만 실천이 없는 사람이고, 견자(狷者)는 지혜는 미치지 못해도 지조를 지키는 사람이다.

• 南人(남인) : 오나라, 월나라 등 남쪽 나라 사람.   • 恒(항) : 일정함, 일관성.

• 不恒其德(불항기덕) : 그 덕을 일정하게 하지 않다.

• 或承之羞(혹승지수) : 혹시 수치를 당하다.

• 不占(부점) : 점을 치지 않다.

13-23 공자님이 말씀하셨다.

군자는 사람들과 잘 화합하지만

고개만 끄덕거리지 않는다.

소인은 고개를 끄덕거리지만 화합하지 못한다.

13-24 자공이 여쭈었다.

마을 사람 모두가 좋아하면 어떻습니까?

공자님은 그것만으로는 안 되지 하셨다.

마을 사람 모두가 싫어하면 어떻습니까?

공자님은 그것만으로도 안 되지 하셨다.

공자님이 말씀하시길,

마을 사람 가운데 착한 사람이 좋아하고

마을 사람 가운데 못된 사람이 싫어하는 것만 못하지.

子曰 君子는 和而不同하고 小人은 同而不和니라.
자왈 군자   화이부동   소인   동이불화

子貢이 問曰 鄕人이 皆好之면 何如잇고. 子曰 未可也니라.
자공 문왈 향인   개호지   하여   자왈 미가야

鄕人이 皆惡之면 何如잇고. 子曰 未可也니라.
향인   개오지   하여   자왈 미가야

不如鄕人之善者는 好之요 其不善者는 惡之니라.
불여향인지선자   호지   기불선자   오지

주 해

• 和(화) : 잘 어울리다, 거슬리는 마음이 없다.

• 同(동) : 부화뇌동(附和雷同)하다.

• 군자에게는 동지가 있으나 소인에게는 이해득실로 맺어지는 벗이 있을 뿐이다.

• 鄕人(향인) : 고향 사람, 고을 사람.

• 惡(오) : 미워하다, 혐오하다.

공자님이 말씀하셨다.

군자는 섬기기는 쉬우나 기쁘게 하기는 어렵다.

그를 기쁘게 할 때는 올바른 도리로 해야 한다.

군자가 사람을 부릴 때는 그 역량에 따라 시킨다.

소인은 섬기기는 어려워도 기쁘게 하기는 쉽다.

그를 기쁘게 할 때는 올바르게 해야 한다.

소인이 사람을 부릴 때는

능력을 잘 갖추고 있기를 요구한다.

13-26

공자님이 말씀하셨다.

군자는 느긋하고 교만하지 않으며

소인은 교만하고도 느긋하지 못하다.

군자는 내실을 기해야 한다.

子曰 君子는 易事而難說也니 說之不以道면 不說也요
자왈 군자　　이사이난열야　　열지불이도　　불열야

及其使人也하여는 器之니라. 小人은 難事而易說也니
급기사인야　　　기지　　　소인　　난사이이열야

說之雖不以道라도 說也요 及其使人也하여는 求備焉이니라.
열지수불이도　　　열야　　급기사인야　　　구비언

子曰 君子는 泰而不驕하고 小人은 驕而不泰니라.
자왈 군자　　태이불교　　　소인　　교이불태

주 해

- 易事(이사) : 섬기기가 쉽다. 받들어 모시다.
- 難說(난열) : 기쁘게 하기가 어렵다.
- 器(기) : 그 사람의 그릇, 그릇 생긴 대로 쓰다.
- 求備(구비) : 못하는 일이 없다.
- 驕(교) : 속은 텅 비었는데 기운만 뻗치다, 교만하다.

13-27 공자님이 말씀하셨다.
진정 인(仁)에 가까운 사람은
강직하고 의연하고 절박하며
말이 어눌해야 한다.

13-28 자로가 공자에게 여쭈었다.
어떻게 하면 선비라 할 수 있습니까?
공자님이 말씀하셨다.
선비는 성실하고 떳떳하며 힘쓰고 잘 화합해야 한다.

모두와 즐겁게 지내고
벗들 사이에서는 서로 진심으로
격려하고 노력해야 하며
형제들과는 잘 화합하고 즐겁게 지내야 한다.

子曰 剛毅木訥이 近仁이니라.
자왈 강의목눌   근인

子路가 問曰 何如라야 斯可謂之士矣잇고.
자로   문왈 하여   사가위지사 의

子曰 切切偲偲하며 怡怡如也면 可謂士矣니
자왈 절절시시   이이여야   가위사의

朋友엔 切切偲偲요 兄弟엔 怡怡니라.
붕우   절절시시   형제   이이

주해

• 剛(강) : 굳셈, 강직함.
• 毅(의) : 의젓하다, 굳게 붙잡다, 의연하다.
• 木(목) : 질박함.
• 切切偲偲(절절시시) : '절절(切切)'은 '간절하게', '시시(偲偲)'는 '전심전력으로 노력하다'라는 의미이다.
• 怡怡(이이) : 뜻이 잘 통하다, 화합하고 즐겁다.

13-29 공자님이 말씀하셨다.
일처리 잘하는 사람이
백성을 잘 가르쳐
7년이 된다면 되겠지.

그러면 아마 전쟁터에 내보내도
제 구실 잘할 것이다.
선인이 백성에게 인의(仁義)를 교육하는 데
7년이 걸릴 것이다.

13-30 공자님이 말씀하셨다.
교육받지 못한 백성이 전쟁에 나가면
바로 그들을 버리는 일이
되고 말 것이다.

子曰 善人이 敎民七年이면 亦可以卽戎矣니라.
자왈 선인   교민칠년   역 가이즉융 의

子曰 以不敎民戰이면 是謂棄之니라.
자왈 이불교민전   시위기지

헌문(憲問)

제자 원헌의 물음에 대한
공자님의 말씀으로 제14편이 열린다.
삼왕과 이패(二覇)의 역사적인 발자취와
여러 제후의 이야기를 하셨다.

대부들의 행적을 논하여 인(仁)을 실천하는
길을 보여 주신 공자님의 말씀이 여기에 있다.
염치를 알고 자신을 수양하며
백성을 잘살게 하는 것이 정치라 하셨다.

이 부분을 제자 원헌이 엮었다는
주자의 주장이 사실인지는 알 수 없으나
정치 문제를 깊이 있게 논하는
언어가 넘친다.

14-1 원헌이 부끄러움에 대해 여쭙자 공자님이 말씀하셨다.
나라에 도가 있어 질서가 잡혔을 때도
자리 차지하여 국록을 먹고
거들먹거리며 살아가는 공직자가 있다.

또 나라의 도가 깨어져
질서가 문란해지고 어지러울 때도
벼슬아치들이 자리보전하면서
국록을 먹는 일이 정말 부끄러운 것이다.

14-2 원망과 욕심으로 남을 꺾고 자라지 못하게
자기 과시나 한다면 인(仁)하다 하겠습니까?
공자님은 그런 일이 힘들겠지만
인한 것인지 아닌지 모르겠다 하셨다.

憲이 問恥한대 子曰 邦有道에 穀하며 邦無道에 穀이 恥也니라.
헌 　문치 　　자왈 방유도 　곡 　　방무도 　곡 　치야

克伐怨欲을 不行焉이면 可以爲仁矣잇가.
극벌원욕 　불행언 　　가이위인의

子曰 可以爲難矣어니와 仁則吾不知也로라.
자왈 가이위난의 　　　인즉오부지야

주 해

• 憲(헌) : 공자의 제자로 성은 원(原), 이름이 헌이고 자(字)는 자사(子思)이다. 「옹야」 편에는 원사(原思)로 나왔으며, 공자의 손자 자사(子思)와는 다른 인물이다.
• 穀(곡) : 녹봉, 벼슬살이.
• 恥(치) : 부끄러움, 수치. 나라의 질서가 잡혔을 때는 도의 실현을 위해 적극적으로 일하지 않는 것이 부끄러움이다. 그리고 도가 행해지지 않을 때는 물러나지 않음이 또한 부끄러움이다.
• 克(극) : 남을 이기기 좋아하다, 이기고 싶어 하다.
• 伐(벌) : 자신을 과시하다, 자기 공을 자랑하다.　　• 怨(원) : 자신이 갖지 못한 것을 한탄하다.
• 欲(욕) : 남이 가진 것을 탐내다.　　　　　　　　• 仁則(인즉) : 인해졌는지, 사람답게 되었는지.

14-3 공자님이 말씀하셨다.
선비가 집안일에 매달려
자신의 안락한 삶을 생각한다면
아예 그런 생각을 품지 말아야 한다.

모름지기 자기중심의 삶을
깨끗이 포기하고 사는 것을
선비답게 사는 것으로 알아야 한다.
선비는 살 길을 스스로 터득해야 한다.

14-4 공자님이 말씀하셨다.
나라에 질서가 서면 말과 행동이 대담해져야 한다.
그러나 나라가 어지러울 때는
행동은 대담하고 말은 부드럽게 해야 한다.

子曰 士而懷居면 不足以爲士矣니라.
자왈 사 이 회 거   부 족 이 위 사 의

子曰 邦有道엔 危言危行하고 邦無道엔 危行言孫이니라.
자왈 방 유 도   위 언 위 행   방 무 도   위 행 언 손

주해

• 懷(회) : 연연하다.
• 居(거) : 살림살이.
• 懷居(회거) : 안락하게 살려는 생각을 품다.
• 선비는 도(道)의 실현을 위해 자신의 안락이나 부귀영화를 포기할 줄 알아야 한다.
• 危(위) : 높다, 엄하다, 날카롭다.
• 孫(손) : 겸손, 공손.

14-5 공자님이 말씀하셨다.

덕 있는 사람은 반드시 바른 말을 하지만

바른 말을 한다고 다 덕 있는 것은 아니다.

인(仁)한 사람은 용감하지만 용감하다고 다 인한 것은 아니다.

14-6 남궁괄이 공자님에게 여쭈었다.

예(羿)는 활 잘 쏘고 오(奡)는 배 끌 힘 있지만

모두 제 명대로 살지 못했습니다.

예는 신하 한착에게, 오는 하나라 소강에게 죽임을 당했다.

우임금과 직(稷)은 몸소 농사짓고

천하를 차지하고 살았습니다.

남궁괄이 밖으로 나가자 공자님이 말씀하셨다.

군자로다. 그는 덕을 숭상하는구나.

子曰 有德者는 必有言이어니와 有言者는 不必有德이니라.
자왈 유덕자　필유언　　　유언자　불필유덕

仁者는 必有勇이어니와 勇者는 不必有仁이니라.
인자　필유용　　　용자　불필유인

南宮适이 問於孔子曰 羿는 善射하고 奡는 盪舟하되 俱不得其死然이어늘
남궁괄　문어공자왈 예　선사　　오　탕주　　구부득기사연

禹稷은 躬稼而有天下하니이다. 夫子不答이러시니
우직　궁가이유천하　　　부자부답

南宮适이 出이어늘 子曰 君子哉라 若人이여. 尙德哉라 若人이여.
남궁괄　출　　 자왈 군자재　약인　　상덕재　약인

주 해

• 有言者(유언자) : 말을 한다고 해서, 바른 말 잘 한다고 해서.

• 南宮适(남궁괄) : 공자의 제자로 자(字)는 자용(子容) 또는 남용이다. 공자는 남궁괄을 칭찬했는데 「공야장」과 「선진」 편에 나타나 있다.

• 不得其死(부득기사) : 자기 죽음을 알지 못하다. 제 명대로 살지 못하다.

14-7 공자님이 말씀하셨다.
군자는 되었으나
인(仁)하지 못한 사람도 있는데
소인은 인한 사람이 아무도 없다.

14-8 공자님이 말씀하셨다.
사랑하는 사람을 위해서는
무슨 일인들 못하랴!
뭐든지 애써 해 주지 않겠느냐.

진심으로 대하는 사람을 위해서
반드시 깨우쳐 주지 않을 수가 있겠느냐.
잘못도 깨우쳐 알게 하고
지극한 정성 앞에 사소한 고생을 어찌 피하겠느냐.

子曰 君子而不仁者는 有矣夫어니와 未有小人而仁者也니라.
자왈 군자이불인자   유의부   미유소인이인자야

子曰 愛之인댄 能勿勞乎아. 忠焉인댄 能勿誨乎아.
자왈 애지   능물로호   충언   능물회호

주 해

• 君子(군자) : 학식이 많아 지도자가 된 사람.
• 勞(로) : 몸이 피곤하도록 일하다.
• 勿(물) : ~하지 않을 수 없다.
• 誨(회) : 잘못을 깨우쳐 주다.

14-9

공자님이 말씀하셨다.

정나라에서는 사신이 가져갈 외교 문서를 만들 때

비심이 초안 작성하고 세숙이 검토, 논의하며

외교관 자우가 다듬고 동리의 자산이 손질한다.

14-10

누가 자산에 대해 묻자 공자님이 말씀하셨다.

그는 은혜를 베푸는 사람이다.

자서에 대해 물으니 그 사람이 그 사람이지.

관중에 대해 묻자 공자님이 말씀하셨다.

관중이 백씨의 변읍 300호를 빼앗았지만

백씨는 평생토록 나물죽을 먹으면서도

원망 한마디 하지 않았다.

관중이 참 인물이라 하셨다.

子曰 爲命에 裨諶이 草創之하고 世叔이 討論之하고
자왈 위명 비심 초창지 세숙 토론지

行人子羽가 修飾之하고 東里子産이 潤色之하니라.
행인자우 수식지 동리자산 윤색지

或이 問子産한대 子曰 惠人也니라. 問子西한대 曰彼哉彼哉여. 問管仲한대
혹 문자산 자왈 혜인야 문자서 왈피재피재 문관중

曰人也니라. 奪伯氏騈邑三百하여늘 飯疏食하되 沒齒無怨言하니라.
왈인야 탈백씨병읍삼백 반소사 몰치무원언

주 해

- 爲命(위명) : 외교 문서를 만들다.
- 草創(초창) : 초안 작성.
- 討論(토론) : 내용 검토와 논의.
- 子羽(자우) : 정나라의 공손휘(公孫揮)로 목공(穆公)의 손자이다.
- 東里(동리) : 자산이 살던 마을 이름.
- 潤色(윤색) : 문장을 매끄럽게 손질하다.
- 子西(자서) : 정나라의 대부이며 초나라에도 자서가 있다.
- 管仲(관중) : 제나라의 대공신.

- 裨諶(비심) : 정나라의 대부.
- 世叔(세숙) : 정나라의 대부.
- 行人(행인) : 정나라의 관명.
- 子産(자산) : 정나라의 대부.
- 惠人(혜인) : 은혜를 베푸는 사람.
- 伯氏(백씨) : 제나라의 대부.

공자님이 말씀하셨다.
가난하면서 원망 없이 살기는
정말 어렵지만
부자가 교만하지 않기는 쉬운 일이다.

공자님이 말씀하셨다.
맹공작은 조씨나 위씨 집안의
가로(家老)가 되기에 충분하지.
그 가신(家臣)의 우두머리 말이지.

그렇더라도 등나라나 설나라의
대부(大夫)는 될 수 없겠지.
조나라와 위나라 같은 세력 큰 제후국에서는
감당키가 어려울 것이다.

子曰 貧而無怨은 難하고 富而無驕는 易이니라.
자왈 빈이무원   난   부이무교   이

子曰 孟公綽이 爲趙魏老則優어니와 不可以爲滕薛大夫니라.
자왈 맹공작   위조위로즉우   불가이위등설대부

주해

- 貧(빈) : 가난은 뼈에 사무쳐서 원망하기 쉽다.
- 孟公綽(맹공작) : 노나라의 대부이며 맹씨의 일족으로 과욕(寡欲)했지만 잔재주는 없었던 인물이다.
- 趙(조) : 진나라의 세도가 조씨.
- 魏(위) : 진나라의 세도가 위씨.
- 老(로) : 가노(家老), 가신(家臣), 가신의 우두머리.

14-13

자로가 완성된 사람에 대해 여쭙자
공자님이 말씀하셨다.
장무중의 지혜와 맹공작의 욕심 없음,
변장자의 용기, 염구의 재주를 다 갖추었다.

그리고 그 위에 예와 음악을 보탠다면
완성된 인간이 될 수 있다.
오늘날의 완성된 인간이
어떻게 반드시 그런 사람이 되겠느냐.

이익 될 일을 보면 의로운가를 생각하고
나라가 위태로울 때는 목숨을 바치며
오래된 약속이라도 평소의 말을 잊지 않고 지킨다면
완성된 인간이 될 수 있다.

子路가 問成人한대 子曰 若臧武仲之知와 公綽之不欲과
자로   문성인   자왈 약장무중지지   공작지불욕

卞莊子之勇과 冉求之藝에 文之以禮樂이면 亦可以爲成人矣니라.
변장자지용   염구지예   문지이례악   역가이위성인의

曰今之成人者는 何必然이리오. 見利思義하며 見危授命하며
왈금지성인자   하필연   견리사의   견위수명

久要에 不忘平生之言이면 亦可以爲成人矣니라.
구요   불망평생지언   역가이위성인의

주해

• 子路(자로) : 자아 의식이 강한 제자로 공자와 맞서는 경우가 많았다. 어디서도 스승의 말에 승복하지 않고 자기 소견을 끝까지 밝혔다.

• 臧武仲(장무중) : 노나라의 대부 장손흘(臧孫紇).   • 卞莊子(변장자) : 노나라 변읍의 대부.

• 文之(문지) : 그것을 아름답게 꾸미다(세련되게 하다).

• 久要(구요) : 오래된 약속.   • 平生(평생) : 일상, 평소.

14-14 공자님이 공명가에게 공숙문자에 대해 물으셨다.
정말입니까?
그분께서는 말하지도 않고 웃지도 않으며
재물을 취하지도 않습니까?

공명가가 대답했다.
선생님께 말씀드린 사람이 좀 지나쳤습니다.
그분은 말할 때가 지난 뒤에 비로소 말하기 때문에
남들이 싫어하지 않습니다.

정말로 즐거워야 웃으시니
그분의 웃음을 사람들이 싫어하지 않습니다.
의로운 것임을 다 안 다음에야 취하시니
그분이 취하는 것을 사람들이 싫어하지 않습니다.
공자님이 말씀하시길, 정말 그렇습니까!

子問公叔文子於公明賈曰 信乎夫子가 不言不笑不取乎아.
자문공숙문자어공명가왈 신호부자　불언불소불취호

公明賈가 對曰 以告者가 過也로소이다. 夫子가 時然後言이라
공명가　대왈 이고자　과야　　　부자　시연후언

人不厭其言하며 樂然後笑라 人不厭其笑하며
인불염기언　　낙연후소 인불염기소

義然後取라 人不厭其取하나니이다. 子曰 其然가 豈其然乎리오.
의연후취　인불염기취　　　　자왈 기연　기기연호

- 公叔文子(공숙문자) : 위나라의 대부인 공손발(公孫拔)로 문(文)은 시호이다.
- 公明賈(공명가) : 위나라 사람.
- 夫子(부자) : 문자(文子).
- 공자는 공숙문자에 대한 세평(世評)에 긍정적인 견해를 보였다.

공자님이 말씀하셨다.

장무중이 방 지방을 점유하고

주거지로 삼으려

노나라에 후계자 세워 주기를 요구하였다.

비록 임금에게 강요하지는 않았다.

그러나 나는 그 말을 믿지 않는다.

장무중은 슬기로운 인물이지만

분수에 넘친 그의 행동을 비판하셨다.

공자님이 말씀하셨다.

진나라 문공은 속임수를 써서

바른 도리를 지키지 않았지만

제나라 환공은 바른 도리를 지켜 속임수를 쓰지 않았다.

子曰 臧武仲이 以防으로 求爲後於魯하니
자왈 장무중   이방   구위후어노

雖曰不要君이나 吾不信也하노라.
수왈불요군   오불신야

子曰 晉文公은 譎而不正하고 齊桓公은 正而不譎하니라.
자왈 진문공   휼이부정   제환공   정이불휼

주 해

• 防(방) : 장무중의 고읍(故邑).
• 求爲後(구위후) : 후사를 세워 줄 것을 요구하다.
• 장무중이 노나라를 떠나야 할 때 맹숙씨를 해치려다가 실패하고, 자기 형이 장손씨의 뒤를 잇게 하려고 방 지방에서 버틴 일이 있었다.
• 晉文公(진문공) : 헌공의 서자로 이름은 중이(重耳)이다.
• 齊桓公(제환공) : 희공의 서자로 이름은 소구(小臼)이다. 진문공과 제환공은 춘추 시대의 패자이다.

14-17

자로가 여쭈었다.

제나라의 환공이 공자(公子) 규를 죽이자

소홀은 그를 따라 죽었습니다.

그러나 관중은 죽지 않고 재상이 되었습니다.

이때 관중은 인(仁)하지 못한

사람이라 해야겠지요?

공자님이 말씀하셨다.

환공이 제후들을 규합하였다.

그때 군사력을 쓰지 않은 것은

바로 관중의 힘이었다.

그만큼만이라도 인한 것이다.

그만큼이 얼마나 대단한 것이냐!

子路曰 桓公이 殺公子糾어늘 召忽은 死之하고
자로왈 환공   살공자규   소홀   사지

管仲은 不死하니 曰未仁乎인저. 子曰 桓公이 九合諸侯하되
관중   불사   왈미인호   자왈 환공   구합제후

不以兵車는 管仲之力也니 如其仁如其仁이리오.
불이병거   관중지력야   여기인여기인

주 해

• 糾(규) : 제나라 환공의 이복형제로 제나라 양공(襄公)이 죽자 환공과 왕권 다툼에서 패해 죽었다. 이때 규를 따르던 소홀은 그를 따라 죽었고 환공은 추천받아 재상이 되었다.
• 召忽(소홀) : 제나라의 대부로 공자 규의 스승이며 규가 죽자 따라 죽었다.
• 九合(구합) : 아홉 번 모으다, 규합하다.
• 如其仁(여기인) : 누가 그의 인만 하겠는가? '수여기인(誰如其仁)'에서 '수(誰)'가 생략된 것이다.
• 관중은 인을 완전히 이루기 위해 죽을 수 없었다.

14-18
자공이 말했다.

관중은 인(仁)한 사람이 아닙니다.

환공이 공자(公子) 규를 죽였을 때

따라 죽지도 않고 오히려 그를 도왔습니다.

공자님이 말씀하셨다.

관중은 환공을 도와 제후의 우두머리가 되게 했다.

그래서 천하를 한 번 바로잡았다.

백성이 지금도 그의 은혜를 입었다.

관중이 아니었다면 나도 머리 길러

옷깃 왼쪽에 여미는 오랑캐가 되었을 것이다.

보잘것없는 것에 거들먹거리다가

물에 빠져 죽는 줄도 모르는 그런 사람이 되겠느냐!

子貢曰 管仲은 非仁者與인저. 桓公이 殺公子糾어늘 不能死요 又相之온여.
자공왈 관중 　　비인자여 　　　환공 　　살공자규 　　　불능사 우상지

子曰 管仲이 相桓公霸諸侯하여 一匡天下하니 民到于今에 受其賜하나니
자왈 관중 　　상환공패제후 　　　일광천하 　　　민도우금 　　수기사

微管仲이면 吾其被髮左袵矣리라. 豈若匹夫匹婦之爲諒也하여
미 관중 　　　오기 피발 좌임 의 　　　기약 필부 필부 지 위량 야

自經於溝瀆而莫之知也리오.
자 경 어 구독 이 막 지 지 야

- 相(상) : 보필하다, 돕다.
- 一匡(일광) : 한 번 바로잡다.
- 微(미) : ~이 없었더라면. 부정사로 '무(無)'와 같은 의미이다.
- 被髮左袵(피발좌임) : 머리를 풀어 헤치고 옷깃을 왼쪽으로 여미다. 이는 오랑캐의 풍속이다.
- 諒(량) : 자잘한 신의(信義), 사소한 것.
- 溝瀆(구독) : 도랑, 눈에 안 띄는 곳.
- 霸諸侯(패제후) : 제후들 중에 패권을 잡다.
- 到于今(도우금) : 관중의 치정 이래 200년에 이르다.
- 經(경) : 목 매달아 죽다.

14-19
공숙문자는 부하인 대부 선과 함께
조정의 신하가 되었다.
공자님이 이를 듣고 말씀하셨다.
시호를 문이라 할 만도 하다.

14-20
공자님이 위나라 영공의 무질서함을 말씀하시자
계강자가 말했다.
그런데도 어찌하여 망하지 않습니까?
공자님이 말씀하셨다.

중숙어는 외교를 담당했고
축타는 내정과 종묘 제사를 맡았으며
왕손가는 군대를 맡았다.
이런데 왜 망하겠느냐.

公叔文子之臣大夫僎이 與文子로 同升諸公이러니 子聞之하시고
공숙문자지신대부선   여문자   동승저공   자문지

曰可以爲文矣로다.
왈가이위문의

子言衛靈公之無道也러시니 康子曰 夫如是로되 奚而不喪이니잇고.
자언위영공지무도야   강자왈 부여시   해이불상

孔子曰 仲叔圉는 治賓客하고 祝鮀는 治宗廟하고
공자왈 중숙어   치빈객   축타   치종묘

王孫賈는 治軍旅하니 夫如是하니 奚其喪이리오.
왕손가   치군려   부여시   해기상

주해

- 臣大夫僎(신대부선) : 공숙문자의 신하로 대부인 선.
- 同升諸公(동승저공) : 함께 조정의 신하가 되다.   • 可以爲文(가이위문) : 문이라 시호 붙일 만하다.
- 衛靈公(위영공) : 남자부인(南子夫人)에게 혹했던 암군(暗君)이다.
- 仲叔圉(중숙어) : 공문자(公文子).   • 祝鮀(축타) : 위나라의 신하로 대축(大祝).
- 王孫賈(왕손가) : 위나라의 신하.

14-21 공자님이 말씀하셨다.

자신이 아무렇게나 말해 버린 것을

부끄러워할 줄 모르면

실천하기가 정말 어려울 것이다.

14-22 진성자가 제나라의 간공을 죽이자

공자님이 목욕재계하고 조정에 나가 노나라 애공에게 아뢰었다.

진항이 임금을 시해했으니 그를 토벌하소서 하니

애공이 저 세 대부에게 말하시오 했다.

공자님이 말씀하셨다.

나도 대부의 한 사람으로서 아뢰었는데

임금님이 세 대부에게 말하라 하셔서 말했더니 안 된다 했다.

나는 대부의 한 사람으로서 말하지 않을 수 없었다.

子曰 其言之不怍이면 則爲之也가 難하니라.
자왈 기언지부작   즉위지야   난

陳成子가 弑簡公이어늘 孔子沐浴而朝하사 告於哀公曰 陳恒이
진성자   시간공   공자목욕이조   고어애공왈 진항

弑其君하니 請討之하소서. 公曰 告夫三子하라. 孔子曰
시기군   청토지   공왈 고부삼자   공자왈

以吾從大夫之後라 不敢不告也니 君曰 告夫三子者온여. 之三子하여
이오종대부지후   불감불고야   군왈 고부삼자자   지삼자

告하신대 不可라 하여늘 孔子曰 以吾從大夫之後라 不敢不告也니라.
고   불가   공자왈 이오종대부지후   불감불고야

주해

• 怍(작) : 부끄럽게 여기다.

• 陳成子(진성자) : 제나라의 대부로 성은 진(陳), 이름은 항(恒)이다.

• 簡公(간공) : 제후로 이름은 임(壬)이며, 경공(景公)의 손자이다.

• 哀公(애공) : 노나라의 임금.　　• 三子(삼자) : 노나라의 계손(季孫), 맹손(孟孫), 숙손(叔孫).

14-23 자로가 임금 섬김에 대해 여쭙자
공자님이 말씀하셨다.
속이지 말고 언제나
임금 앞에서 바른 말로 따져라.

14-24 공자님이 말씀하셨다.
군자는 고상한 데로 나아가고
소인은 세속적인 데로 나아간다.
군자의 관심은 하늘의 도리를 따른다.

군자의 관심은 천리(天理)와 도의(道義)에 있어
높은 데로 나아가게 되고
소인은 이익을 추구하기 때문에
낮은 데로 나아가는 것이다.

子路가 問事君한대 子曰 勿欺也요 而犯之니라.
자로　문사군　　자왈 물기야　　이범지

子曰 君子는 上達하고 小人은 下達이니라.
자왈 군자　상달　　소인　　하달

주 해

• 欺(기) : 기만, 진정을 숨기는 행위.
• 犯(범) : 위험을 무릅쓰고 옳은 말을 하다. 군왕에게 잘못이 있을 때는 따지고 말을 해야 한다는 충신의
　자세를 말한다.
• 下達(하달) : 아래로 뛰다.
• 군자와 소인의 차이는 의(義)와 이(利)에 있는데 이는 하늘과 땅의 차이와 같다.

14-25 공자님이 말씀하셨다.

옛날에 공부하는 사람들은

자신의 인격 수양을 위해서 했는데

요즘은 남에게 인정받으려고 공부한다.

14-26 거백옥이 공자님에게 사람을 보내자

공자님은 그와 더불어 앉아서

그에게 물으셨다.

요즘 주인께서는 어떻게 지내십니까?

주인어른은 허물이 적었으면 하고 노력하시지만

잘 안 되시는 것 같습니다.

그가 나가자 공자님이 말씀하셨다.

정말 착한 심부름꾼이네.

子曰 古之學者는 爲己러니 今之學者는 爲人이로다.
자왈 고지학자　위기　금지학자　위인

蘧伯玉이 使人於孔子어늘 孔子與之坐而問焉曰 夫子는 何爲오.
거백옥　사인어공자　공자여지좌이문언왈 부자　하위

對曰 夫子欲寡其過而未能也니이다. 使者가 出이어늘 子曰 使乎使乎여.
대왈 부자욕과기과이미능야　　사자　출　자왈 사호사호

주해

- 爲己(위기) : 자기에게 도움이 되다.
- 爲人(위인) : 남 때문에, 남에게 도움이 되다.
- 공부의 목적은 진덕(眞德)에 있다.
- 蘧伯玉(거백옥) : 위나라의 대부로 성은 거(蘧), 이름은 원(瑗)이고 자(字)가 백옥이다.
- 欲寡其過(욕과기과) : 허물이 적었으면 하고 바라다.
- 使乎(사호) : 심부름꾼이다. 심부름 온 사람이 주인의 속마음을 잘 파악하고 있음을 칭찬했다.

14-27 공자님이 말씀하셨다.

그 직위에 있지도 않으면서

제 할 일도 아닌데

그 직위의 일을 꾀하지 말아야 한다.

14-28 증자가 말했다.

군자는 생각하는 것이

자기 자리를 벗어나지 않는다.

자기 위치를 잘 파악하고 있다.

14-29 공자님이 말씀하셨다.

군자는 자기가 한 말이

행동을 넘어서는 것을 부끄러워한다.

말을 함부로 함을 부끄러워한다.

子曰 不在其位하면 不謀其政이니라.
자왈 부 재 기 위　　 불 모 기 정

曾子曰 君子는 思不出其位니라.
증 자 왈 군 자　　사 불 출 기 위

子曰 君子는 恥其言而過其行이니라.
자 왈 군 자　　치 기 언 이 과 기 행

주 해

- 其位(기위) : 그 직위, 그 자리. 「태백」편 14장에도 이 구절이 있다.
- 不謀其政(불모기정) : 그 직위에서 해야 할 정무에 관여하지 말아야 한다.
- 군자는 자기 위치를 잘 파악한다. 이는 사회 질서인 예(禮)를 유지하는 데 필요하며, 이 예에서 벗어나면 외람된 것이 된다.
- 思(사) : 파악하다.
- 군자는 말과 행동이 일치해야 한다. 「중용」에 '언고행(言顧行), 행고언(行顧言)'이라 언급되었는데, 말이 행동보다 앞설 수 없다.

14-30 공자님이 말씀하셨다.

군자의 도(道)가 세 가지 있다.

나는 그것을 실천하지 못하고 있다.

인(仁)한 사람은 근심하지 않고 산다.

지혜로운 사람은 어리둥절하지 않고

용기 있는 사람은 두려워하지 않는다.

이 세 가지가 군자의 참모습이다.

자공이 말했다. 선생님 자신을 말씀하신 것입니다.

14-31 자공이 사람들을 평하자

공자님이 말씀하셨다.

사(賜)는 똑똑한가 보구나.

나는 공부도 벅차서 그럴 겨를이 없구나.

子曰 君子道者가 三에 我無能焉하니 仁者는 不憂하고 知者는
자왈 군자도자 삼 아무능언 인자 불우 지자

不惑하고 勇者는 不懼니라. 子貢曰 夫子自道也샷다.
불혹 용자 불구 자공왈 부자자도야

子貢이 方人이어늘 子曰 賜也는 賢乎哉아 夫我則不暇로라.
자공 방인 자왈 사야 현호재 부아즉불가

주 해

• 子道(자도) : 스스로 말하다. 자기 자신에 대해 말하다. 도(道)를 말하다.
• 「자한」 편에도 나오는 구절로 인(仁), 지(智), 용(勇)이 거듭 언급된다.
• 方(방) : 좌우를 서로 비교하다. 장단점을 비교하다.
• 賜(사) : 자공의 자(字).
• 賢(현) : 낫다.
• 자공이 남을 비방함이 못마땅하여 공자가 꾸짖은 것이다.

14-32 공자님이 말씀하셨다.
남들이 나를 몰라주는 것을
걱정할 것이 아니라
실천하지 못하는 것이 걱정이다.

14-33 공자님이 말씀하셨다.
남이 나를 속이지 않을까
억지로 넘겨짚지도 말고
미리 경계하여 대비하지도 말아라.

남이 나를 믿지 않을까
미리 생각하지도 말아라.
도리어 앞일을 훤히 아는 사람이
바로 현명한 사람이다.

子曰 不患人之不己知요 患其不能也니라.
자왈 불환인지불기지   환기불능야

子曰 不逆詐하며 不億不信이나 抑亦先覺者가 是賢乎인저.
자왈 불역사   불억불신   억역선각자   시현호

미생무가 공자님에게 말했다.

14-34

구(丘)는 왜 그처럼 아등바등하며

시시덕거리고 다니는가?

지나치게 중얼거리는 것 아닌가?

공자님이 말씀하셨다.

말장난이나 하는 것이 아닙니다.

세상이 하도 고루하고 고집통임을

근심할 뿐입니다.

공자님이 말씀하셨다.

14-35

천리마는 그 힘을 칭송하는 것이 아니라

날쌘 재주를 칭송하는 것이다.

무력(武力)보다 덕을 근본으로 삼자는 의미이다.

微生畝가 謂孔子曰 丘는 何爲是栖栖者與오.
미생무　위공자왈 구　하위시서서자여

無乃爲佞乎아. 孔子曰 非敢爲佞也라 疾固也니라.
무내위녕호　공자왈 비감위녕야　질고야

子曰 驥는 不稱其力이라 稱其德也니라.
자왈 기　불칭기력　칭기덕야

주 해

• 微生畝(미생무) : 공자의 이름을 부르는 것으로 보아 연장이고 은자(隱者)인 듯하다.
• 丘(구) : 공자의 이름.
• 栖栖(서서) : 몹시 서두르는 모습, 마음이 조마조마한 모습, 불안한 모습.
• 佞(녕) : 말재주로 세상에 영합하다.
• 疾固(질고) : 세상이 고루함을 근심하다.
• 驥(기) : 천리마, 좋은 말.
• 德(덕) : 잘 길들인 재주.
• 당시 세태가 무력강병(武力强兵)을 숭상하자 그 부당성을 빗대어 지적했다.

어떤 이가 여쭈었다. 원한을 은혜로 갚으면 어떻겠습니까?

공자님이 말씀하셨다.

그럼 덕은 무엇으로 갚겠느냐?

원한은 잘못된 것을 바로잡는 마음으로 갚고 은혜는 은혜로 갚아라.

공자님이 말씀하셨다.

나를 알아주는 사람이 없구나!

자공이 말했다.

왜 선생님을 몰라준다 하십니까?

공자님이 말씀하셨다.

하늘을 원망하지 않고 다른 사람을 탓하지 않으며

차근차근 배워서 위로 올라가니

나를 아는 이는 저 하늘이던가.

或이 曰 以德報怨이 何如하니잇고.
혹   왈 이덕보원   하여

子曰 何以報德고. 以直報怨이요 以德報德이니라.
자왈 하이보덕   이직보원   이덕보덕

子曰 莫我知也夫인저. 子貢曰 何爲其莫知子也잇고.
자왈 막아지야부   자공왈 하위기막지자야

子曰 不怨天하며 不尤人이요 下學而上達하나니 知我者는 其天乎인저.
자왈 불원천   불우인   하학이상달   지아자   기천호

주해

- 德(덕) : 은덕.
- 直(직) : 속이지 않는 것, 바른 대로, 곧게 하다.
- 尤(우) : 탓하다, 허물하다.
- 下學而上達(하학이상달) : 세상의 일상적인 일을 공부하여 최상의 이치와 도리에까지 도달하다.
- 세상은 공자를 성인(聖人)이라 떠받들지만 그 자신은 그렇게 생각하지 않았다.

14-38

공백료가 계손씨에게 자로를 중상하자
자복경백이 공자님에게 이 사실을 아뢰었다.
계손씨는 분명히 속아 넘어갔습니다.
공백료에게 마음이 미혹된 것입니다.

그러나 공백료는 내 힘으로도 죽여서
저잣거리에 내걸고
조정에도 다 알릴 수 있습니다.
공자님이 말씀하셨다.

도(道)가 제대로 자리 잡히면
하늘의 뜻 천명이요.
질서가 문란해지면 그것 또한 천명이 아니겠는가.
그러면 공백료인들 그 천명을 어찌하겠느냐.

公伯寮가 愬子路於季孫이어늘 子服景伯이 以告曰
공백료   소자로어계손   자복경백   이고왈

夫子固有惑志於公伯寮하나니 吾力이 猶能肆諸市朝니이다. 子曰
부자고유혹지어공백료   오력   유능사저시조   자왈

道之將行也與도 命也며 道之將廢也與도 命也니 公伯寮가 其如命何리오.
도지장행야여   명야   도지장폐야여   명야   공백료   기여명하

- 公伯寮(공백료) : 성은 공백(公伯), 이름은 료(寮)이고 자(字)는 자주(子周)이다. 『사기(史記)』에는 공자의 제자로 나오지만 확실치 않다. 『사기』의 내용 중에는 거짓이 많다.
- 愬(소) : 참소하다, 모함하다.
- 子服景伯(자복경백) : 노나라의 대부로 성은 자복(子服), 이름은 하(何)이다.
- 夫子(부자) : 계손(季孫). 　　　　　　　• 肆(사) : 사형당한 사람의 시체를 내걸다.
- 市朝(시조) : 시장과 조정. 면조후시(面朝後市). 　• 命(명) : 하늘의 뜻, 천명, 운명.

14-39

공자님이 말씀하셨다.
현명한 사람은 세상을 피하고
도가 행해지는 세상을 알고 있다.
그다음은 어지러운 지역을 피한다.

그다음은 무례한 사람을 피하고
그다음은 그릇된 말 하는 사람을
피하여 돌아선다.
세상을 달관한 자세이다.

14-40

공자님이 말씀하셨다.
세상을 버리고 숨어 사는 사람이
일곱 명이나 있었다.
다 은자(隱者)였다.

子曰 賢者는 辟世하고 其次는 辟地하고 其次는 辟色하고
자왈 현자　　피세　　 기차　　피지　　　기차　　피색

其次는 辟言이니라.
기차　　피언

子曰 作者七人矣로다.
자왈 작자칠인의

- 辟世(피세) : 이름도 자취도 숨기고 세상모르게 살다.
- 辟地(피지) : 어지러운 나라를 피해 좋은 나라로 가다.
- 辟色(피색) : 안색, 눈치를 피하다.
- 辟言(피언) : 말만 듣고 짐작해서 피하다.　　　　　　 • 作(작) : 떠나가 숨어 살다.
- 七人(칠인) : 장저(長沮), 걸익(桀溺), 장인(丈人), 석문(石門), 하궤(荷蕢), 의봉인(儀封人), 초광접여
(楚狂接輿)이다. 그러나 왕필(王弼)은 백이(伯夷), 숙제(叔齊), 우중(虞仲), 이일(夷逸), 주장(朱張), 유
하혜(柳下惠), 소련(少連)이라고 했다.

14-41 자로가 석문(石門)에서 묵게 되었는데 문지기가 물었다.

어디서 오셨소?

자로가 공씨문하에서 왔다고 말했다.

안 되는 줄 알면서도 그 일을 하시는 분 말입니까?

14-42 공자님이 위나라에서 경쇠를 두드리며 연주하고 계실 때

공자 집 앞을 지나던 삼태기 맨 사람이 말했다.

마음에 미련이 있나 보다 경쇠 치는 모습이.

조금 뒤 그가 다시 말했다.

비루하게 땡땡거리네. 몰라주면 그만두면 되지.

물이 깊으면 아래옷 벗고 건너고

얕으면 옷을 걷어 올리면 되지.

공자님이 세상 버리면 되지 따질 것도 없다 하셨다.

子路가 宿於石門이러니 晨門曰 奚自오.
자로　숙어석문　　　신문왈 해자

子路曰 自孔氏로라. 曰是가 知其不可而爲之者與아.
자로왈 자공씨　　　왈시　지기불가이위지자여

子擊磬於衛러시니 有荷蕢而過孔氏之門者가 曰有心哉라 擊磬乎여.
자격경어위　　　유하궤이과공씨지문자　왈유심재　격경호

旣而曰 鄙哉라 硜硜乎여. 莫己知也어든 斯已而已矣니 深則厲요
기이왈 비재　경경호　　막기지야　　사이이이의　심즉려

淺則揭니라. 子曰 果哉라 末之難矣니라.
천즉게　　　자왈 과재　말지난의

• 晨門(신문) : 성문의 문지기로 새벽마다 문을 여는 사람이다. 문지기는 은자(隱者)인 듯하다.
• 奚自(해자) : 어디서 왔느냐?　　　　　• 孔氏(공씨) : 공자의 문하.
• 擊磬(격경) : 음악을 연주하는 것이 아니라 공부하려고 악기를 치는 것이다.
• 荷蕢(하궤) : 삼태기를 매다.　　　　　• 硜硜(경경) : 경쇠를 치는 땡땡거리는 소리.
• 深則厲(심즉려) : 『시경』〈패풍(邶風)〉의 한 구절.　• 揭(게) : 옷을 걷어 올리고 건너다.

14-43 자장이 여쭈었다.

『서경』에 고종은 상중에
3년간 말을 하지 않았다는데
그게 무슨 뜻입니까?

공자님이 말씀하셨다.
어찌 고종뿐이던가. 옛 사람들은 다 그랬지.
군왕이 죽으면 모든 벼슬아치들은 자기 일을 정리하고
3년간 총재의 지시를 받기 때문이다.

14-44 공자님이 말씀하셨다.
윗어른이 예법 좋아하면
백성을 부리기가 쉬워진다.
예로써 공경할 줄 알기 때문이다.

子張曰 書云 高宗이 諒陰三年을 不言이라 하니 何謂也잇고.
자장왈 서운 고종 양음삼년 불언 하위야

子曰 何必高宗이리오. 古之人이 皆然하니 君薨이어든
자왈 하필고종 고지인 개연 군훙

百官이 總己하여 以聽於冢宰三年하니라.
백관 총기 이청어총재삼년

子曰 上이 好禮則民易使也니라.
자왈 상 호례즉민이사야

주 해

• 書云(서운) : 『서경』「무일(無逸)」편의 글.
• 高宗(고종) : 은나라 중흥의 명주(明主).
• 諒(양) : '흉(凶)'과 같은 의미이다.
• 諒陰(양음) : 임금의 삼년상.
• 薨(훙) : 임금의 죽음을 일컫는 말.
• 百官(백관) : 모든 관리.
• 總己(총기) : 자기 직무를 다하다. 임금의 상중일 때 말할 필요 없이 자신의 일을 알아서 처리했다.
• 冢宰(총재) : 재상.
• 易使(이사) : 부리기 쉽다.

14-45

자로가 군자에 대해 여쭙자
공자님이 말씀하셨다.
수양 잘하여 사람됨이 경건해야 한다.
그렇게 하면 됩니까?

자기 수양으로 사람들을
마음 편하게 대할 줄 알아야 한다.
그렇게만 하면 됩니까?
군자는 사람을 잘 다스리는 사람이다.

수양을 잘해서 제 몸 건사 잘하는 것은
요임금, 순임금도 오히려
어렵게 여기며 해냈던 일이다.
군자의 길은 수기치인(修己治人)의 도(道)이다.

子路가 問君子한대 子曰 修己以敬이니라. 曰如斯而已乎잇가.
자로　　문군자　　자왈 수 기 이 경　　　　왈 여 사 이 이 호

曰修己以安人이니라. 曰如斯而已乎잇가. 曰修己以安百姓이니
왈 수 기 이 안 인　　　왈 여 사 이 이 호　　　왈 수 기 이 안 백 성

修己以安百姓은 堯舜도 其猶病諸시니라.
수 기 이 안 백 성　　요 순　　기 유 병 저

주 해

• 君子(군자) : 지위가 높은 지도자, 인격자.
• 以(이) : ～로써, 그리하여. 여기서는 '통하여'로 해석한다.
• 敬(경) : 경천(敬天).
• 如斯而已乎(여사이이호) : 이와 같이만 하면 그뿐인가? 그렇게만 하면 되는가?
• 安人(안인) : 효제(孝悌)로 화목하면 안정이 된다.
• 百姓(백성) : 백관만민(百官萬民).
• 病(병) : 어렵다, 병으로 여기다.

14-46 원양이 다리 벌리고 걸터앉아서 기다리고 있는데

공자님이 보시고는

어려서는 건방지고 나이 들어도 보잘것없고

늙어서는 죽지도 않으니 도둑놈이라며 툭 쳤다.

14-47 궐당의 한 소년이 심부름을 하니

어떤 사람이 물었다.

저 애는 장래성이 있는 아이입니까?

공자님이 말씀하셨다.

내가 보기에는 저 아이가

함부로 어른들 자리에 앉고

선배들과 나란히 걸으니

장래성보다는 얼른 어른이 되려는 아이인 듯하네.

原壤이 夷俟러니 子曰 幼而不孫弟하며 長而無述焉이요.
원양 이사 자왈 유이불손제 장이무술언

老而不死가 是爲賊이라 하시고 以杖叩其脛하시다.
노이불사 시위적 이장고기경

闕黨童子將命이어늘 或이 問之曰益者與잇가. 子曰 吾見其居於位也하며
궐당동자장명 혹 문지왈익자여 자왈 오견기거어위야

見其與先生並行也하니 非求益者也라 欲速成者也니라.
견기여선생병행야 비구익자야 욕속성자야

주 해

- 原壤(원양) : 노나라 사람으로 공자의 옛 친구이다. 어머니가 돌아가셨을 때도 노래를 불렀다고 한다.
- 闕黨(궐당) : 공자의 고향인 궐리(闕里)를 말한다. '당(黨)'은 '마을'을 뜻한다.
- 將命(장명) : 어른들의 명령을 왔다 갔다 하며 심부름하는 사람을 말한다. '장(將)'은 '받들다'라는 의미이다.
- 居於位(거어위) : 어른 자리에 앉다.　　　• 先生(선생) : 선배, 자기보다 나이 많은 사람.
- 益(익) : 정진하다.　　　• 求益者(구익자) : 공부에 보탬이 되기를 구하는 사람.
- 欲速成者(욕속성자) : 빠른 성취를 바라는 사람, 빨리 어른이 되고 싶은 사람.

제15편

위영공(衛靈公)

『논어』에는 공자님이 겪은
안 좋은 일까지 들추어
당시 쇠퇴해 가는 세상일에 대한
한탄스러운 이야기도 담겨 있다.

온갖 험한 일들 속에서도
자신의 진실을 지키는
공자님의 모습이 『논어』다운
문장으로 읽히는 것이 놀랍다.

공자님은 몸을 닦으시고
올바른 처세의 길을 도도하게 가셨고
바른 길, 바른 삶을 논하는 데
『논어』의 참 의미가 있다.

15-1 위나라 영공이 공자님에게
군대의 진 치는 법에 대해 묻자
공자님이 대답하셨다.
제사에 관해서는 진작 배운 바입니다.

그러나 병졸 배치하는 법은
제가 배우지 못했습니다.
그리고 그 이튿날 위나라를 떠나셨다.
진나라에 양식이 떨어져 사람들이 병들었다.

그러자 자로가 화가 나서 말했다.
군자도 궁할 때가 있습니까?
공자님이 말씀하셨다.
군자도 궁할 때가 있지만 견디고 소인은 궁하면 함부로 한다.

衛靈公이 問陳於孔子한대 孔子對曰 俎豆之事는 則嘗聞之矣어니와
위영공 문진어공자   공자대왈 조두지사   즉상문지 의

軍旅之事는 未之學也라 하시고 明日에 遂行하시다.
군려지사   미지학야   명일   수행

在陳絶糧하니 從者가 病하여 莫能興이러니 子路가 慍見曰 君子도
재진절량   종자   병   막능흥   자로 온현왈 군자

亦有窮乎잇가. 子曰 君子는 固窮이니 小人은 窮斯濫矣니라.
역유궁호   자왈 군자   고궁   소인   궁사람의

주 해

• 陳(진) : 전쟁 때 군사 배치를 잘해야 하는 진법, 행군 대오를 만드는 진법.
• 俎豆之事(조두지사) : 제사 일. '조(俎)'와 '두(豆)'는 제사 그릇이다.
• 軍旅之事(군려지사) : 군대의 일. '군(軍)'은 1만 5,000명, '여(旅)'는 500명의 군대이다.
• 遂(수) : 마침내, 드디어.   • 慍見(온현) : 성이 나서 찾아뵙다.
• 固窮(고궁) : 궁함을 견디다, 정말 궁할 때가 있다.   • 濫(람) : 넘치다, 함부로 하다, 막 되먹다.
• 위나라 영공의 전쟁 승리에 대한 욕심을 알고 공자가 제사 이야기로 그의 관심을 돌려놓으려 한 것이다.

15-2 공자님이 말씀하셨다.

사야,

너는 나를 많이 배운 지식인으로 기억하고 있느냐?

자공이 대답했다.

그렇습니다. 안 그렇습니까?

안 그렇지!

나는 오로지 하나의 이치로만

모든 것을 꿰뚫고 있을 뿐이다.

15-3 공자님이 말씀하셨다.

유야,

덕을 아는 사람이 정말 드물구나!

곧은 마음 가진 이가 드물다는 탄식이다.

子曰 賜也아. 女以予로 爲多學而識之者與아.
자왈 사야   여이여   위다학이식지자여

對曰然하니이다. 非與잇가.
대왈 연   비여

曰非也라. 予는 一以貫之니라.
왈비야   여   일이관지

子曰 由아. 知德者가 鮮矣니라.
자왈 유   지덕자   선의

주 해
─────────────────────────────────

- 賜(사) : 자공(子貢).
- 識(식) : 기억하다.
- 一(일) : '서(恕)'와 같은 의미이다.
- 「이인(里仁)」편에도 나오는 구절이다.
- 知德(지덕) : 지인지유덕(知人之有德).

- 女(여) : '여(如)'와 같은 의미이다.
- 然(연) : 그렇다(긍정).
- 一以貫之(일이관지) : 하나로 꿰뚫다.
- 由(유) : 자로(子路).
- 鮮(선) : 드물다.

15-4

공자님이 말씀하셨다.

가만히 앉아서 나라를 다스린 사람은

아마도 순임금뿐인가 보다. 무엇을 했을까?

공손히 가만히 왕위에 계시기만 했을 뿐이다.

15-5

자장이 어떤 처세로 세상에 뜻을 펼칠까 여쭙자

공자님이 말씀하셨다.

말이 믿음직하고 행동이 착실하면

되놈의 나라에서도 뜻을 펼 수 있다.

말이 미덥지 않고 행실이 착실치 않으면 제 고을에서도 성공 못 한다.

서 있을 때는 멍에 맨 망아지가 눈에 보이듯 하고

수레에 탔을 때도 수레 채가 멍에 위에 있는 듯 보이니

그래야 어디든 통할 수 있다. 자장이 이 말을 띠에 적었다.

子曰 無爲而治者는 其舜也與신저. 夫何爲哉시리오. 恭己正南面而已矣시니라.
자왈 무위이치자 기순야여   부하위재   공기정남면이이의

子張이 問行한대 子曰 言忠信하며 行篤敬이면 雖蠻貊之邦이라도 行矣어니와
자장 문행 자왈 언충신하며 행독경 수만맥지방   행의

言不忠信하며 行不篤敬이면 雖州里나 行乎哉아. 立則見其參於前也요
언불충신 행부독경   수주리 행호재 입즉견기참어전야

在輿則見其倚於衡也니 夫然後行이니라. 子張이 書諸紳하니라.
재여즉견기의어형야 부연후행   자장 서저신

주 해

• 無爲而治(무위이치) : 아무 일 안 하고 다스리다. 인위적 조직을 하지 않고 우국의 이치를 따라 자연히 다스리는 정치이다.

• 恭己(공기) : 자신의 몸가짐을 공손하게 하다.

• 正南面(정남면) : 왕좌에 앉아서 다른 데로 가지 않다.

• 蠻貊(만맥) : '만(蠻)'은 남쪽 오랑캐, '맥(貊)'은 북쪽 오랑캐를 말한다.

• 州里(주리) : 큰 고을. 리(里)는 25가구, 주(州)는 2,500가구이다.   • 參(참) : 나란히 늘어서다.

• 倚於衡(의어형) : 멍에에 기대다.   • 紳(신) : 예복에 맞춰 매는 띠.

15-6 공자님이 말씀하셨다.

올곧은 사람이다, 사어여.

나라가 질서 잡혔을 때나 어지러울 때나

곧은 마음이 화살 같구나!

군자로다, 거백옥이여!

나라가 질서 있을 때는 벼슬을 하고

나라가 어지러울 때는 거둬치워서

감추어 버릴 수도 있구나!

15-7 공자님이 말씀하셨다.

더불어 말해야 할 때 말하지 않으면 사람을 잃는다.

더불어 말하지 말아야 할 때 말하면 말을 잃는다.

지혜 있는 자는 사람도 말도 잃지 않는다.

子曰 直哉라 史魚여. 邦有道에 如矢하며 邦無道에 如矢로다.
자왈 직재   사어   방유도   여시   방무도   여시

君子哉라 蘧伯玉이여. 邦有道則仕하고 邦無道則可卷而懷之로다.
군자재   거백옥   방유도즉사   방무도즉 가 권 이 회 지

子曰 可與言而不與之言이면 失人이요 不可與言而與之言이면 失言이니
자왈 가여언이불여지언   실인   불가여언이여지언   실언

知者는 不失人이며 亦不失言이니라.
지자   불실인   역불실언

주해

• 史魚(사어) : 위나라의 대부로 이름은 추(鰌), 자는 백어(伯魚)이고 사(史)는 관명이다.

• 如矢(여시) : 화살 같다, 성품이 화살처럼 곧다.   • 蘧伯玉(거백옥) : 위나라의 대부.

• 卷(권) : 거둬들이다.   • 可與言(가여언) : 공자 자신의 도(道)를 보태어 말하다.

• 失人(실인) : 동지를 잃다.   • 失言(실언) : 말을 잃다. 적절치 않은 말을 한다는 뜻이다.

15-8 공자님이 말씀하셨다.
뜻있는 선비와 인(仁)한 사람은
살기 위해 인(仁)을 해치지 않고
자기 목숨 바쳐 인(仁)을 이룬다.

15-9 자공이 인을 행하는 방법을 여쭙자
공자님이 말씀하셨다.
기술자가 일 잘하려면 먼저
연장 손질을 철저히 해야 할 것이다.

그와 같이 어느 나라에 살든지
그 나라 대부들 가운데서 잘난 이를 섬기고
그 나라 벼슬아치 중에서
인한 사람을 만나 벗해야 한다.

子曰 志士仁人은 無求生以害仁이요 有殺身以成仁이니라.
자왈 지사인인   무구생이해인   유살신이성인

子貢이 問爲仁한대 子曰 工欲善其事인댄 必先利其器니 居是邦也하여
자공   문위인   자왈 공욕선기사   필선리기기   거시방야

事其大夫之賢者하며 友其士之仁者니라.
사기대부지현자   우기사지인자

주해

- 志士(지사) : 군자의 도(道)에 뜻을 둔 사람.
- 仁人(인인) : 인의 마음을 가진 사람.
- 仁(인) : 지극한 인륜(人倫)의 성덕(成德).
- 爲仁(위인) : 인(仁)의 실현.   • 工(공) : 기술자.
- 利其器(리기기) : 그 연장을 예리하게 하다, 공구 손질을 잘하다.
- 居是邦(거시방) : 그 나라에 있을 때.
- 賢者(현자) : 일 잘하는 사람.

15-10 안연이 나라 다스림에 대해 여쭙자
공자님이 말씀하셨다.
하나라 책략을 쓰고
은나라 수레를 타라.

주나라 관복 입고 음악은 소무곡을 하고
정나라 소리를 버리고
아첨하는 인물을 아주 멀리해야 한다.
정나라 소리는 음란하고 아첨하는 인물은 위험하다.

15-11 공자님이 말씀하셨다.
사람이 멀리 내다보며
깊이 생각하지 못하면
반드시 코앞 걱정이 닥친다.

顔淵이 問爲邦한대 子曰 行夏之時하며 乘殷之輅하며 服周之冕하며
안연   문위방   자왈 행하지시   승은지로   복주지면

樂則韶舞요 放鄭聲하며 遠佞人이니 鄭聲은 淫하고 佞人은 殆니라.
악즉소무   방정성   원녕인   정성 음   영인 태

子曰 人無遠慮면 必有近憂니라.
자왈 인무원려   필유근우

주 해

• 爲邦(위방) : 나라 다스림[治國].
• 冕(면) : 제사 때 쓰는 관(冠).
• 放(방) : 추방하다, 몰아내다.
• 鄭聲(정성) : 정나라 속악(俗樂)으로 내용이 음란했다.
• 遠佞人(원녕인) : 교묘한 말 잘하는 사람을 멀리하다.
• 공자는 여기서 3대에 걸친 문물 제도 중에서 가장 우수한 것만을 골라서 채택하게 했다.
• 遠(원) : 앞으로 올 장래.

• 輅(로) : 천자태후가 타던 수레.
• 韶舞(소무) : 순임금의 음악과 춤.

• 近(근) : 이미 발등에 떨어진 불.

15-12

공자님이 말씀하셨다.

어쩔 수 없구나!

아름다운 여자를 좋아하듯 그렇게

덕(德)을 좋아하는 사람을 만나지 못했구나!

15-13

공자님이 말씀하셨다.

장문중은 직위를 훔친 인간이구나.

유하혜의 현명함을 알고서도

그를 추천하지 않았구나.

장문중은 유하혜의 직위를 훔쳐서

그 자리를 차지하였다.

자기보다 나은 이를 천거하는 것은

보통 사람이 못하는 일이다.

子曰 已矣乎라 吾未見好德을 如好色者也로다.
자왈 이의호   오미견호덕   여호색자야

子曰 臧文仲은 其竊位者與인저. 知柳下惠之賢而不與立也로다.
자왈 장문중   기절위자여   지유하혜지현이불여립야

주 해

- 已矣乎(이의호) : ~되었구나, ~끝났구나. 어쩔 수 없다고 탄식하는 소리이다.
- 臧文仲(장문중) : 노나라의 대부인 장손진(臧孫辰).
- 竊(절) : 자격이 모자라는 줄 알고도 부끄러운 줄 모르고 높은 지위에 오르다.
- 柳下惠(유하혜) : 노나라의 대부로 성은 전(展), 이름은 획(獲)이고 유하는 무엇을 말하는지 분명치 않다.
- 與立(여립) : 함께 정치에 참여하다.

15-14 공자님이 말씀하셨다.

자신에 대해서는 깊이 뉘우치고
책임을 엄중하게 추궁하면서
다른 사람에 대해서는 가볍게 하면 원망이 없다.

15-15 공자님이 말씀하셨다.

어찌할까? 어찌할까?
깊이 고민하지 않는 사람은
나도 어찌할 수가 없다.

모든 책임을 스스로 지고
자기 탓으로 여기는 사람과
무슨 일이든지 어떻게 할까 하고
고민하는 사람은 인(仁)에 가깝다.

子曰 躬自厚而薄責於人이면 則遠怨矣니라.
자왈 궁자후이박책어인   즉원원의

子曰 不曰如之何如之何者는 吾末如之何也已矣니라.
자왈 불왈여지하여지하자   오말여지하야이의

주 해

• 躬(궁) : 자기 자신에 대해. 여기서는 '책(責)'이 생략되었다.
• 自厚(자후) : 스스로 엄중하게.
• 薄責(박책) : 가볍게 책임을 묻다.
• 如之何(여지하) : 어찌하면 좋을까? 올바른 일을 하려고 고민하는 것이다.
• 末(말) : 부정을 나타내는 말.

15-16 공자님이 말씀하셨다.
하루 온종일 모여 앉아서도
의로운 이야기는 한마디도 안 하고
잔재주 부리기만 하니 어쩔 수 없구나.

15-17 공자님이 말씀하셨다.
군자는 정의를 바탕으로 삼고
예의 바르게 행동하며
겸손한 몸가짐으로 말한다.

신의를 지켜 매듭 지으니
이런 사람이 바로 군자이다.
군자는 의(義), 신(信), 성(誠)으로
언행에 겸손을 더하는 인격자이다.

子曰 羣居終日에 言不及義요 好行小慧면 難矣哉라.
자왈 군거종일   언불급의   호행소혜   난의재

子曰 君子는 義以爲質이요 禮以行之하며 孫以出之하며
자왈 군자   의이위질   예이행지   손이출지

信以成之하나니 君子哉라.
신이성지   군자재

주해

- 羣居(군거) : 여럿이 모여 있다.
- 言不及義(언불급의) : 바른 이야기를 한마디도 안 하다. 음담패설(淫談悖說) 또는 남을 헐뜯는 소리나 하면서 허송세월하는 사람이 많다.
- 小慧(소혜) : 작은 지혜. 사사로운 이익을 추구하는 지혜를 말한다.
- 孫(손) : 겸손하게 말을 꺼내다.
- 出(출) : 말로 표현하다, 겉모습으로 드러내다.
- 군자의 길이 험난해도 꾸준한 지성(至誠)으로 극복한다.

15-18 공자님이 말씀하셨다.
군자는 자신의 무능함을
뼈아프게 걱정한다.
이런 생각으로 자기 성찰을 한다.

남이 자기를 몰라준다 해도
그것을 아무렇지 않게 여긴다.
사람에 대한 관심을 늘
자기 자신에게 집중하여 단련시킨다.

15-19 공자님이 말씀하셨다.
군자는 죽을 때까지
칭찬받을 만한 이름을 남기지 못할까 봐
늘 뼈저리게 생각하고 있다.

子曰 君子는 病無能焉이요 不病人之不己知也니라.
자왈 군자   병무능언   불병인지불기지야

子曰 君子는 疾沒世而名不稱焉이니라.
자왈 군자   질몰세이명불칭언

주해

• 病(병) : 괴로워하다, 가슴 아프게 여기다.
• 無能(무능) : 무예능(無藝能).
• 疾(질) : 가슴 아프게 여기다. '병(病)'과 같은 의미이다.
• 沒世(몰세) : 세상 끝나다.
• 稱(칭) : 드날리다.
• 입신양명(立身揚名)이 바람직하나 구명(求名), 구예(求譽)로 빠지면 경계해야 한다.

15-20

공자님이 말씀하셨다.
군자는 무슨 일의 원인을
자기 자신에게서 찾고
소인은 그것을 남에게서 찾는다.

15-21

공자님이 말씀하셨다.
군자는 자긍심으로
기품을 높이지만
그것으로 다투지는 않는다.

여럿이 잘 어울리지만
끼리끼리 놀지는 않는다.
뜻을 같이하는 사람과 어울리고
공명정대하게 행한다.

子曰 君子는 求諸己요 小人은 求諸人이니라.
자왈 군자   구저기   소인   구저인

子曰 君子는 矜而不爭하고 群而不黨이니라.
자왈 군자   긍이부쟁   군이부당

주 해

- 求(구) : 구인(求仁).
- 군자는 모든 책임을 자기 자신에게 묻는다. 군자가 되는 길은 자기 결단에서 비롯된다. 군자는 스스로 사람다워지려고 애쓰고, 소인은 남이 사람 노릇 하기를 바란다.
- 矜(긍) : 장중한 태도를 굳게 간직하다, 자긍심을 가지다.
- 爭(쟁) : 고자세로 남과 겨루다.
- 群(군) : 뜻을 같이하면서 어울리다.
- 黨(당) : 이해관계로 서로 돕는 무리, 당파(편당, 파벌)를 이루다.

15-22 공자님이 말씀하셨다.
군자는 말 잘한다고 해서
사람을 등용하지는 않는다.
말만 듣고 사람을 판단하지 않는다.

그 사람의 처지를 돌아보고는
그 사람의 말까지 내치지는 않는다.
말은 행동으로 빛을 가지며
현재의 입장이 그 사람의 모든 것이 아니다.

15-23 자공이 여쭈었다.
한마디 말로 평생토록 실천할 만한 것이 있습니까?
공자님이 말씀하시길, 그 말은 서(恕)이다.
자신이 원치 않는 것을 남에게 시키지 않는다.

子曰 君子는 不以言擧人하며 不以人廢言이니라.
자왈 군자   불이언거인   불이인폐언

子貢이 問曰 有一言而可以終身行之者乎잇가.
자공   문왈 유일언이 가이종 신행지자호

子曰 其恕乎인저. 己所不欲을 勿施於人이니라.
자왈 기서호   기소불욕   물시어인

주 | 해

- 擧人(거인) : 사람을 등용하다. 사람 됨됨이를 알아보지 않고 그 사람 말만 듣고 등용하는 것을 말한다.
- 一言(일언) : 일자(一字), 일구(一句).
- 恕(서) : 추서(推恕)로서 인륜(人倫)에서 인을 실천하는 방법이다. 상대의 입장에서 생각하는 사고방식을 실천함이 서(恕)이다.
- 「이인」, 「공야장」, 「안연」 편에도 나오는 구절이다.

15-24 공자님이 말씀하셨다.

내가 인물을 말할 때

누구를 허물하고 누구는 칭찬하더냐.

만약 칭찬했다면 이미 시험해 보았기 때문이다.

요즘 사람들은 하, 은, 주 3대에

바른 도(道)로 다스려 온 이들이기에

함부로 칭찬을 하거나

비난할 수는 없는 것이다.

15-25 공자님이 말씀하셨다.

우리 때만 해도 사관의 기록에 빈자리도 있었다.

말 가진 사람이 타라고 빌려 주기도 했다.

요즘은 전혀 그런 일이 없구나!

子曰 吾之於人也에 誰毁誰譽리오. 如有所譽者면 其有所試矣니라.
자왈 오지어인야   수훼수예   여유소예자   기유소시의

斯民也는 三代之所以直道而行也니라.
사민야   삼대지소이직도이행야

子曰 吾猶及史之闕文也와 有馬者가 借人乘之러니 今亡矣夫인저.
자왈 오유급사지궐문야   유마자   차인승지   금무의부

주해

- 毁(훼) : 헐뜯다, 비방하다.　　・如(여) : 만일.　　・譽(예) : 칭찬, 칭송.
- 三代(삼대) : 하, 은, 주.　　・直道(직도) : 정도(正道).
- 猶及(유급) : 그래도 전에는 있었는데.　　・史之闕文(사지궐문) : 사관이 글을 빼 놓다.
- 借人乘之(차인승지) : 다른 사람에게 빌려 주어 타게 하다.
- 今亡(금무) : 지금은 없다. '망(亡)'은 '무(無)'와 같은 의미이다.
- 옛 사람들은 솔직했다. 사관도 확실치 않으면 그 자리를 비워 두고 쓰지 않았다. 말을 빌려 주는 것은 정말 순박한 일로 오늘날 자동차를 빌려 주는 것과 같다.

15-26 공자님이 말씀하셨다.
그럴듯하게 꾸며 대는 말은
인격을 손상하고
작은 일을 못 참으면 큰일을 그르친다.

15-27 공자님이 말씀하셨다.
무리가 아무리 싫다 해도
반드시 조사해 보아야 하는 것이 있고
군중 심리에 흔들리면 안 된다.

무리가 아무리 좋다 해도
반드시 조사해 보아야 하는 것이 있다.
무리에 휩쓸려서
사리 판단이 흐려져서는 안 된다.

子曰 巧言은 亂德이요 小不忍則亂大謀니라.
자왈 교언   난덕   소불인즉란대모

子曰 衆惡之라도 必察焉하며 衆好之라도 必察焉이니라.
자왈 중오지   필찰언   중호지   필찰언

─ 주해 ─

• 亂(란) : 완전한 것을 부숴 버리다.
• 亂大謀(란대모) : 큰 계획을 어지럽히다, 큰일을 망치다.
• 好之(호지) : 좋아하더라도.

15-28 공자님이 말씀하셨다.

사람이 도(道)를 넓히는 것이지

도가 사람을 넓히는 것이 아니다.

도(道)는 천명(天命)이니 천하에 펴는 것이다.

15-29 공자님이 말씀하셨다.

허물을 고칠 줄 모르는 것

그것이 바로 잘못된 것이다.

허물은 잘못하는 것과 모자람이다.

성인(聖人)이 나오면 도(道)가 넓어지고

악인(惡人)이 다스리면 도가 좁아진다.

잘못한 것을 뉘우쳐 돌이켜야지

그 허물을 그대로 두고는 발전이 없다.

子曰 人能弘道요 非道弘人이니라.

자왈 인능홍도   비도홍인

子曰 過而不改가 是謂過矣니라.

자왈 과이불개   시위과의

주 해

• 弘(홍) : 당겨서 넓히다.
• 道(도) : 세상살이의 지혜, 영원한 진리, 사랑의 통치.
• 過(과) : 지나친 것, 중(中)에서 넘어서는 것, 모자라는 것도 허물이다.
• 改(개) : 지나치거나 모자라는 것을 고쳐서 중(中)이 되게 하는 것이다.

15-30 공자님이 말씀하셨다.

나는 일찍이 생각에 빠져서
온종일 먹지도 않고 밤을 지새웠지만
얻은 것이 없었다.

공부하는 것만이 좋았다.
사색에 골몰하는 것은
몸에도 마음에도 별 도움 못 되는데
공부하는 것이 가장 유익했다.

15-31 군자는 도(道)를 추구하고 밥을 찾지 않는다.
농사하면 주리지 않고 공부하면 녹봉이 있어
군자는 도(道)를 찾지
가난을 먼저 걱정하지 않는다.

子曰 吾嘗終日不食하고 終夜不寢하여 以思하니 無益이라 不如學也로다.
자왈 오상종일불식   종야불침   이사   무익   불여학야

子曰 君子는 謀道요 不謀食하나니 耕也에 餒在其中矣요
자왈 군자   모도   불모식   경야   뇌재기중의

學也에 祿在其中矣니 君子는 憂道요 不憂貧이니라.
학야   녹재기중의   군자   우도   불우빈

주해

• 思(사) : 연구하다, 마음속으로 따지다.
• 學(학) : 책[典籍]을 뒤지고 사색하는 것도 때로는 필요하지만 책을 읽고 거기서 생각하는 연구가 유익한 것이다. 책을 안고 생각만 하면 망상이 되기 쉽다.
• 道(도) : 마음이 따르는 길. 심지관(心之官).   • 食(식) : 몸이 즐기는 것. 구지관(口之官).
• 도(道)는 대체(大體)이고 식(食)은 소체(小體)이다.
• 도학(道學)과 식록(食祿)은 서로 엇갈리는 것으로 이 두 가지를 한꺼번에 얻기는 어렵다. 그러나 학자는 열심히 공부하면 녹봉이 따른다.

302

15-32 공자님이 말씀하셨다.

지혜가 넉넉하여 직책을 얻는다 해도
인(仁)이 뒷받침되지 않으면 반드시 잃는다.
지혜가 뒷받침되어도 어려울 때가 있다.

거기에 인이 뒷받침되어 지킨다 해도
엄격한 자세로 일하지 않으면
백성이 공경하지 않는다.
그러니 얼마나 어려운 자리냐.

지혜가 지켜 주고 인이 꽉 잡고 있으며
엄격한 자세로 일한다 해도
백성의 활동을 돕지 않으면
예(禮)가 없어 잘되지 않는다.

子曰 知及之하며 仁不能守之면 雖得之나 必失之니라.
　자왈 지급지　　　인불능수지　　　수득지　　　필실지

知及之하며 仁能守之라도 不莊以涖之면 則民不敬이니라.
　지급지　　　인능수지　　　부장이리지　　　즉민불경

知及之하며 仁能守之하며 莊以涖之라도 動之不以禮면 未善也니라.
　지급지　　　인능수지　　　장이리지　　　동지불이례　　　미선야

- 及之(급지) : 어떤 지위에 오르다.
- 守之(수지) : 지위를 지키다.
- 莊以涖之(장이리지) : 장중하게 임하다, 백성을 엄숙한 자세로 대하는 것을 말한다.
- 動之(동지) : 그것을 움직이다, 백성을 동원하다.　　• 禮(예) : 전장(典章) 제도.
- 직위를 얻어 직책을 수행할 때 인(仁)을 늘 가슴에 품고 기도하는 마음으로 시행하면 잘된다. 목민(牧民)
  정신과 인 그리고 문물제도인 예가 나타나야 존엄한 정령(政令)을 반포하고 교화가 이뤄진다.

공자님이 말씀하셨다.
군자는 잔일은 잘 못 해도 큰일을 맡을 수 있다.
소인은 큰일은 감당 못 해도
잔일은 잘할 수 있다.

공자님이 말씀하셨다.
백성은 인(仁)을 물이나 불보다
훨씬 더 좋아한다.
사실 인을 무서워하고 있다.

물이나 불에 뛰어들어
죽은 사람은 보았지만
인에 빠져 죽었다는 사람은
아직까지 보지 못했다.

子曰 君子는 不可小知而可大受也요 小人은 不可大受而可小知也니라.
자 왈 군 자   불 가 소 지 이 가 대 수 야   소 인   불 가 대 수 이 가 소 지 야

子曰 民之於仁也에 甚於水火하니
자 왈 민 지 어 인 야   심 어 수 화

水火는 吾見蹈而死者矣어니와 未見蹈仁而死者也로라.
수 화   오 견 도 이 사 자 의   미 견 도 인 이 사 자 야

주 해

- 小知(소지) : 작은 일을 맡다. 지소사(知小事). '지(知)'는 맡아서 관장한다는 뜻이다.
- 大受(대수) : 큰일을 맡다. 수대임(受大任).
- 소지와 대수는 상대적인 개념이다.
- 於(어) : 보다 더(비교형).
- 仁(인) : 살신성인(殺身成仁)하는 경지.

15-35 공자님이 말씀하셨다.

인(仁)을 행할 자리에서는

스승에게도 양보하지 말아야 한다

예(禮)에는 어긋나지만 인이라면 그럴 수 있다.

15-36 공자님이 말씀하셨다.

군자는 바르고 곧게 살지만

빡빡하게 고집스럽지는 않다.

지조는 굳게 지키고 시의(時宜)에 알맞게 한다.

15-37 공자님이 말씀하셨다.

임금을 섬길 때는

먼저 제 직분에 충실하고

봉급 문제는 뒤로 미루어 생각한다.

子曰 當仁하여 不讓於師니라.
자 왈 당 인   불 양 어 사

子曰 君子는 貞而不諒이니라.
자 왈 군 자   정 이 불 량

子曰 事君하되 敬其事而後其食이니라.
자 왈 사 군   경 기 사 이 후 기 식

주 해

• 當仁(당인) : 인을 행해야 할 일을 당해서는, 인과 관련된 상황에서는.

• 師(사) : 스승으로서 연장자. 연장자에게 양보하는 것이 예(禮)이지만 인의 실행에는 그럴 수가 없다.

• 諒(량) : 미덥고 고집스럽다. 정(貞)과 량(諒)은 비슷하지만, 정은 의(義)에 합해지고 량은 의에 합해지지 않는다.

• 事(사) : 직분, 국가에 대한 충성.   • 事君(사군) : 나라에 충성하다(봉사하다).

• 食(식) : 벼슬아치의 봉급.

15-38 공자님이 말씀하셨다.
가르침에는 차별을 두지 않는다.
출신 성분이나 계급에 따라서
교육에 차별을 두어서는 안 된다.

15-39 공자님이 말씀하셨다.
추구하는 도(道)가 같지 않으면
함께 의논할 것도 없다.
길이 다르면 당연히 의논할 게 없다.

15-40 공자님이 말씀하셨다.
말은 뜻을 잘 전하면
되는 것이다.
언어의 사명은 의미 전달이다.

子曰 有教면 無類니라.
자왈 유교   무류

子曰 道不同이면 不相爲謀니라.
자왈 도부동   불상위모

子曰 辭는 達而已矣니라.
자왈 사   달이이의

주 해

• 教(교) : 인도(人道)의 가르침.
• 類(류) : 귀천에 따른 분류, 출신 성분에 따른 분류.
• 道(도) : 앞을 내다보며 걸어가는 길. 왕자의 길, 은둔자의 길 등 저마다 자기 인생의 길이 있다.
• 辭(사) : 사신을 전담하여 접대하는 말.
• 達(달) : 전달, 통달.
• 辭達(사달) : 뜻을 표현하는 수준에 이르다. 말은 뜻을 정확히 전달하면 되고 화려한 수식이 필요 없다.

15-41 장님 악사 면이 왔을 때 섬돌에 이르자
공자님이 여기는 섬돌입니다 하신 뒤
앉는 자리에 와서는
여기는 앉는 자리입니다 하셨다.

모두 자리에 앉은 다음에는
공자님이 면에게 아무개는 여기 있고
아무개는 여기 있다고 알려 주었다.
악사 면이 나가자 자장이 여쭈었다.

그렇게 하심이 장님 악사와
말씀하시는 도리입니까?
공자님이 말씀하시길, 그렇다.
본래 장님 음악 선생을 도와주는 도리이다.

師冕이 見할새 及階어늘 子曰 階也라 하시고 及席이어늘
사면   현   급계   자왈 계야   급석

子曰 席也라 하시고 皆坐어늘 子告之曰 某在斯某在斯라 하시다.
자왈 석야   개좌   자고지왈 모재사모재사

師冕이 出이어늘 子張이 問曰 與師言之道與잇가. 子曰 然하다.
사면   출   자장 문왈 여사언지도여   자왈 연

固相師之道也니라.
고 상 사 지 도 야

주해

• 師(사) : 악사(樂師). 옛날에 악사는 대부분 장님이었다.
• 冕(면) : 장님 악사의 이름.
• 見(현) : 찾아뵙다, 만나러 오다.
• 固(고) : 본래.
• 相(상) : 돕다, 인도하다, 도와주다. 본래 이 글자는 눈[目] 대신에 쓰던 단장[木]을 말한다.
• 본문에서 사(師)로만 칭하고 그가 고자(瞽者)임을 말하지 않은 것은 예우이다.

제16편

계씨(季氏)

노나라의 실권자 계씨가
전유를 침략하려 획책하는 것을
말리지 못한 제자 염유를 꾸짖는
공자님의 불칼 같은 말씀이 『논어』에 있다.

선왕이 동몽의 제주(祭主)로 삼았던
전유라는 곳을 침략하겠다는
계씨를 말리지 못한 것을
심하게 꾸짖으셨다.

『논어』의 장점은
역사의 잘잘못을 따지는 논의를
있는 그대로 펼쳐 놓은 데 있다.
그리고 군자가 삼가야 할 일도 말씀하셨다.

16-1(1)

계손씨가 전유를 침략하려 하니

염유와 계로가 공자를 찾아뵙고 말했다.

계씨가 전유를 치려고 일을 벌이고 있습니다.

공자님이 말씀하시길, 구야, 그건 네 잘못 아니냐?

전유는 선왕께서 동몽산의 제주로 삼았고

또 우리나라 안에 있는데

이 나라 사직의 신하가

무엇 때문에 치려 하느냐?

염유가 말했다.

계씨가 그렇게 하려는 것이지

우리 둘은 반대합니다.

내치를 잘해야지 전쟁 준비는 위험한 짓이었다.

季氏가 將伐顓臾러니 冉有季路가 見於孔子曰 季氏가 將有事於顓臾리이다.
계씨   장벌전유   염유계로   현어공자왈 계씨   장유사어전유

孔子曰 求야. 無乃爾是過아여. 夫顓臾는 昔者에 先王이 以爲東蒙主하시고
공자왈 구   무내이시과여   부전유   석자   선왕   이위동몽주

且在邦域之中矣라 是가 社稷之臣也니 何以伐爲리오.
차재방역지중의   시   사직지신야   하이벌위

冉有曰 夫子欲之언정 吾二臣者는 皆不欲也로소이다.
염유왈 부자욕지   오이신자   개불욕야

주해

• 季氏(계씨) : 노나라의 세도가인 계손씨(季孫氏).
• 伐(벌) : 침략, 정벌.
• 顓臾(전유) : 노나라의 부용국이었는데 계씨가 영토를 탐내어 침략하려 했다.
• 冉有(염유) : 공자의 제자 염구(冉求)로 자(字)는 자유(子由)이다.
• 季路(계로) : 자로의 또 다른 자(字)이다.
• 無乃(무내) : ~이 아닌가?
• 蒙主(몽주) : 몽산의 주제(主祭).
• 邦域之中(방역지중) : 이 나라 영역 안.
• 社稷之臣(사직지신) : 그 나라의 신하.
• 夫子(부자) : 계손.

16-1(2) 공자님이 말씀하셨다.

구야, 전에 주임이 말하기를

힘껏 제 직분을 지키되 안 되면 그만둔다 했는데

위험할 때 잡아 주지 않고 넘어질 때 붙들지 않으면 돕는 게 뭐냐?

그러니까 네 말이 잘못이다.

범이나 코뿔소가 우리를 뛰쳐나오고

점치는 거북이나 보석이 궤 속에서 부서진다면 누구 잘못이냐?

그러자 염유가 말했다.

지금 전유는 성곽이 견고하고

계씨의 관할인 비가 가까우니

지금 빼앗지 않으면 후세에 가서

자손의 근심을 사게 될 것이다.

孔子曰 求야. 周任이 有言曰 陳力就列하여 不能者가 止라 하니
공자왈 구   주임   유언왈 진력취렬   불능자 지

危而不持하며 顚而不扶면 則將焉用彼相矣리오. 且爾言이 過矣로다.
위이부지   전이불부   즉장언용피상의   차이언 과의

虎兕가 出於柙하며 龜玉이 毁於櫝中이면 是誰之過與오. 冉有曰
호시   출어합   귀옥   훼어독중   시수지과여   염유왈

今夫顓臾固而近於費하니 今不取면 後世에 必爲子孫憂하리이다.
금부전유고이근어비   금불취   후세   필위자손우

주해

- 周任(주임) : 주나라의 사관(史官)으로 현자(賢者)이다.
- 陳力就列(진력취렬) : 역량을 발휘해 벼슬자리로 나아가다, 힘써 벼슬자리로 나아가다.
- 不能者止(불능자지) : 능력 없는 자는 그만둬야 한다.
- 危而不持(위이부지) : 위태로워도 도와주지 못하다.
- 顚而不扶(전이불부) : 넘어져도 잡아 주지 못하다.   • 相(상) : 도와주는 사람, 보조자, 신하.
- 兕(시) : 코뿔소, 들소.   • 柙(합) : 짐승의 우리.   • 固(고) : 성곽이 견고하다.

16-1(3)

공자님이 말씀하셨다.

구야, 군자는 자기가 하고 싶다고 솔직히 말하지 않고

그러기 위해 말을 꾸며 내는 것을 미워한다.

내가 듣기에 정치가는 이런 걱정을 버려야 한다.

곧 백성이 적고 토지가 작다는 걱정은 버리고

분배가 균등하지 못한 것을 걱정해야 한다.

가난한 것을 걱정하지 말고

평화롭지 못한 것을 걱정해야 한다.

분배가 균등하면 가난이 없어지고

화합을 잘 이루면 백성 적은 것이 문제되지 않는다.

평화로우면 나라가 기울어질 걱정이 없다.

먼 곳 사람들이 문화와 덕망으로 따라오게 된다.

孔子曰 求야. 君子는 疾夫舍曰欲之요 而必爲之辭니라.
공자왈 구   군자   질부사왈욕지   이필위지사

丘也는 聞有國有家者가 不患寡而患不均하며 不患貧而患不安이라 하니
구야   문유국유가자   불환과이환불균   불환빈이환불안

蓋均이면 無貧이요 和면 無寡요 安이면 無傾이니라.
개균   무빈   화   무과   안   무경

夫如是故로 遠人이 不服이면 則修文德以來之하고
부여시고   원인   불복   즉수문덕이래지

• 疾(질) : 미워하다.
• 舍曰欲之(사왈욕지) : 그것을 하고 싶다고 말하지 않다, 자신이 원한다고 말하지 않다.
• 爲之辭(위지사) : 그것을 위해서 말하지 않다.
• 有國有家者(유국유가자) : 나라를 소유한 사람이나 집을 가진 사람, 나라와 집을 다스리는 사람.
• 寡(과) : 백성, 토지, 물자 등이 적다는 뜻이다.   • 傾(경) : 나라가 기울어지다, 나라가 망하게 되다.

16-1(4) 먼 데 사람들이 따라오면
평안하게 해 준다.
그런데 유와 구는 계씨를 돕는다면서도
먼 데 사람들을 따라오게 하지 못하고 있다.

나라가 조각나서 흩어질 위기인데도 지키지 못하고
나라 안에서는 군사를 일으키려 한다니
정말 걱정이구나!
내 걱정은 바로 여기에 있다.

계손씨의 근심이 전부
땅에 있는 것이 아니란다.
오로지 그 집안에 있다는 것이
현재의 바른 상황 판단이다.

旣來之면 則安之니라. 今由與求也는 相夫子하되 遠人이
기래지   즉안지   금유여구야   상부자   원인

不服而不能來也하며 邦分崩離析而不能守也하고 而謀動干戈於邦內하나라.
불복이불능래야   방분붕리석이불능수야   이모동간과어방내

吾가 恐季孫之憂가 不在顓臾而在蕭牆之內也하노라.
오   공계손지우가   부재전유이재소장지내야

주해

• 崩(붕) : 무너지다, 붕괴되다.
• 析(석) : 나누어지다.
• 分崩離析(분붕리석) : 나라가 분열되다.
• 謀動干戈(모동간과) : 군사력을 동원할 것을 꾀하다.
• 蕭牆(소장) : 담장, 울타리. 담장 안은 집안을 가리킨다.
• 한나라 재상이 되어서 정사를 바로잡지 못하고 남의 평계를 대는 것을 공자가 지적한 것이다.

16-2

공자님이 말씀하셨다.

세상에 도(道)가 행해져서 문물제도나 군사 명령이

주권자인 천자의 손에서 나오고

도가 행해지지 않는 세상과는 다르다.

세상이 문란하면 문물제도나 군사 명령이

제후들 손에서 나오면서

10대 안에 망하게 된다.

이것이 대부의 손에서 나오면 5대 안에 망한다.

이것이 가신(家臣)에서 나오면

3대 안에 정권을 잃게 되고

세상에 도가 행해지면 정권이 대부에게 있지 않고

일반 백성이 정치를 논하지 않는다.

孔子曰 天下有道면 則禮樂征伐이 自天子出하고 天下無道면
공자왈 천하유도   즉례악정벌   자천자출   천하무도

則禮樂征伐이 自諸侯出하나니 自諸侯出이면 蓋十世에 希不失矣요
즉례악정벌   자제후출   자제후출   개십세   희부실의

自大夫出이면 五世에 希不失矣요 陪臣이 執國命이면 三世에 希不失矣니라.
자대부출   오세   희부실의   배신   집국명   삼세   희부실의

天下有道면 則政不在大夫하고 天下有道면 則庶人不議니라.
천하유도   즉정부재대부   천하유도   즉서인불의

주해

• 禮(예) : 문물제도와 군사 명령 등의 통치.　　• 征伐(정벌) : 악한 자를 쳐서 정복하는 것.

• 希(희) : '선(鮮)', '소(少)'와 같은 의미이다.　　• 不失(부실) : 잃지 않다.

• 陪臣(배신) : 신하의 신하, 즉 가신(家臣). '배(陪)'는 '중첩하다'라는 의미이다.

• 執國命(집국명) : 국가의 정령(政令)을 걸머쥐다.

• 庶人(서인) : 유사(游士).

• 議(의) : 의정(議政). 나라의 정치를 논하다.

16-3 공자님이 말씀하셨다.

벼슬아치 임명권이 노나라에서 사라진 지 5대가 되었다.

정권이 대부의 손에 들어간 것은 4대가 되었고

세 환공의 자손도 이미 미약해졌다.

16-4 공자님이 말씀하셨다.

유익한 벗이 셋 있고 해로운 벗도 셋이다.

정직한 사람과 벗이 되고

신의가 있는 사람과도 벗이 된다.

또 견문이 많은 벗, 이 세 벗이 유익하다.

그리고 위선적인 거짓 인간,

아첨 잘하는 사람, 말만 떠벌리는 사람이

해로운 세 벗이다.

孔子曰 祿之去公室이 五世矣요 政逮於大夫가 四世矣니
공자왈 녹지거공실 오세의 정체어대부 사세의

故로 夫三桓之子孫이 微矣니라.
고 부삼환지자손 미의

孔子曰 益者三友요 損者三友니 友直하며 友諒하며 友多聞이면 益矣요
공자왈 익자삼우 손자삼우 우직 우량 우다문 익의

友便辟하며 友善柔하며 友便佞이면 損矣니라.
우편벽 우선유 우편녕 손의

주 해

• 祿(녹) : 여기서는 관리 임명 권한을 말한다.   • 公室(공실) : 노나라 왕실(조정).
• 五世(오세) : 선공(宣公), 성공(成公), 양공(襄公), 소공(昭公), 정공(定公).
• 逮(체) : 이르다, 미치다, 대부 손에 들어가다.
• 四世(사세) : 대부 계문자(季文子), 무자(武子), 도자(悼子), 평자(平子).
• 三桓之子孫(삼환지자손) : 중손(仲孫), 숙손(叔孫), 계손(季孫).
• 微(미) : 세력이 쇠약해지다.   • 益(익) : 수양이나 공부에 보탬이 되다.
• 諒(량) : 믿음직스럽다, 변함없다.   • 多聞(다문) : 박학다식(博學多識).
• 便辟(편벽) : 남의 비위를 맞추다.   • 善柔(선유) : 하자는 대로 하다.

16-5 공자님이 말씀하셨다.

유익한 즐거움이 세 가지이다.

손해되는 즐거움도 세 가지이다.

예악을 알맞게 좋아하면 유익하다.

또 남의 좋은 점을 찾아내기를 좋아하고

잘난 벗을 많이 사귀기 좋아하면 유익하다.

그리고 뻐기면서 즐기고 방탕한 놀이 즐기며

주색에 빠져 음란하게 놀기 좋아하면 해롭다.

16-6 공자님이 말씀하셨다.

군자를 모실 때 세 가지 잘못이 있다.

입 다물어야 할 때 떠들고 말해야 할 때는 입 다물며 감추는 짓과

얼굴빛 안 보고 중얼거림은 눈먼 짓이다.

孔子曰 益者三樂이요 損者三樂이니 樂節禮樂하며 樂道人之善하며
공자왈 익자삼락   손자삼락   요절예악   요도인지선

樂多賢友면 益矣요 樂驕樂하며 樂佚遊하며 樂宴樂이면 損矣니라.
요다현우   익의   요교락   요일유   요연락   손의

孔子曰 侍於君子에 有三愆하니 言未及之而言을 謂之躁요
공자왈 시어군자   유삼건   언미급지이언   위지조

言及之而不言을 謂之隱이요 未見顔色而言을 謂之瞽니라.
언급지이불언   위지은   미견안색이언   위지고

주 해

- 樂(요) : 좋아하다.
- 道(도) : 말하다. '언(言)'과 같은 의미이다.
- 多賢友(다현우) : 현명한 벗을 많이 사귀다.
- 佚遊(일유) : 아무 일거리 없이 들락거리다. 방탕하게 노는 데 빠져 절제를 모르다.
- 宴樂(연락) : 술과 여자에 빠져 음란하게 즐기다.
- 躁(조) : 고요하게 있지 못하다.
- 瞽(고) : 눈치 없이 자기 말만 하다.
- 節禮樂(절례악) : 예의와 음악의 절도를 따르다.
- 道人之善(도인지선) : 남의 좋은 점을 말하다.
- 驕樂(교락) : 절도를 모르고 교만하다.
- 愆(건) : 허물, 죄, 잘못.
- 隱(은) : 진실을 말하지 않다.

16-7 공자님이 말씀하셨다.

군자가 경계해야 할 것이 세 가지 있으니,

젊을 때는 혈기 불안정한 정욕과 장년 때는 혈기 왕성한 다툼과

노년 때는 혈기 쇠약으로 탐욕을 경계해야 한다.

16-8 공자님이 말씀하셨다.

군자에게는 세 가지 두려움이 있다.

천명을 두려워해야 하고 위대한 성인을 두려워해야 한다.

그리고 성인의 말씀을 두려워해야 한다.

소인은 천명도 모르고

성인도 함부로 생각하며

성인의 말씀도 업신여긴다.

성인의 말씀은 육경(六經)을 말한다.

孔子曰 君子有三戒하니 少之時에 血氣未定이라 戒之在色이요
공자왈 군자유삼계   소지시   혈기미정   계지재색

及其壯也하여는 血氣方剛이라 戒之在鬪요
급기장야   혈기방강   계지재투

及其老也하여는 血氣旣衰라 戒之在得이니라.
급기로야   혈기기쇠   계지재득

孔子曰 君子有三畏하니 畏天命하며 畏大人하며 畏聖人之言이니라.
공자왈 군자유삼외   외천명   외대인   외성인지언

小人은 不知天命而不畏也라 狎大人하며 侮聖人之言이니라.
소인   부지천명이불외야   압대인   모성인지언

주 해

- 戒之在色(계지재색) : 경계해야 할 것이 여색(女色)에 있다. 여색을 경계하라.
- 方剛(방강) : 막 강성하다. 바야흐로 왕성하다.
- 聖人之言(성인지언) : 사서삼경(四書三經), 육경(六經) 등 성현이 남긴 말씀.
- 狎大人(압대인) : 귀위워할수록 조심해야 한다.
- 侮聖人之言(모성인지언) : 성인의 훈계는 금방 효과가 나타나지 않으므로 소인은 이를 업신여기게 된다.

16-9 공자님이 말씀하셨다.

날 때부터 아는 사람은 가장 으뜸이고 배워서 알면 그다음이며

어려운 처지에 배우는 사람은 또 그다음이고

어려운 처지에도 배우지 않는 사람은 가장 밑이다.

16-10 공자님이 말씀하셨다.

군자는 늘 생각하는 바가 아홉 가지 있다.

보는 것은 밝은 데를, 듣는 데는 맑은 것을

얼굴빛은 늘 부드럽게 가진다.

군자는 태도는 공손하게, 말씀은 진실하게,

일은 꾸준하게 하고, 의심나면 물으며,

분통 터지면 뒷일을 생각하고

이익이 될 때는 옳은지 그른지를 생각한다.

孔子曰 生而知之者는 上也요 學而知之者는 次也요
공자왈 생이지지자　　상야　　학이지지자　　차야

困而學之는 又其次也니 困而不學이면 民斯爲下矣니라.
곤이학지　　우기차야　　곤이불학　　　민사위하의

孔子曰 君子有九思하니 視思明하며 聽思聰하며 色思溫하며 貌思恭하며
공자왈 군자유구사　　시사명　　청사총　　색사온　　모사공

言思忠하며 事思敬하며 疑思問하며 忿思難하며 見得思義니라.
언사충　　사사경　　의사문　　분사난　　견득사의

주 해

• 知(지) : 지도(知道).　　　　　• 生而知之者(생이지지자) : 날 때부터 아는 사람, 타고난 천재.
• 困(곤) : 막혀서 트이지 않는 대목이 있다. 통하지 않는 경우를 당하다. 곤란한 경우를 말한다.
• 民斯爲下(민사위하) : 백성 중에서 맨 하급, 최하위의 수준.
• 九思(구사) : 한정된 것이 아니라 만사(萬思)라 할 수 있다.
• 思(사) : 깊이 마음을 쏟다.　　• 明(명) : 잘못 보지 않다.　　• 聰(총) : 잘못 듣지 않다.
• 忠(충) : 속이지 않다.　　　　• 敬(경) : 거드름 피우지 않다.　　• 難(난) : 후환(後患).

16-11 공자님이 말씀하셨다.

좋은 일을 보면 잡을 듯이 달려가고

안 좋은 일을 당하면 끓는 물에서 손을 빼듯

재빠른 사람을 나는 보았다.

또 그런 말을 하는 것을 나는 들었다.

숨어 살면서 높은 뜻 지니고

옳은 일 행하면 넓은 길 터 준다는

그런 말을 나는 들었지만 그런 사람은 못 봤다.

16-12 제나라 경공은 말이 4,000필이나 되었지만

그가 죽을 때 칭찬할 점이 하나도 없었다.

백이숙제는 수양산에서 굶어 죽었지만

지금도 다들 그 인격을 칭송하니 얼마나 대단한가!

孔子曰 見善如不及하며 見不善如探湯을 吾見其人矣요 吾聞其語矣로라.
공자왈 견선여불급　　견불선여탐탕　　오견기인의　　오문기어의

隱居以求其志하며 行義以達其道를 吾聞其語矣요 未見其人也로라.
은거이구기지　　행의이달기도　　오문기어의　　미견기인야

齊景公은 有馬千駟하되 死之日에 民無德而稱焉이요
제경공　　유마천사　　사지일　　민무덕이칭언

伯夷叔齊는 餓于首陽之下하되 民到于今稱之하나니라. 其斯之謂與인저.
백이숙제　　아우수양지하　　민도우금칭지　　　　기사지위여

주 해

• 如探湯(여탐탕) : 끓는 물에 손을 넣은 듯이 하다, 재빨리 손을 빼듯 피하다.
• 求其志(구기지) : 자신의 뜻을 추구하다.
• 達其道(달기도) : 자신이 추구하는 도를 달성하다.
• 千駟(천사) : 4,000필.
• 其斯之謂與(기사지위여) : 덕으로 칭송하는 것인가?
• 제나라 경공은 현세적 부귀를 누렸으나 백이숙제는 영세적이어서 서로 대조적이다.

16-13(1) 위나라 진항이 백어에게 물었다.

당신은 특별한 가르침을 들은 게 있습니까?

백어가 대답했다.

없습니다.

예전에 홀로 서 계실 때 제가 종종걸음으로 안뜰을 지나는데

시를 공부했느냐 물으셔서 아직 못했습니다 하니

시를 공부하지 않으면 남들과 대화할 수 없다 하셔서

저는 물러나서 시를 공부했습니다.

또 다른 날 홀로 서 계실 때

제가 종종걸음으로 안뜰을 지나는데

예(禮)를 공부했느냐 물으셔서

아직 못했습니다 하고 대답했지요.

陳亢이 問於伯魚曰 子亦有異聞乎아. 對曰 未也로라.
진항　문어백어왈　자역유이문호　　　대왈　미야

嘗獨立이어시늘 鯉趨而過庭이러니 曰學詩乎아 對曰未也로이다.
상독립　　　　이추이과정　　　왈학시호　대왈미야

不學詩면 無以言이라 하여시늘 鯉가 退而學詩호라. 他日에
불학시　무이언　　　　　　　이　퇴이학시　타일

又獨立이어시늘 鯉가 趨而過庭이러니 曰學禮乎아. 對曰 未也로이다.
우독립　　　　이　추이과정　　　왈학례호　대왈　미야

- 陳亢(진항) : 위나라 사람으로 공자의 제자인 듯하나 자공의 제자라고도 한다. 「학이」편에 자공에게 공
자에 대해 묻는 말이 나온다.
- 伯魚(백어) : 공자의 아들 리(鯉).
- 異聞(이문) : 특별한 가르침을 들은 것.
- 獨立(독립) : 공자님이 홀로 서 계시다.
- 趨而過庭(추이과정) : 종종걸음으로 빠르게 걸어서 안뜰을 지나가다.

16-13(2)

예를 배우지 않으면
제 구실을 할 수 없다 하시기에
돌아가서 예를 배웠습니다.
제가 들은 것은 이 두 가지가 전부입니다.

진항이 물러나와 기뻐서 말했다.
하나를 묻고 세 가지를 배웠으니
시와 예에 대해 들었고
군자도 자기 아들과는 그저 그런 사이였네.

진항은 공자와 아들의 사이가
다붓하지 못했다는 것을 듣고
무언가 깊은 생각을 하는 듯했다.
그러나 아들 교육이 엄격함을 알았다.

不學禮면 無以立이라 하여시늘 鯉가 退而學禮호라. 聞斯二者로라.
불 학 례   무 이 립   이   퇴 이 학 례   문 사 이 자

陳亢이 退而喜曰 問一得三하니 聞詩聞禮하고 又聞君子之遠其子也로라.
진 항   퇴 이 희 왈 문 일 득 삼   문 시 문 례   우 문 군 자 지 원 기 자 야

• 遠(원) : 소원하다, 거리를 두다.
• 遠其子(원기자) : 자기 자식을 멀리하다, 자식한테 거리를 두다.
• 공자는 만고(萬古)의 스승이자 교육자로서 아들 교육에도 시와 예를 강조하고 빈틈없이 했다.

16-14 제후의 아내를 제후가 부를 때는
부인이라 했고
부인이 자신을 부를 때는 소동이라 했다.
이는 겸손한 표현이었다.

그 나라 사람들이 부를 때는
군부인이라 했고
다른 나라 사람들에게 말할 때는
과소군이라 했다.

다른 나라 사람들이 부를 때는
군부인이라 했다.
당시에는 제후 적첩(嫡妾)의 호칭이
일정치 않았다.

邦君之妻를 君이 稱之曰 夫人이요 夫人이 自稱曰 小童이요
방군지처   군 칭지왈 부인   부인   자칭왈 소동

邦人이 稱之曰 君夫人이요 稱諸異邦曰 寡小君이요
방인   칭지왈 군부인   칭제이방왈 과소군

異邦人이 稱之에 亦曰君夫人이니라.
이방인   칭지   역왈군부인

주해

- 邦君(방군) : 제후, 임금.
- 小童(소동) : 동몽(童蒙)처럼 무지하다는 의미이다.
- 稱諸異邦(칭제이방) : 다른 나라 사람에게 자기 나라 임금의 아내를 말할 때 쓴 용어이다.
- 寡小君(과소군) : 겸손한 표현으로 이렇게 불렀다.

양화(陽貨)

도(道)가 사라진 세상을 말씀하시고
도덕 윤리가 무너진 아픔을 말씀하셨다.
양화가 자신의 반역을 정당화하려고
공자님을 끌어들이려는 짓을 탓하셨다.

양화의 회유를 의연히 물리치시는
공자님의 답변으로 시작하는 제17편…
양화가 벼슬하기를 청했으나
거들떠보지도 않으셨다.

『논어』는 군자의 좋은 모습과
그릇된 정치가의 음흉함을 그대로 보이고
독자가 스스로 판단하게 하여
좋은 책의 모범이 되었다.

17-1(1)

양화가 공자를 뵙고자 했으나

공자님이 만나 주지 않았다.

그가 공자님에게 돼지를 선물로 보냈다.

공자님은 그가 집에 없을 때 사례하러 갔다.

가는 도중에 양화를 만났다.

그가 공자님에게 말했다.

어서 오십시오. 하고 싶은 이야기가 있습니다.

양화가 이어서 말했다.

귀한 재능을 가지고도 나라의 혼란을 모른 체하면

인(仁)한 사람입니까?

공자님이 그건 옳지 않습니다 하시자

일해야 할 사람이 때를 놓치는 것이 슬기롭다 하겠습니까?

陽貨가 欲見孔子어늘 孔子不見하신대 歸孔子豚이어늘
양화 욕현공자   공자불견   귀공자돈

孔子時其亡也而往拜之러시니 遇諸塗하시다. 謂孔子曰 來하라.
공자 시 기 무 야 이 왕 배 지   우 저 도   위공자왈 내

予與爾言하리라. 曰懷其寶而迷其邦이면 可謂仁乎아. 曰不可하다.
여 여 이 언   왈 회 기 보 이 미 기 방   가위인호   왈불 가

好從事而亟失時가 可謂知乎아.
호 종 사 이 기 실 시   가 위 지 호

주 해

- 陽貨(양화) : 노나라 계씨의 신하로 횡포한 인물이었다. 공자의 얼굴이 양화와 비슷해 광(匡) 지방 사람들에게 잡혀 죽을 고비를 넘겼다는 일화가 있다.
- 歸孔子豚(귀공자돈) : 공자에게 삶은 돼지를 선물로 보내다.
- 時其亡(시기무) : 그가 집에 없을 때를 노리고.   • 往拜之(왕배지) : 가서 절하다, 가서 인사하다.
- 遇諸塗(우저도) : 도중에 그를 마주치다.   • 寶(보) : 재능.
- 懷其寶(회기보) : 자신의 귀한 재능을 품다.   • 迷其邦(미기방) : 그 나라를 어지럽게 내버려 두다.
- 好從事(호종사) : 정치에 종사하는 것을 좋아하다.   • 亟(기) : 여러 번, 자주.

17-1(2) 공자님이 그것도 옳지 않다고 하시자
양화가 말했다.
날과 달은 흐르는 세월이니
세월은 나와 함께하지 않습니다.

공자님이 말씀하셨다.
그건 옳습니다. 저도 장차 벼슬살이를 하겠습니다.
공자님은 처음에는 양화의 제의를 거절하고
두 번째는 양화가 보낸 선물을 되돌리려 했다.

세 번째는 기회를 훗날로 미루었다.
일관된 거절의 저의(底意)를 보였다.
공자님이 양화에게 직언하지 않은 것은
벼슬살이에서 물러나 있었기 때문이다.

日不可하다. 日月이 逝矣라 歲不我與니라.
왈 불 가   일 월   서 의   세 불 아 여

孔子曰 諾다. 吾將仕矣로리라.
공 자 왈   낙   오 장 사 의

주 해

• 日月逝(일월서) : 날과 달이 흘러가다. 세월이 지나가다. 시간이 흐르다.
• 不我與(불아여) : 나와 함께하지 않다. '불여아(不與我)'의 도치법이다.
• 仕(사) : 벼슬살이하다.
• 공자는 사람이 그릇된 것을 용납하지 않았다.

17-2

공자님이 말씀하셨다.

타고난 인간성은 그 본성이 비슷하지만

습관은 서로 다를 수밖에 없다.

살아온 환경이 다르고 학문과 수양이 다르다.

17-3

공자님이 말씀하셨다.

다만 가장 슬기로운 사람과

가장 어리석은 멍청이는

어쩔 수 없고 바뀔 수가 없구나!

공자님은 성론(性論)은 선천적인 것이고

습관성은 후천적인 것으로 보았다.

선천적인 성(性)은 성범(聖凡)하고

후천적인 습관은 상원(相遠)하다.

子曰 性相近也나 習相遠也니라.
자왈 성상근야   습상원야

子曰 唯上知與下愚는 不移니라.
자왈 유상지여하우   불이

• 性(성) : 본심, 본성, 좋아하거나 싫어하는 마음.
• 習(습) : 듣고 보고 하는 것이 익숙해지다.
• 習相遠(습상원) : 익히는 습관이 서로 멀어지다.
• 知(지) : 이해타산이 밝다.
• 愚(우) : 이해 판단이 어둡다.
• 移(이) : 옮기다, 바뀌다.

17-4

공자님이 무성에 가서

현악기를 연주하며 부르는 노래를 들었다.

공자님이 빙긋이 웃으며 말씀하셨다.

닭 잡는 데 소 잡는 칼을 사용하느냐?

자유가 대답했다.

전에 제가 선생님 말씀을 들었는데

군자가 도(道)를 배우면 사람을 사랑하게 되고

소인이 도를 배우면 부리기가 쉽다 하셨습니다.

공자님이 말씀하셨다.

언(자유)의 말이 옳구나!

앞서 한 말은 그저

농담으로 듣고 잊어버려라.

子之武城하사 聞弦歌之聲하시다. 夫子莞爾而笑曰 割雞에
자지무성　　　문현가지성　　　　부자완이소왈　할계

焉用牛刀리오. 子游對曰 昔者에 偃也가 聞諸夫子하니
언용우도　　　자유대왈　석자　언야　문저부자

曰 君子가 學道則愛人하고 小人이 學道則易使也라호이다.
왈 군자　학도즉애인　　　소인　학도즉이사야

子曰 二三者아. 偃之言이 是也니 前言은 戱之耳니라.
자왈 이삼자　언지언　시야　전언　희지이

• 武城(무성) : 남쪽에 있는 작은 고을로 자유가 그곳 원님을 지냈다.
• 弦歌(현가) : 현악기를 연주하며 노래 부르다. '가(歌)'는 시를 읊는 노래이다.
• 莞爾(완이) : 빙그레 미소 짓는 모습.　　　• 割雞(할계) : 닭을 잡다. 닭의 배를 가르다.
• 易使(이사) : 부리기 쉽다, 일시키기 쉽다.　　• 偃(언) : 자유의 이름.
• 닭 같은 작은 고을을 다스리는데 현가예악(絃歌禮樂)을 써서 마치 천하를 다스리듯 한다는 은유적 표
　현을 했다.

17-5

공산불요가 비 지방에서 반란을 일으킨 뒤
공자님을 모시려 했다.
공자님이 가고 싶어 하자 자로가 언짢게 여기며
이런 말을 툭 던졌다.

그만두셔야 합니다.
어디 가실 데가 없어서 공산씨에게 가려 하십니까?
공자님이 말씀하셨다.
나를 부르는 이가 공연히 부르겠느냐?

나를 써 주는 곳이면 가야지!
가서 그곳을 동쪽 나라로 만들어
멋진 나라로 일으키고 싶구나!
노나라의 동쪽 주나라로 만들겠다는 의욕을 보이셨다.

公山弗擾가 以費畔하여 召어늘 子欲往이러시니
공산불요   이비반   소   자욕왕

子路가 不說曰 末之也已니 何必公山氏之之也시리잇고.
자로   불열왈 말지야이   하필공산씨지지야

子曰 夫召我者는 而豈徒哉리오. 如有用我者이면 吾其爲東周乎인저.
자왈 부소아자   이기도재   여유용아자   오기위동주호

- 公山弗擾(공산불요) : 계씨의 가신(家臣)으로 당시 계환자(季桓子)의 읍재(邑宰)였다. 양호와 함께 계환자를 가두고 비 지방을 근거지로 반란을 일으켰으며 공자를 초빙하려 했다.
- 畔(반) : 계씨를 배반하다.
- 子欲往(자욕왕) : 공산씨가 반노(畔魯)한 것이 아니고 공산씨에게 가서 노나라를 복구하겠다는 뜻이다.
- 末之(말지) : 갈 데가 없다. '말(末)'은 '무(無)'와 같은 의미이다.
- 何必公山氏之之(하필공산씨지지) : 어찌 반드시 공산씨에게 가셔야 합니까? '하필지(何必之)'의 도치법이다.
- 豈徒哉(기도재) : 어찌 공연히 부르겠느냐? 반드시 나를 등용할 것이다. '도(徒)'는 '공연히'라는 뜻이다.
- 爲東周(위동주) : 동주를 만들다.

17-6

자장이 인(仁)에 대해 여쭈었다.
공자님이 말씀하셨다.
세상에 다섯 가지를 실천한다면
인(仁)이라 할 수 있다.

자장이 좀 더 말씀해 주십사 여쭈었다.
공손함, 너그러움, 믿음, 재빠름, 은혜
이렇게 다섯 가지이다.
이는 인격 구성에 가장 중요한 것이다.

공손하면 업신여기지 않고
너그러우면 많은 사람이 따르며
믿음이 있으면 일거리를 맡기고 재빠르면 공덕 세우며
은혜 있으면 사람을 잘 부릴 수 있다.

子張이 問仁於孔子한대 孔子曰 能行五者於天下면 爲仁矣니라.
자장 문인어공자   공자왈 능행오자어천하 위인의

請問之한대 曰恭寬信敏惠니라. 恭則不侮하고 寬則得衆하고
청문지   왈공관신민혜   공즉불모   관즉득중

信則人任焉하고 敏則有功하고 惠則足以使人이니라.
신즉인임언   민즉유공   혜즉족이사인

주 해

- 仁(인) : 오자 실천이 이뤄진 인격적인 경지. 공자는 인에 대한 뚜렷한 생각을 자장과의 대화에서 풀어 놓았다.
- 五者(오자) : 다섯 가지. 이 중 네 가지는 대인 관계에 대한 것이고 재빠름은 개인 문제이다.
- 不侮(불모) : 업신여기지 않다.
- 得衆(득중) : 많은 사람을 얻다, 여러 사람이 따르다.
- 人任(인임) : 남들이 신임하다, 남들이 믿고 일거리를 맡기다.

필힐이 공자를 모시려 하자

공자님이 가시려 했다.

이에 자로가 말했다.

예전에 제가 선생님께서 하신 말씀을 들은 적이 있습니다.

직접 착한 일 하지 않는 사람 틈에

군자는 가지 않는다고 하셨습니다.

필힐은 중모 지방에서 반란을 일으켰는데

선생님이 가시려 하니 어찌된 일입니까?

공자님이 말씀하시길, 그래, 그런 말 했지.

갈아도 닳지 않는다면 단단한 것이 아니겠느냐.

물들여도 검어지지 않는다면 흰 것이 아니겠느냐.

내가 어찌 조롱박인가? 매달려서 먹지 못할 것인가!

佛肸이 김어늘 子欲往이러시니 子路曰 昔者에 由也聞諸夫子하니
필힐 소 자욕왕 자로왈 석자 유야문저부자

曰親於其身에 爲不善者어든 君子不入也라 하시니
왈 친어기신 위불선자 군자불입야

佛肸이 以中牟畔이어늘 子之往也는 如之何잇고.
필힐 이중모반 자지왕야 여지하

子曰 然하다. 有是言也니라. 不曰堅乎아 磨而不磷이니라.
자왈 연 유시언야 불왈견호 마이불린

不曰白乎아. 涅而不緇니라. 吾豈匏瓜也哉라 焉能繫而不食이리오.
불왈백호 날이불치 오기포과야재 언능계이불식

주 해

- 佛肸(필힐) : 진나라의 대부로 범중행(范中行)의 신하이다. 조간자(趙簡子)의 신하라는 설도 있다.
- 畔(반) : 반란을 일으키다. 배반하다. '반(反)'과 같은 의미이다.
- 涅而不緇(날이불치) : 검은 물을 들여도 검게 되지 않는다. '날(涅)'은 물속의 검은 흙, '치(緇)'는 검은빛을 뜻한다.
- 匏瓜(포과) : 바가지, 박.　　　 • 繫而不食(계이불식) : 매달려 있으니 먹지 않다.

17-8(1)

공자님이 말씀하셨다.

유야, 너는 여섯 가지 덕목과 여섯 가지 폐단이 있음을 들었느냐?

유가 못 들었습니다 하니

여기 앉아라, 내가 일러 주마 하셨다.

인(仁)을 좋아하지만 배우기 싫어하면

그 폐단은 어리석게 된다는 것이다.

지혜를 좋아하지만 배우기 싫어하면

그 폐단은 분수를 모르게 된다는 것이다.

신의를 좋아하지만 배우기 싫어하면

그 폐단은 잔인하게 된다는 것이다.

곧은 것을 좋아하지만 배우기 싫어하면

그 폐단은 비비 꼬이게 된다는 것이다.

子曰 由也아 女聞六言六蔽矣乎아. 對曰 未也로이다. 居하라.
자왈 유야   여문육언육폐의호   대왈 미야   거

吾語女하리라. 好仁不好學이면 其蔽也愚요
오어여   호인불호학   기폐야우

好知不好學이면 其蔽也蕩이요 好信不好學이면 其蔽也賊이요
호지불호학   기폐야탕   호신불호학   기폐야적

好直不好學이면 其蔽也絞요
호직불호학   기폐야교

주해

- 蔽(폐) : 덮어서 가려지다.
- 六蔽(육폐) : 여섯 가지 가로막는 것.
- 居(거) : (자세하게 일러 주기 위해) 앉아라.
- 蕩(탕) : 분수를 모르고 거창한 것만 추구하다.
- 賊(적) : 해치다. 작은 신의를 지키려는 고지식함 때문에 남에게 해를 끼치는 것을 말한다.
- 絞(교) : 엄하다. 박절하다, 여유 없다.

17-8(2)
용기를 좋아하지만 배우기 싫어하면
그 폐단은 어지럽게 된다는 것이다.
굳센 것을 좋아하지만 배우기 싫어하면
그 폐단은 마구 덤빈다는 것이다.

공자 교육의 큰 덕목에서
육언은 인지신직용강(仁知信直勇剛)인데
그 폐단이 되는 육폐는
우탕적교난광(愚蕩賊絞亂狂)이다.

이것은 배우기를 좋아하지 않는
불호학(不好學)의 결과로
세상의 모든 인간이 해당된다는
실제적인 가르침이다.

好勇不好學이면 其蔽也亂이요
호 용 불 호 학   기 폐 야 란

好剛不好學이면 其蔽也狂이니라.
호 강 불 호 학   기 폐 야 광

주 해

• 不好學(불호학) : 배우기 싫어하다.
• 狂(광) : 다른 사람과 충돌하다, 조급하고 경망스럽다, 경솔하다.
• 학문의 소중함을 모든 덕목에 연결하여 인의 지름길이 나타나 있다. 왜 인하기가 어렵고, 그래도 인해
  야 하는지를 잘 보여 준다.

17-9

공자님이 말씀하셨다.

너희들은 왜 시를 배우지 않느냐?
시는 감흥을 일으켜서 정서를 일깨워
사물을 보고 뜻을 알게 되는 것이다.

남들과 잘 어울릴 수 있어 벗을 모으고
사리에 어긋나지 않게 하소연도 하며
가까이는 어버이를 섬기고
멀리는 임금을 섬길 줄도 알게 된다.

그리고 새와 짐승의 이름도
풀과 나무의 이름도 그 아름다움도
많이 알게 된다.
시로써 풍성한 정신세계를 이루게 된다.

子曰 小子는 何莫學夫詩오.
자왈 소자 하막학부시

詩는 可以興이며 可以觀이며 可以羣이며 可以怨이며
시 가이흥 가이관 가이군 가이원

邇之事父며 遠之事君이요 多識於鳥獸草木之名이니라.
이지사부 원지사군 다식어조수초목지명

주 해

• 小子(소자) : 제자, 문인(門人) 등을 부르는 호칭.
• 何莫(하막) : 왜 안 하느냐? 안타까워하는 표현이다.
• 夫(부) : 그, 저(어조사).
• 興(흥) : 감정을 북돋아 주다, 생각을 불러일으키다.
• 觀(관) : 잘잘못을 보고 느끼게 하다, 일의 득실을 살피다.
• 怨(원) : 원망하다, 힐책하다, 비난하다.
• 邇(이) : 가깝다.

17-10 공자님이 아들 백어에게 말씀하셨다.
너는『시경』의 주남과 소남을 공부했느냐?
사람이 주남과 소남의 시를 공부하지 않으면
마치 담벼락에 얼굴 대고 서 있는 것과 같다.

17-11 공자님이 말씀하셨다.
예(禮)가 어떠니 예법이 어떠니 하지만
옥구슬이나 비단인 줄로 아느냐?
예는 자기 수양과 자기 다스림의 길이다.

음악이 어떠니 노래가 어떠니 하지만
종이나 북인 줄로 아느냐?
예악을 옥백과 종고로 여기는 것을
안타까워하셨다.

子謂伯魚曰 女가 爲周南召南矣乎아.
자위 백 어 왈 여   위 주 남 소 남 의 호

人而不爲周南召南이면 其猶正牆面而立也與인저.
인 이 불 위 주 남 소 남   기 유 정 장 면 이 립 야 여

子曰 禮云禮云이나 玉帛云乎哉아. 樂云樂云이나 鐘鼓云乎哉아.
자 왈 예 운 예 운   옥 백 운 호 재   악 운 악 운   종 고 운 호 재

주 해

- 伯魚(백어) : 공자의 아들로 이름은 리(鯉)이다.
- 爲(위) : 여기서는 '공부하다'로 해석한다.
- 周南召南(주남소남) : 주공단(周公旦)과 소공석(小公奭) 형제의 이름에서 따온 제목으로, 『시경』 첫머리에 나오는 작품이다.
- 正牆面而立(정장면이립) : 정면으로 담벼락을 마주 대하고 서다.
- 玉帛(옥백) : 구슬과 비단. 예법에 따라서 주고받던 대표적 예물이다.
- 鐘鼓(종고) : 종과 북.

17-12 공자님이 말씀하셨다.
얼굴은 위풍당당한데
속으로는 꿍꿍이 속셈을 가진 꼴을
소인에 비길 수 있구나!

이 소인을 비유하자면
담벽을 뚫고 담장을 뛰어넘는
도둑이나 다름이 없는 것이다.
겉치레하고 다니는 위인들을 보아라.

17-13 공자님이 말씀하셨다.
세속에 영합하면서도 겉으로 성실한 척하여
순박한 사람들에게 인정받는 자는
인격이 좀먹은 사람이다.

子曰 色厲而內荏을 譬諸小人하면 其猶穿窬之盜也與인저.
자 왈 색 려 이 내 임   비 저 소 인   기 유 천 유 지 도 야 여

子曰 鄕愿은 德之賊也니라.
자 왈 향 원   덕 지 적 야

주 해

- 厲(려) : 잰 체 뽐내다.
- 色厲(색려) : 얼굴빛에 위엄을 갖추다.
- 荏(임) : 유약하다, 간사하다.
- 穿窬(천유) : 담벽을 뚫고 담장을 넘다, '천(穿)'은 '벽을 뚫다', '유(窬)'는 '담을 넘다'라는 의미이다.
- 鄕愿(향원) : 마을에서 성실한 척하다. 한 고을에서 세속에 영합하면서도 점잖고 성실한 듯 행동하여 순박한 마을 사람들에게 인정받는 유지급 사람을 말한다.

17-14 공자님이 말씀하셨다.

길거리에서 들은 말을

길거리에서 곧바로 지껄이는 자는

제 인격을 좀먹는 사람이다.

17-15 공자님이 말씀하셨다.

비겁한 사람과 함께

군왕을 섬길 수 있겠는가!

지위가 없으면 몹시 서두를 것이다.

지위를 얻으면 놓칠까 근심한다.

정말 잃을까 근심하고

그 근심 끝에는 못하는 짓이 있겠느냐.

수단을 가리지 않을 것이다.

子曰 道聽而塗說이면 德之棄也니라.
자왈 도청이도설　　 덕지기야

子曰 鄙夫는 可與事君也與哉아. 其未得之也에는 患得之하고
자왈 비부　　 가여사군야여재　　 기미득지야　　 환득지

既得之하여는 患失之하나니 苟患失之면 無所不至矣니라.
기득지　　 환실지　　 구환실지　　 무소부지의

• 道(도) : 밭고랑.

• 塗(도) : 봇도랑.

• 道聽而塗說(도청이도설) : 길에서 들은 말을 길에서 말하다.

• 鄙夫(비부) : 비루한 사내, 도량이 좁고 이익을 탐하는 사람, 비겁한 사람.

• 與事君(여사군) : 함께 임금을 섬기다.

• 患得之(환득지) : 환불능득지(患不能得之).

• 無所不至(무소부지) : 사미(邪媚)한 짓을 못할 것이 없다, 이르지 않는 데 없다.

17-16 공자님이 말씀하셨다.

옛날 백성에게는 세 가지 병폐가 있었다.

요즘은 그런 것이 다 없어진 듯하다.

옛날의 이상주의자는 구애받지 않고 제멋대로 했다.

요즘 이상주의자는 주견이 없고 갈팡질팡한다.

옛날의 자긍심 강한 이는 엄격하고 모난 짓을 했다.

요즘은 고집통에 싸움질만 한다.

옛날의 어리석은 이는 정직했으나 지금은 속이기만 할 뿐이다.

17-17 공자님이 말씀하셨다.

말을 거짓으로 꾸미고 얼굴을 곱게 단장하며

얌전한 체하는 사람은

인(仁)하지 못한 사람이다.

子曰 古者에 民有三疾이러니 今也에는 或是之亡也로다.
자왈 고자 민유삼질 금야 혹시지무야

古之狂也는 肆러니 今之狂也는 蕩이요 古之矜也는 廉이러니
고지광야 사 금지광야 탕 고지긍야 염

今之矜也는 忿戾요 古之愚也는 直이러니 今之愚也는 詐而已矣로다.
금지긍야 분려 고지우야 직 금지우야 사이이의

子曰 巧言令色이 鮮矣仁이니라.
자왈 교언영색 선의인

주해

• 三疾(삼질) : 세 가지 병폐, 세 가지 결점. 광(狂), 긍(矜), 우(愚)를 말한다.
• 狂(광) : 뜻을 크게 가진 사람, 이상주의자.
• 蕩(탕) : 중심에 주장이 없고 흔들리다.
• 矜(긍) : 자긍심을 가진 사람, 자부심이 강한 사람.
• 廉(염) : 태도가 엄격하고 모가 나다.
• 忿(분) : 언행이 거칠고 앞뒤가 맞지 않다.
• 巧言(교언) : 꾸며서 말하다, 거짓말하다. 「학이」편에도 나오는 말이다.

17-18　공자님이 말씀하셨다.

자줏빛이 붉은빛을 흐리게 하는 게 싫다.

정나라의 음란한 음악이 참된 음악을 어지럽히는 게 싫다.

말재주가 나라를 망치는 게 싫다.

17-19　공자님이 말씀하셨다.

나는 아무 말도 하고 싶지 않구나.

자공이 말했다.

선생님이 말씀 없으시면 저희가 선생님의 뜻을 어떻게 따릅니까?

하늘이 무슨 말을 하더냐?

사계절은 차례로 오가고

모든 것들이 거기서 자라나는데

하늘이 무슨 말을 하더냐?

子曰 惡紫之奪朱也하며 惡鄭聲之亂雅樂也하며 惡利口之覆邦家者하노라.
자왈 오자지탈주야　　　오정성지란아악야　　　오리구지복방가자

子曰 予欲無言하노라. 子貢曰 子如不言이시면 則小子가 何述焉이리잇고.
자왈 여욕무언　　　자공왈 자여불언　　　즉소자　하술언

子曰 天何言哉시리오. 四時行焉하며 百物이 生焉하나니 天何言哉시리오.
자왈 천하언재　　　사시행언　　　백물　생언　　　천하언재

주해

• 紫(자) : 자줏빛. 간색(間色)으로 탐스럽다.
• 朱(주) : 붉은빛. 정색(正色)이다.
• 鄭聲(정성) : 정나라 음악. 속악(俗樂)으로 음란하고 애절하다.
• 雅樂(아악) : 정악(正樂).
• 利口(리구) : 입으로 시비를 바꿔 놓다. 기민한 말재주.
• 覆(복) : 뒤엎다. 무너뜨리다.
• 邦家(방가) : 국가, 나라.
• 述(술) : 받아서 다른 이에게 전하다. 뜻을 잇다. 선인(先人)의 뒤를 따르다.
• 天何言(천하언) : 하늘이 무슨 말을 하더냐? 행(行)만 있고 언(言)은 없다[무언이행(無言而行)].

17-20 유비가 공자님을 뵙고자 찾아왔으나
공자님은 병을 핑계로 거절하셨다.
유비는 공자님에게
선비의 삶을 배웠다 한다.

말을 전하러 온 사람이
문을 나서자
공자님이 거문고를 타며
노래를 부르셨다.

그 사람이 밖에서
들을 수 있도록 하셨다.
공자님이 일부러 거절한 것을
그 사람이 알게 하신 것이다.

孺悲가 欲見孔子어늘 孔子辭以疾하시고
유비   욕현공자   공자사이질

將命者가 出戶어늘 取瑟而歌하사 使之聞之하시다.
장명자   출호   취슬이가   사지문지

주해

• 孺悲(유비) : 노나라 사람으로 공자에게 예법을 배웠다고 하나 그의 전기(傳記)는 분명치 않다.
• 辭以疾(사이질) : 병 때문에 거절하다.
• 將命者(장명자) : 명령 전하는 사람, 사자(使者). '장(將)'은 '전하다'라는 의미이다.
• 使之聞之(사지문지) : 사자가 그것을 듣게 하다. 병을 핑계 삼아 만남을 거절했음을 상대가 알도록 한
것이다.

재아가 물었다. 삼년상은 너무 깁니다.

군자가 3년간 예(禮)를 안 하면 무너지고 음악을 안 하면 반드시 부스러집니다.

묵은 곡식 떨어지고 햅쌀이 나오고 불씨도 갈아야 합니다.

1년이면 안 될까요?

공자님이 말씀하셨다.

그렇게 쌀밥 먹고 비단옷 입어도 너는 괜찮으냐?

괜찮습니다 하니 공자님이 말씀하시길, 그러면 그렇게 해라!

성실한 사람은 상중에는 먹어도 맛없고 음악도 즐겁지 않다.

집안도 편치 않아서 다들 그렇게 한다.

네가 괜찮으면 그렇게 하려무나!

재아가 나간 뒤 공자님이 말씀하시길, 인(仁)하지 못한 아이이다.

3년은 되어야 부모님도 세상도 상례를 치른다.

宰我問 三年之喪이 期已久矣로소이다. 君子가 三年不爲禮면 禮必壞하고
재아문 삼년지상 기이구의   군자 삼년불위례   예필괴

三年不爲樂이면 樂必崩하리니 舊穀이 旣沒하고 新穀이 旣升하며
삼년불위악   악필붕   구곡 기몰   신곡 기승

鑽燧改火하나니 期可已矣로소이다. 子日 食夫稻하며 衣夫錦이 於女安乎아.
찬수개화   기가이의   자왈 식부도   의부금   어여안호

日安하나이다. 女가 安則爲之하라. 夫君子之居喪에 食旨不甘하며 聞樂不樂하며
왈안   여 안즉위지   부군자지거상   식지불감   문악불락

居處不安이라 故로 不爲也하나니 今女가 安則爲之하라. 宰我가 出이어늘
거처불안   고 불위야   금여 안즉위지   재아 출

子日 予之不仁也여. 子生三年然後에 免於父母之懷하나니
자왈 여지불인야   자생삼년연후 면어부모지회

夫三年之喪은 天下之通喪也니 子也有三年之愛於其父母乎아.
부삼년지상 천하지통상야 여야유삼년지애어기부모호

• 鑽燧(찬수) : 나무 마찰로 불을 얻는 것을 말한다.

• 旨(지) : 맛있는 음식.   • 予(여) : 재아의 이름.

17-22

공자님이 말씀하셨다.

배불리 먹고 온종일 마음 쓸 일 없다면 그 사람은 안 되겠다.

가만히 있는 것보다

바둑이나 장기라도 두는 게 더 낫다.

17-23

자로가 여쭈었다

군자는 용기를 숭상합니까?

공자님이 말씀하셨다.

군자는 의로움을 최상으로 여긴다.

군자가 용기만 있고 정의감이 없으면

반란을 꿈꾸고

소인이 용기를 뽐내면서 정의감이 없으면

도둑질을 하게 된다.

子曰 飽食終日하여 無所用心이면 難矣哉라.
자왈 포식종일 　　무소용심　　 난의재

不有博奕者乎아. 爲之猶賢乎已니라.
불유박혁자호　 　위지유현호이

子路曰 君子는 尙勇乎잇가. 子曰 君子는 義以爲上이니
자로왈 군자　 상용호　　　 자왈 군자　 의이위상

君子가 有勇而無義면 爲亂이요 小人이 有勇而無義면 爲盜니라.
군자　 유용이무의 위란　　 소인　 유용이무의　 위도

• 無所用心(무소용심) : 마음 쓰는 바가 없다, 일할 생각이 없다.

• 難矣哉(난의재) : 여지가 없다.　　　　• 博(박) : 장기나 주사위 놀이.　　　　• 奕(혁) : 바둑.

• 賢乎已(현호이) : 그만두는 것보다 현명하다, 안 하는 것보다는 낫다.

• 義以爲上(의이위상) : 의를 상으로 여기다, 의가 최고이다.

• 爲亂(위란) : 이신벌군(以臣伐君), 대부상살(大夫相殺) 등을 말한다.

• 군자는 용(勇)보다 의(義)를 위에 두는데 그것이 덕(德)이다.

17-24

자공이 여쭈었다.
군자도 미워하는 게 있습니까?
공자님이 말씀하셨다.
미워하는 게 있다마다.

남의 허물을 지껄여 대는 것을 미워하고
낮은 지위에 있는 사람이 윗사람 헐뜯는 것을 미워하며
용기만 있고 예의 없는 사람을 미워하고
과감하지만 앞뒤 꽉 막힌 사람을 미워한다.

사야, 너도 미워하는 게 있느냐?
남이 한 말을 제 것인 양하는 이를 미워하고
함부로 구는 것을 용기로 여기는 것을 미워하며
남의 비밀을 들추어 정직한 체하는 것이 밉습니다.

子貢曰 君子가 亦有惡乎잇가. 子曰 有惡하니 惡稱人之惡者하며
자공왈 군자　　역유오호　　　자왈 유오　　　오칭인지악자

惡居下流而訕上者하며 惡勇而無禮者하며 惡果敢而窒者니라.
오 거 하 류 이 산 상 자　　오용이무례자　　오 과 감 이 질 자

曰 賜也가 亦有惡乎아. 惡徼以爲知者하며 惡不孫以爲勇者하며
왈 사 야　　역유오호　　　오요이위지자　　　오불손이위용자

惡訐以爲直者하노이다.
오 알 이 위 직 자

주 해

- 稱(칭) : 이야기하다, 떠들어 대다.
- 居下流(거하류) : 낮은 지위에 있다.
- 窒(질) : 트이지 않다, 막히다.
- 訐(알) : 들추다, 폭로하다, 남의 잘못을 캐내다.
- 訕上(산상) : 윗사람을 비방하다.
- 徼(요) : 받아서 말을 가로막다.

17-25

공자님이 말씀하셨다.
여자와 소인은 다루기 어렵다.
가까이하면 불손해지고
멀리하면 원망한다.

17-26

공자님이 말씀하셨다.
나이 사십이 되어서도
남에게 미움을 받고 있다면
그건 끝장이다.

공자님은 소인과 여자를 같이 보고
차별 대우를 하셨다.
40세가 되면 불혹(不惑)인데
아직 참 자기를 갖지 못한 것을 탄식하셨다.

子曰 唯女子與小人은 爲難養也니
자왈 유녀자여소인   위난양야

近之則不孫하고 遠之則怨이니라.
근지즉불손   원지즉원

子曰 年四十而見惡焉이면 其終也已니라.
자왈 연사십이견오언   기종야이

주 해

- 養(양) : 기르다, 다루다.
- 옛날에 여자는 학식이 부족하여 차별 대우를 받았다.
- 見惡(견오) : 미움을 받다. '견(見)'은 '피(被)'와 같은 의미이다.
- 終(종) : 끝이다, 더 이상 기대할 것이 없다.

제18편

미자(微子)

가장 『논어』다운 글이 여기에 있다.
성인군자와 현인들의 일화를 모아 놓아
지선의 아리아처럼 심금을 울린다.

성인이나 현인의 출사(出仕)와 은퇴를
있는 그대로 기록하였고
공자님의 현실 참여와 개혁 사상을 보여 준다.
미자의 물러나는 모습은 숙연하다.

은나라 주왕의 포악무도함에 대해
목숨 걸고 여러 차례 간했지만
끝내 듣지 않아 은나라를 떠나는 미자…
기자는 종이 되고 비간은 죽임을 당했다.

18-1 미자는 홀연히 떠나고 기자는 종이 되었으며
비간은 간하다가 죽었다.
공자님이 말씀하시길,
은나라에 인(仁)한 사람이 셋 있었다.

18-2 유하혜는 재판관이 되었다가
세 번씩이나 쫓겨났다.
그러자 누군가가 말했다.
선생은 이런 나라를 아주 버릴 생각이 없습니까?

유하혜가 대답했다.
도(道)를 곧게 지키고 남을 섬긴다면
어디를 간다 해도 세 번은 쫓겨나겠지요.
도를 굽혀 섬기면 굳이 조국을 떠날 까닭이 있겠습니까?

微子는 去之하고 箕子는 爲之奴하고 比干은 諫而死하니라.
미자   거지   기자   위지노   비간   간이사

孔子曰 殷有三仁焉하니라.
공자왈 은유삼인언

柳下惠가 爲士師하여 三黜이어늘 人이 曰 子가 未可以去乎아.
유하혜 위사사   삼출   인 왈 자 미가이거호

曰直道而事人이면 焉往而不三黜이며 枉道而事人이면 何必去父母之邦이리오.
왈직도이사인   언왕이불삼출   왕도이사인   하필거부모지방

주해

• 微子(미자) : 은나라의 마지막 임금 주왕(紂王)의 서형(庶兄)으로 주왕의 무도함을 간해도 듣지 않자 나라를 떠났다. 미(微)는 봉국(封國)의 이름이다.
• 箕子(기자) : 은나라 주왕의 숙부로 주왕에게 간하다가 종이 되었으며, 거짓으로 미친 짓을 하며 살았다.
• 比干(비간) : 은나라 주왕의 숙부이다. 주왕에게 계속 간했는데, 주왕이 성인(聖人)의 심장에는 7개의 구멍이 있다더라 하며 죽여 심장을 꺼내 보았다고 한다.

18-3 제나라의 경공이 공자님에 대한 대우에 관해 말했다.

계씨와 같이는 할 수 없고 계씨와 맹씨의 중간으로 하겠다.

다시 말하기를, 나는 늙어서 인물을 쓰기가 힘들 거야.

그러자 공자님은 제나라를 떠나셨다.

18-4 제나라 사람들이 여자 가무단을 보내 왔다.

계환자가 이를 받아들인 뒤로

사흘을 조정에 나오지 않았다.

공자님은 노나라를 떠나 버렸다.

제나라 경공 때 공자님은 30세였고

경공은 60세로 도(道)를 펼 자신이 없었다.

노나라에서 공자님이 대사관(大司官)으로서 치적을 올리자

제나라에서 미인계를 써서 계환자를 홀렸다.

齊景公이 待孔子曰 若季氏則吾不能이어니와 以季孟之間으로
제 경공　　대공자왈　약계씨즉오불능　　　　　이계맹지간

待之하리라 하고 曰吾老矣라 不能用也라 한대 孔子가 行하시다.
대지　　　　　왈오노의　불능용야　　　　공자　행

齊人이 歸女樂이어늘 季桓子가 受之하고 三日不朝한대 孔子行하시다.
제인　귀녀악　　　　계환자　수지　　　삼일부조　　공자행

주 해

• 若季氏(약계씨) : 계씨를 대우하는 수준으로 공자를 대우한다면, 계씨와 같게 한다면.
• 歸(귀) : 선물 등을 보내다.
• 女樂(녀악) : 여자 가무단.
• 季桓子(계환자) : 노나라의 대부로 계손씨의 6대손이다. 이름은 사(斯)이고 환(桓)은 시호이다.
• 不朝(부조) : 조회를 열지 않다, 조정에 나오지 않다.

18-5 초나라의 거짓 미치광이 접여가 노래하며
공자님 앞을 지나갔다.
그의 노랫말은 이러했다.
봉황새여 봉황새여! 어찌 그리도 덕이 시들해졌노!

지난 일은 따질 것 없고
앞일은 잘하면 되지!
에라 그만두어라 그만두어라.
요즘 정치 꼴이 몹시 위태롭구려!

공자님이 수레에서 내려와
이야기 좀 하자 한즉
잰걸음으로 달아나 버렸다.
그와 더불어 이야기하지 못했다.

楚狂接輿가 歌而過孔子曰 鳳兮鳳兮여 何德之衰오.
초 광 접 여   가 이 과 공 자 왈 봉 혜 봉 혜   하 덕 지 쇠

往者는 不可諫이어니와 來者는 猶可追니 已而已而어다.
왕 자   불 가 간   내 자   유 가 추   이 이 이 이

今之從政者가 殆而니라. 孔子가 下하사 欲與之言이러시니
금 지 종 정 자   태 이   공 자   하   욕 여 지 언

趨而辟之하니 不得與之言하시다.
추 이 피 지   부 득 여 지 언

주 해

• 接輿(접여) : 성은 육(陸), 이름은 통(通)이고 접여는 자(字)이다. 초나라 사람인데 은자의 한 사람으로
  거짓 미치광이 노릇을 했지만 노랫말은 뼈가 있는 내용이다.
• 鳳兮(봉혜) : 봉황새여. 공자를 봉황새에 비유한 것이다.
• 何德之衰(하덕지쇠) : 어찌 덕이 쇠할 소냐!
• 諫(간) : 잘잘못을 말해 바로잡으려 하다.

장저와 걸익이 나란히 밭을 갈고 있었다.
공자님이 그 곁을 지나다가
자로를 시켜
나루터가 어딘지 물어보게 하였다.

장저가 말했다.
저 수레에서 고삐를 쥐고 있는
저 사람이 누구요?
자로가 공구 선생님입니다 했다.

노나라의 공구 말이오?
네, 그렇습니다 하니
그 사람이라면 나루터를 잘 알 것이요.
초나라에서 채(蔡)로 가던 길이었다.

長沮桀溺이 耦而耕이어늘 孔子過之하실새 使子路로 問津焉하신대
장저걸익   우이경   공자과지   사자로 문진언

長沮曰 夫執輿者가 爲誰오. 子路曰 爲孔丘시니라.
장저왈 부집여자   위수   자로왈 위공구

曰 是가 魯孔丘與아. 曰 是也니라. 曰 是가 知津矣니라.
왈 시   노공구여   왈 시야   왈 시   지진의

주해

• 長沮桀溺(장저걸익) : 은자로 이름이나 인물에 대해 알려진 바가 없다.
• 耦而耕(우이경) : 나란히 밭을 갈다, '우(耦)'는 '짝', '경(耕)'은 '밭을 갈다'라는 뜻이다.
• 孔子過之(공자과지) : 공자가 초나라에서 채(蔡)로 가는 길이었다. 초나라에는 은자가 많았다.
• 執輿者(집여자) : 수레에서 고삐 잡은 사람.
• 是知津矣(시지진의) : 공자는 천하를 주유하니 나루터를 잘 알 것이라고 비꼬는 말이다.

18-6(2)

걸익한테 물으니 걸익이 말했다.

그대는 누구요? 중유입니다.

노나라 공구의 제자 말이오? 그렇습니다.

큰 물결 흐르듯 천하가 흐르니 누가 바꾸겠소?

그러니 사람 피해 다니는 이를 따르는 것보다

세상 피해 다니는 이를 따르는 것이 낫지.

밭일을 계속하니 자로가 가서 여쭈었다.

공자님이 실망한 듯 말씀하셨다.

짐승과 한 무리가 될 수는 없다.

내가 세상 사람들과 함께하지 않으면 누구와 함께하겠느냐.

세상에 도(道)가 행해지고 있다면

내가 관여하여 바꾸지는 않을 것이다.

問於桀溺한대 桀溺曰 子는 爲誰오. 曰爲仲由로라. 曰 是가 魯孔丘之徒與아.
문어걸익   걸익왈 자 위수   왈위중유   왈 시   노공구지도여

對曰 然하다. 曰 滔滔者가 天下皆是니 而誰以易之리오. 且而가
대왈 연   왈 도도자   천하개시니 이수이역지   차이

與其從辟人之士也론 豈若從辟世之士哉리오 하고 耰而不輟하더라.
여기종피인지사야   기약종피세지사재   우이불철

子路가 行하여 以告한대 夫子憮然曰 鳥獸는 不可與同羣이니
자로   행   이고   부자무연왈 조수   불가여동군

吾非斯人之徒與요 而誰與리오. 天下有道면 丘不與易也니라.
오비사인지도여   이수여   천하유도   구불여역야

주 해

- 而(이) : 너, 당신.
- 辟人之士(피인지사) : 그때 진나라 채의 대부가 공자를 포위하고 잡으려고 해서 그를 피해 가던 길이었다.
- 耰而不輟(우이불철) : 씨를 흙으로 덮으며 하던 일을 계속하다.
- 與易(여역) : 관여하여 바꾸다, 세상을 바꾸는 데 함께하다.

자로가 공자를 따라가다가 뒤처졌는데

지팡이로 삼태기 걸어 매고 가는 노인을 만났다.

자로가 물었다. 길에서 공자님을 보셨습니까?

노인이 말하길, 손 까딱 않고 곡식 구별 못 하는 이가 선생이오?

그러고는 지팡이 꽂아 놓고 김을 맸다. 자로는 공손히 손 잡고 섰다.

자로를 머물도록 하고 닭 잡아 기장밥 지어 먹이고

자기 두 아들도 만나게 했다.

다음 날 자로가 그 일을 아뢰었다.

공자님이 말씀하셨다. 은자로다.

자로가 다시 만나러 가 본즉 어딘가 가고 없었다.

자로가 말했다. 벼슬하지 않으면 의리도 없다. 장유 질서도 없다.

군신의리로, 큰 윤리도 어지럽다. 군자는 정의를 실현한다.

子路가 從而後러니 遇丈人이 以杖荷蓧하여 子路가 問曰 子見夫子乎아.
자로 종이후 우장인 이장하조 자로 문왈 자견부자호

丈人曰 四體를 不勤하며 五穀을 不分하나니 孰爲夫子오 하고
장인왈 사체 불근 오곡 불분 숙위부자

植其杖而芸하더라. 子路가 拱而立한대 止子路宿하여 殺雞爲黍而食之하고
식기장이운 자로 공이립 지자로숙 살계위서이사지

見其二子焉이어늘 明日에 子路가 行하여 以告한대 子曰 隱者也로다 하시고
현기이자언 명일 자로 행 이고 자왈 은자야

使子路로 反見之하시니 至則行矣러라. 子路曰 不仕無義하니 長幼之節을
사자로 반견지 지즉행의 자로왈 불사무의 장유지절

不可廢也니 君臣之義를 如之何其廢之리오 欲潔其身而亂大倫이로다.
불가폐야 군신지의 여지하기폐지 욕결기신이란대륜

君子之仕也는 行其義也니 道之不行은 已知之矣니라.
군자지사야 행기의야 도지불행 이지지의

주 해

• 丈人(장인) : 노인, 은자.   • 以杖荷蓧(이장하조) : 지팡이로 삼태기를 걸어 매다.
• 芸(운) : 김매다.   • 黍(서) : 서숙. 초나라에서 귀한 곡식이었다.

18-8

숨어 산 인물은 백이, 숙제, 우중, 이일, 주장, 유하혜, 소련이 있다.
공자님이 말씀하셨다.

뜻을 안 굽히고 몸을 욕되게 하지 않은 이는
백이와 숙제로구나!

유하혜와 소련은 자기 뜻 버리고 몸을 더럽혔지만
그 말은 도리에 맞고 행동은 사리 분별에 맞았다.
우중과 이일은 숨어 살며 말을 막 했지만
처신이 깨끗하고 그만두는 태도도 좋았다.

그러나 나는 그런 분들과는 좀 다르다.
내게는 좋은 것도 없지만 안 좋은 것도 없다.
옛 의인은 좋은 점도 안 좋은 점도 지니고 있었다.
공자님은 스스로 의인들과 다르다고 생각했다.

逸民은 伯夷와 叔齊와 虞仲과 夷逸과 朱張과 柳下惠와 少連이니라.
일민　　백이　　숙제　　우중　　이일　　주장　　유하혜　　소련

子曰 不降其志하며 不辱其身은 伯夷叔齊與인저. 謂柳下惠少連하시대
자왈 불강기지　　불욕기신　　백이숙제여　　　위유하혜소련

降志辱身矣나 言中倫하며 行中慮하니 其斯而已矣니라. 謂虞仲夷逸하시대
강지욕신의　　언중륜　　행중려　　기사이이의　　　위우중이일

隱居放言하나 身中淸하며 廢中權이니라. 我則異於是하여 無可無不可호라.
은거방언　　신중청　　폐중권　　　아즉이어시　　　무가무불가

- 逸民(일민) : 세상을 피해 숨어 사는 현명한 사람.
- 虞仲(우중) : 주나라 고공단보의 둘째 아들로 태백의 동생이다.
- 夷逸(이일) : 이궤제(夷詭諸)의 후예.　　• 朱張(주장) : 알려진 바가 없는 인물이다.
- 少連(소련) : 제나라 사람이라고 하는데 알려진 바가 없다.
- 言中倫(언중륜) : 말이 윤리와 도의에 맞다.　　• 其斯而已矣(기사이이의) : 그들은 이러했을 것이다.
- 廢中權(폐중권) : 세상을 버린 것이 시의적절하다.

악대장 지는 제나라로 가고
다음 악장 간은 초나라로 가고
셋째 악장 료는 채나라로 가고
넷째 악장 결은 진나라로 갔다.

북잡이 방숙은 황하 지방으로 가고
소고잡이 무는 한수 지방으로 가고
악장의 조수 양과 경쇠치기 양은
섬으로 건너갔다.

이들은 모두 노나라의 악관인데
국악이 시들해지자 이렇게 흩어졌다.
이들은 모두 계씨 밑에 있었으나
난을 피해 도망갔다.

太師摯는 適齊하고 亞飯干은 適楚하고 三飯繚는 適蔡하고
태사지 적제   아반간 적초   삼반요 적채

四飯缺은 適秦하고 鼓方叔은 入於河하고 播鼗武는 入於漢하고
사반결 적진   고방숙 입어하   파도무 입어한

少師陽과 擊磬襄은 入於海하니라.
소사양 격경양 입어해

주해

- 太師(태사) : 악관의 우두머리.
- 亞飯(아반), 三飯(삼반), 四飯(사반) : 식사의 종류. 임금이 식사할 때 흥을 돋우려고 음악을 연주했는데 그 음악인 조직의 책임자에게도 이런 용어를 썼다.
- 河(하) : 하내(河內).
- 播鼗武(파도무) : '파도(播鼗)'는 작은 북을 말하고, '무(武)'는 이름이다.
- 少師(소사) : 보조 악사.
- 擊磬(격경) : 경쇠 치는 사람.

18-10 주공이 노공에게 말했다.

군자는 친족을 소홀히 하지 않고
대신들로 하여금 써 주지 않는다고
원망하지 않게 한다.

오랫동안 함께 일해 온 사람은
그리 큰 잘못 아니면 버리지 않고
어느 한 사람이 모든 것을 갖추기를
기대하지 않는다.

18-11 주나라에는 여덟 선비가 있으니

백달, 백괄, 중돌,
중홀, 숙야, 숙하,
계수, 계와이다.

周公이 謂魯公曰 君子는 不施其親하며 不使大臣으로 怨乎不以하며
주공   위노공왈 군자   불시기친   불사대신   원호불이

故舊無大故면 則不棄也하며 無求備於一人이니라.
고구무대고   즉불기야   무구비어일인

周有八士하니 伯達과 伯适과 仲突과
주유팔사   백달   백괄   중돌

仲忽과 叔夜와 叔夏와 季隨와 季騧니라.
중홀   숙야   숙하   계수   계와

주해

• 魯公(노공) : 주공의 큰아들 백금(伯禽)이다. 실제로 노나라의 시조이다.
• 施(시) : 내버려 두다, 소홀히 하다, 돌보지 않다. '이(弛)'로 고쳐야 한다.
• 以(이) : 쓰다, 통용하다. '용(用)'과 같은 의미이다.   • 大故(대고) : 반역 같은 큰 잘못.
• 無求備於一人(무구비어일인) : 한 사람에게 모든 능력을 갖추라고 하지 않다.
• 八士(팔사) : 옛날 현사(賢士) 8명을 말한다.

357

제19편

자장(子張)

『논어』가 정말 자랑스러운 것은
스승인 공자님뿐 아니라
그 가르침을 받은 훌륭한 제자들의
말까지 읽을 수 있다는 사실이다.

제자 자하의 이야기가 많고
자공과 증자에 대한 내용도 있다.
스승과 제자들의 특출함이
어우러져 담겨 있다.

공자님의 위대함은 그 자신의 인격에 있지만
많은 제자의 훌륭한 모습 또한
영원한 교훈집 『논어』가
인간학을 펼치게 한다.

19-1

자장이 말했다.

선비는 위험한 일을 만나면

목숨을 바치고

이익이 생길 때는 깊이 생각한다.

이것이 옳은가 그른가.

상을 당해서는 깊이 슬퍼한다.

이런 자세가 선비로서의

기본 자격을 갖추는 것이다.

19-2

자장이 말했다.

인격을 갖출 때 폭넓지 않고

도리를 믿는 마음이 부실하면

믿음도 없이 무엇을 할 수 있겠는가.

子張曰 士見危致命하며 見得思義하며 祭思敬하며
자장왈 사견위치명   견득사의   제사경

喪思哀면 其可已矣니라.
상사애   기가이의

子張曰 執德不弘하며 信道不篤이면 焉能爲有며 焉能爲亡리오.
자장왈 집덕불홍   신도부독   언능위유   언능위무

주 해

- 致命(치명) : 제 자신을 아끼지 않다, 목숨을 바치다.
- 見得(견득) : 이득이 되는 일을 하다.
- 其可已矣(기가이의) : 그 사람이 선비로 자격이 있을 뿐이다. 앞의 것들을 실천하면 선비 자격이 있다는 뜻이다.
- 弘(홍) : '대(大)', '광(廣)'과 같은 의미이다.
- 焉能爲有(언능위유), 焉能爲亡(언능위무) : 어찌 있다 할 수 있겠으며, 어찌 없다 할 수 있겠느냐?

19-3

자하의 제자가 자장에게

사람과의 사귐에 대해 물었다.

자장이 말했다.

자하께서 무어라 하시던가요?

대답하기를, 자하 선생님은 좋은 사람과는 사귀되

안 좋은 사람과는 아주 멀리하라 하셨습니다.

자장이 말했다.

내가 배운 바는 다릅니다.

군자는 잘난 사람을 존경하고 많은 사람을 받으며

착한 사람을 좋게 여기고 무능한 사람을 불쌍히 여긴다는데

내가 잘났다면 누군들 용납 못 할 것 없고

내가 못났다면 남이 나를 멀리하니 어찌 남을 멀리하겠습니까?

子夏之門人이 問交於子張한대 子張曰 子夏가 云何오. 對曰 子夏曰 可者를
자하지문인   문교어자장   자장왈 자하   운하   대왈 자하왈 가자

與之하고 其不可者를 拒之라 하더이다. 子張曰 異乎吾所聞이로다.
여지   기불가자   거지   자장왈 이호오소문

君子는 尊賢而容衆하며 嘉善而矜不能이니 我之大賢與인댄
군자   존현이용중   가선이긍불능   아지대현여

於人에 何所不容이며 我之不賢與인댄 人將拒我니 如之何其拒人也리오.
어인   하소불용   아지불현여   인장거아   여지하기거인야

주해

- 可者(가자) : 괜찮은 사람, 사귀어도 좋을 만한 사람.   • 與之(여지) : 그와 함께 사귀다.
- 拒之(거지) : 그를 거부하다(멀리하다).   • 容衆(용중) : 일반 사람을 받아들이다, 대중을 포용하다.
- 嘉善(가선) : 선한 사람을 칭찬하다, 선한 사람을 좋아하다.
- 矜不能(긍불능) : 능력이 없는 사람을 불쌍히 여기다.
- 자장과 자하는 늘 견해가 정반대였다. 자하는 벗 하나하나와 사귀지만 자장은 널리 대중을 사랑하는 사람이었다.

19-4 자하가 말했다.

비록 하찮은 재주라도

반드시 기대할 만한 점이 있다.

도를 추구하는 먼 길 가는 데 도움이 된다.

때로는 장애가 될까 염려되기 때문에

군자는 그럴 때 거들떠보지 않는다.

소도(小道)는 필요하나

군자의 덕에 미치지 못한다.

19-5 자하가 말했다.

날마다 자신이 모르던 것을 알게 되고

달마다 하는 일을 잊지 않는다면

학문을 좋아한다고 할 수밖에 없다.

子夏曰 雖小道나 必有可觀者焉이어니와 致遠恐泥라

자하왈 수소도　　필유 가관 자언　　　치원공니

是以로 君子가 不爲也니라.

시이　군자　불위야

子夏曰 日知其所亡하며 月無忘其所能이면 可謂好學也已矣니라.

자하왈 일지기소무　　월무망기소능　　　가위호학야이의

주 해

• 小道(소도) : 군여(軍旅), 농포(農圃), 의약(醫藥) 등 작은 기술, 제자백가류의 이단을 말한다.

• 致遠(치원) : 상달(上達), 지선(至善).

• 恐泥(공니) : 장애가 될까 두려워하다. 잘못된 길이나 사소한 재주에 빠져서 진리 탐구의 먼 길을 가는 데 장애가 될까 두려워한다는 뜻이다. 여기서 '니(泥)'는 '통하지 않다, 막히다, 장애가 된다'로 해석한다.

• 日知(일지) : 지신(知新).

• 其所亡(기소무) : 자신에게 없던 것, 자신이 알지 못하던 것.

• 月無忘(월무망) : 온고(溫故)할 것을 잊지 않다.

19-6

자하가 말했다.
폭넓게 배우고 뜻을 돈독히 가지며
절실하게 묻고 자신의 일을 생각하면
인(仁)은 그 가운데에서 얻게 된다.

19-7

자하가 말했다.
기술자들은 공장에서 제일 잘하고
해야 할 일을 잘 해내며
군자는 배움으로써 자기 길을 완성한다.

배울 때는 전적(典籍)을 뒤적이며 널리 익히면
고루한 데 빠지지 않게 된다.
기술자는 일터에서 제 할 일 하고
군자는 학문이 지선(至善)에 이르면 된다.

子夏曰 博學而篤志하며 切問而近思하면 仁在其中矣니라.
자하왈 박학이독지   절문이근사   인재기중의

子夏曰 百工은 居肆하여 以成其事하고 君子는 學하여 以致其道니라.
자하왈 백공   거사   이성기사   군자   학   이치기도

주 해

- 博(박) : 넓다.
- 近(근) : 자신.
- 仁(인) : 인륜이 지극한 인격.
- 百工(백공) : 여러 가지 기술.
- 肆(사) : 진열해 놓은 곳, 관청에서 관리하는 작업장.
- 기술자는 공장에서 자기 일을 잘하고 군자는 학문에 전념해야 함을 강조한 것이다.

19-8　자하가 말했다.
소인배는 잘못을 저지르면
반드시 핑계를 꾸며 댄다.
그것이 살 길인 줄로 여긴다.

19-9　자하가 말했다.
군자에게는 세 가지 변화가 있다.
군자는 멀리서 보면 위엄이 있고
마주 보면 부드러운 사람이다.

그의 말을 들으면
옳고 그름이 확실하고
강하고 억센 데가 있다.
심중에 꽂히는 말이기 때문이다.

子夏曰 小人之過也는 必文이니라.
자하왈 소인지과야　필문

子夏曰 君子有三變하니 望之儼然하고 卽之也溫하고 聽其言也厲니라.
자하왈 군자유삼변　망지엄연　즉지야온　청기언야려

주 해

• 文(문) : 꾸미다, 수식하다, 변명하다. 군자는 일월(日月)처럼 뚜렷하나 소인은 잘못을 감춘다.
• 君子(군자) : 여기서는 공자를 가리킨다.
• 望(망) : 멀리서 바라보다.
• 儼然(엄연) : 장엄한 태도, 위엄 있는 모습.
• 卽(즉) : 가까이서 대하다.
• 厲(려) : 엄정하다, 명확하다.

자하가 말했다.

19-10

군자는 백성의 믿음을 얻은 다음에

백성을 부린다.

믿음이 없으면 백성은 괴롭힌다고 여긴다.

군자는 임금에게도 믿음을 얻은 다음에

간언을 하니 일이 된다.

믿음 없는 사이는 비방하고 괴롭힌다고 여기니

통하지 않는다.

자하가 말했다.

19-11

큰 덕을 가진 인격자는

매사에 엇나감이 없지만

소인은 다소의 차이에 융통성이 있어야 한다.

子夏曰 君子는 信而後에 勞其民이니 未信則以爲厲己也니라.
자하왈 군자   신이후   노기민   미신즉이위려 기야

信而後에 諫이니 未信則以爲謗己也니라.
신이후   간   미신즉이위방 기야

子夏曰 大德이 不踰閑이면 小德은 出入이라도 可也니라.
자하왈 대덕   불유한   소덕   출입   가야

주해

• 勞(노) : 수고를 끼치다.　　　　　　　• 厲(려) : 괴롭히다.
• 諫(간) : 간언하다, 윗사람의 잘못을 지적하여 바로잡다.
• 謗己(방기) : 자기를 비방하다.
• 大德(대덕) : 성인(聖人), 큰 도리.
• 閑(한) : 예방(禮防), 경계, 한계.　　　• 小德(소덕) : 학자.
• 出入(출입) : 나가고 들어감. 경계를 넘나드는 융통성을 말한다.

19-12

자유가 말했다.

자하의 제자들은 물 뿌리고 비질, 손님맞이,

그리고 나아가고 물러나는 예절을 정말 잘한다.

그런 일들은 말단이요 지엽적이다.

자하가 듣고 말했다.

자유의 말이 좀 지나치네.

군자 되는 길에

무엇을 먼저 하고 무엇을 나중 할까.

초목에 비긴다면 그 종류가 많아 가르침도 다 다르다.

군자의 도가 어떻게 함부로일 수 있겠느냐.

처음부터 끝까지 갖추는 것은

오직 성인뿐일 것이다.

子游曰 子夏之門人小子가 當灑掃應對進退則可矣나 抑末也라
자유왈 자하지문인소자   당쇄소응대진퇴즉가의   억말야

本之則無하니 如之何오. 子夏가 聞之하고 曰噫라. 言游過矣로다.
본지즉무   여지하   자하   문지   왈희   언유과의

君子之道가 孰先傳焉이며 孰後倦焉이리오. 譬諸草木컨대 區以別矣니
군자지도   숙선전언   숙후권언   비저초목   구이별의

君子之道가 焉可誣也리오. 有始有卒者는 其惟聖人乎인저.
군자지도   언가무야   유시유졸자   기유성인호

주 해

• 門人小子(문인소자) : 제자 중에 어린 사람들.
• 灑掃(쇄소), 應對(응대), 進退(진퇴) : 동자(童子)의 소절(小節)로서 하는 일로 물 뿌리고 청소하는 것, 손님 접대, 예의 바른 몸가짐으로 나아가고 물러나는 것을 말한다.
• 抑末(억말) : 그것은 말단의 일이다(지엽적인 일이다).　　　• 本之(본지) : 근본 추구.
• 後倦(후권) : 뒤로 미루고 게을러지다.　　　• 區以別(구이별) : 종류에 따라 나누다.
• 誣(무) : 소홀히 하다, 함부로 하다.
• 有始有卒(유시유졸) : 처음도 끝도 있다, 처음부터 끝까지 일관되게 하다.

19-13 자하가 말했다.

벼슬살이하면서 틈틈이 학문을 닦고
학문을 닦으면서 여유가 있으면
벼슬을 한다.

19-14 자유가 말했다.

상을 당하면 슬퍼하는 것으로
끝내야 한다.
지나치면 몸도 마음도 상한다.

19-15 자유가 말했다.

내 친구 자장은 남이 못하는 일을 잘하지만
아직 인(仁)의 경지는 멀다.
인은 그리 쉽게 허락되지 않는다.

子夏曰 仕而優則學하고 學而優則仕니라.
자하왈 사이우즉학　　학이우즉사

子游曰 喪은 致乎哀而止니라.
자유왈 상　치호애이지

子游曰 吾友張也가 爲難能也나 然而未仁이니라.
자유왈 오우장야　위난능야　연이미인

주 해

• 仕(사) : 벼슬살이.　　　　　　• 優(우) : 틈, 유여력(有餘力).
• 而止(이지) : 그만 그쳐야 한다.
• 哀而止(애이지) : 슬픔이 너무 지나치지 않게 하다. 건강을 해칠까 걱정한 것이다.
• 張(장) : 자장.　　　　　　　　• 爲難能(위난능) : 남이 못하는 일을 잘하다.
• 未仁(미인) : 아직 인에 미치지 못하다.

19-16 증자가 말했다.
자장아, 너는 정말 당당하구나!
그러나 인(仁)의 경지는
함께 이루기가 무척 어렵겠구나!

19-17 증자가 말했다.
내가 선생님께 들었는데
평소에 사람이 끝까지 해내지 못해도
부모님 상만큼은 반드시 잘한다.

자장은 남들과 얼른 어울리지 못한다고
자유가 지적했다.
자장은 좀 덜된 인물로 보는데
증자도 그렇게 말하고 있다.

曾子曰 堂堂乎라 張也여. 難與並爲仁矣로다.
증자왈 당당호   장야   난여병위인의

曾子曰 吾聞諸夫子하니 人未有自致者也나 必也親喪乎인저.
증자왈 오문저부자   인미유자치자야   필야친상호

주 해

• 堂堂(당당) : 높이 우러러 보이는 모습.
• 爲仁(위인) : 인을 이루다.
• 致(치) : 그의 극(極)에 이르다.
• 親喪(친상) : 어버이 상을 당하다. 다른 일에는 다소 미흡한 사람도 어버이 상을 당하면 최선을 다하는
것이 상식이다.

19-18 증자가 말했다.

내가 선생님께 들으니 맹장자의 효도 중에 다른 것은 가능해도
아버지의 신하를 바꾸지 않고 그 직책도 바꾸지 않는 것은
본받기가 정말 어렵겠다.

19-19 맹씨가 양부를 재판관으로 세웠다.

양부가 증자에게 할 일을 의논했다.

이에 증자가 말했다.

윗사람이 도리를 그르쳤구나.

그래서 백성이 흩어진 지 오래되었다.

그들의 범죄를 알아냈다 해도

슬퍼하고 동정해야지

기뻐해서는 안 된다.

曾子曰 吾聞諸夫子하니 孟莊子之孝也는 其他는 可能也어니와
증자왈 오문저부자   맹장자지효야   기타   가능야

其不改父之臣과 與父之政은 是難能也니라.
기불개부지신   여부지정   시난능야

孟氏가 使陽膚로 爲士師라 問於曾子한대 曾子曰 上失其道하여
맹씨   사양부   위사사   문어증자   증자왈 상실기도

民散이 久矣니 如得其情이면 則哀矜而勿喜니라.
민산이 구의   여득기정   즉애긍이물희

주해

• 孟莊子(맹장자) : 노나라의 대부로 이름은 속(速)이고 장자는 그의 시호이다.
• 是難能(시난능) : 본받기 힘들다, 따라 하기 어렵다.
• 孟氏(맹씨) : 맹무백(孟武伯)이나 맹경자(孟敬子) 중 하나이다.
• 陽膚(양부) : 증자의 제자.   • 士師(사사) : 재판관.
• 勿喜(물희) : 기뻐할 것 없다.

자공이 말했다.
주왕의 못된 인품이
전해진 것같이
그렇게 심하지는 않았다.

그래서 군자는 낮은 데 머물기를
싫어하는 것이다.
세상 모든 악이 다 그리로
밀려 들어가기 때문이다.

자공이 말했다.
군자의 허물은 일식이나 월식과 같다.
잘못할 때는 모두 그를 바라보고
잘못을 고치면 모두 그를 우러러본다.

子貢曰 紂之不善이 不如是之甚也니 是以로
자공왈 주지불선　　불여시지심야　시이

君子가 惡居下流하나니 天下之惡이 皆歸焉이니라.
군자　오거하류　　　천하지악이　개귀언

子貢曰 君子之過也는 如日月之食焉이라
자공왈 군자지과야　여일월지식언

過也에 人皆見之하고 更也에 人皆仰之니라.
과야　인개견지　　경야　인개앙지

- 紂(주) : 은나라 28대 마지막 왕으로 포악무도한 인물이었다.
- 惡皆歸焉(악개귀언) : 악한 것이 모두 그리로 돌아가다(밀려가다).
- 日月之食(일월지식) : 일식과 월식.
- 사람의 본성은 밝으나 잘못이 있으면 빛을 잃고 만다.

위나라의 공손조가 자공에게 물었다.

중니(공자)는 어디서 배웠는가?

자공이 말했다.

문왕과 무왕의 도(道)가 아직 땅에 떨어지지 않았습니다.

그 도가 사람들에게 남아 있고

현명한 사람들은 그 위대한 점을

다 기억하고 있습니다.

보통 사람들은 작은 일만 기억합니다.

문왕과 무왕의 도가 없는 데가 없습니다.

선생님은 모든 곳에서 배우셨으니

어디 스승이 한두 분뿐이겠습니까?

어디서든지 늘 배우셨습니다.

衛公孫朝가 問於子貢曰 仲尼는 焉學고. 子貢曰 文武之道가 未墜於地하여
위공손조　　문어자공왈 중니는 언학　　자공왈 문무지도가 미추어지

在人이라. 賢者는 識其大者하고 不賢者는 識其小者하여
재인　　　　현자는 지기대자하고 불현자는 지기소자하여

莫不有文武之道焉하니 夫子焉不學이시며 而亦何常師之有시리오.
막불유문무지도언하니 부자언불학이시며 이역하상사지유

주해

• 公孫朝(공손조) : 위나라의 대부.

• 仲尼(중니) : 공자의 자(字).

• 識(지) : '기(記)'와 같은 의미이다.

• 大者(대자) : 성명(性命), 덕교(德敎)를 이룬 사람.

• 小者(소자) : 예악(禮樂), 문장(文章)을 하는 사람.

• 焉不學(언불학) : 배우지 않았을까마는.

19-23 숙손무숙이 조정에서 대부들과 이야기할 때

자공이 중니보다 현명하다 했다.

자복경백이 그대로 자공에게 알리자

자공이 이렇게 말했다.

담장에 비긴다면 내 담장은 어깨 남짓하여

집 안의 좋은 것이 넘겨 보이지만

선생님의 담장은 몇 길이나 되어

문 안으로 들어가지 않으면 종묘의 모습을 볼 수 없습니다.

들어가면 아름다운 것과 많은 벼슬아치를 볼 수 있는데

그 문을 찾아낸 사람이 몇 안 됩니다.

그래서 그분이 모르고 그런 말씀을 한 것이

당연하지 않겠습니까?

叔孫武叔이 語大夫於朝日 子貢이 賢於仲尼하니라. 子服景伯이 以告子貢한대
숙손무숙　어대부어조왈　자공　현어중니　　　자복경백　이고자공

子貢曰 譬之宮牆컨대 賜之牆也는 及肩이라 窺見室家之好어니와
자공왈 비지궁장　　사지장야　급견　규견실가지호

夫子之牆은 數仞이라 不得其門而入이면 不見宗廟之美와 百官之富니
부자지장　수인　부득기문이입　불견종묘지미　백관지부

得其門者가 或寡矣니 夫子之云이 不亦宜乎아.
득기문자　혹과의　부자지운　불역의호

주해

• 叔孫武叔(숙손무숙) : 노나라의 대부로 이름은 주구(州九)이고 무숙은 시호이다.
• 子服景伯(자복경백) : 노나라의 대부로 성은 자복(子服), 시호는 경(景)이고 자(字)는 백(伯)이다.
• 及肩(급견) : 담이 낮다.
• 仞(인) : 7척(七尺).
• 자공이 공자보다 현명하다는 것은 어처구니없는 평이다. 공자의 인물 됨됨이가 종묘나 궁궐처럼 위대해서 전부를 못 알아보는 소견일 뿐이다.

19-24 숙손무숙이 공자님을 헐뜯는 말을 전해 들은
자공이 말했다.
그런 말 하면 안 됩니다.
선생님은 흠잡을 데가 없습니다.

다른 사람의 현명함은 언덕과 같아서
넘어 다닐 수 있지만
중니 선생님은 해와 달 같아서
넘을 수 없습니다.

사람들이 스스로 관계를 끊으려 해도
그것이 해와 달에 무슨 흠이 되겠습니까?
자기 역량을 모르는 것을
훤히 드러낼 뿐입니다.

叔孫武叔이 毁仲尼어늘 子貢曰 無以爲也하라.
숙손무숙   훼중니   자공왈 무이위야

仲尼는 不可毁也니 他人之賢者는 丘陵也라
중니   불가훼야   타인지현자   구릉야

猶可踰也어니와 仲尼는 日月也라 無得而踰焉이니라.
유가유야   중니   일월야   무득이유언

人雖欲自絶이나 其何傷於日月乎리오. 多見其不知量也로다.
인수욕자절   기하상어일월호   다견기부지량야

주 해

- 毁(훼) : 비방, 험담.
- 日月也(일월야) : 해와 달이다.
- 숙손씨는 공자를 못마땅하게 여겼다. 공자도 못마땅하게 보는 사람이 있으니 세상에 누군들 완전할 수 있겠는가?

19-25 진자금이 자공에게 말했다.

선생님은 겸손해서 그러시지요.

중니가 어찌 선생님보다 현명하겠습니까?

자공이 말했다.

군자는 한마디로 지혜롭다고 여겨지고

지혜 없다고 여겨지기도 해서

말조심을 해야 합니다.

우리 선생님을 따라가지 못함이 당연합니다.

마치 하늘을 사다리로 오르지 못하는 것과 같습니다.

만일 나라를 다스리신다면 세울 자리에 세우고

갈 곳만 인도하고 품어 보듬어 주시며

격려하고 화목하고 영화 누려 모두 본받을 것입니다.

陳子禽이 謂子貢曰 子가 爲恭也언정 仲尼가 豈賢於子乎리오.
진자금 위자공왈 자 위공야 중니 기현어자호

子貢曰 君子一言에 以爲知하며 一言에 以爲不知니 言不可不愼也니라.
자공왈 군자일언 이위지 일언 이위부지 언불가불신야

夫子之不可及也는 猶天之不可階而升也니라. 夫子之得邦家者인댄
부자지불가급야 유천지불가계이승야 부자지득방가자

所謂立之斯立하며 道之斯行하며 綏之斯來하며 動之斯和하여
소위립지사립 도지사행 수지사래 동지사화

其生也榮하고 其死也哀니 如之何其可及也리오.
기생야영 기사야애 여지하기가급야

주해

• 陳子禽(진자금) : 공자의 제자이자 자공의 제자이기도 하다. 성은 진(陳), 자(字)가 자금이며 「학이」,
 「계씨」 편에도 나온다. 진강(陳亢)인 듯하나 확실치 않다.
• 子爲恭(자위공) : 자(子)는 자공인데 높여 부르는 호칭이다.
• 階(계) : 밑에서 위로 오르는 계단.　　　　　• 道(도) : 인도하다, 안내하다.
• 자공은 스승인 공자를 잘 알고 있었으며 공자를 해와 달처럼 우러러보았다.

제20편

요왈(堯曰)

『논어』의 마지막 장은
특이한 내용으로 구성되었다.
공자님이나 제자들의 이야기가 아니라
『논어』를 전체적으로 조명하고 매듭짓는다.

『논어』 편찬을 마무리하고
군자론을 정리하여
현실적인 언어로 알기 쉽게 전한다.
언어는 뜻이요 뜻은 믿음이다.

하늘의 명령을 모르는 사람이
어떻게 군자가 되며
내일을 보는 눈이 열리겠는가?
거기에 예(禮)가 있어 길이 되는 것이다.

요임금이 말씀하셨다.

그대 순아, 하늘의 뜻이 바로 그대에게 왔구나!

진정 중용의 도를 지키도록 하여라.

세상이 곤궁해지면 하늘이 주신 자리도 끊어질 것이다.

순임금 역시 이 말씀으로 우임금에게 말했다.

탕임금이 말씀하셨다.

이(履)는 감히 검은 황소를 바치며

위대하고 거룩하신 천제께 아룁니다.

죄인은 감히 용서하지 않고

천제의 신하도 숨기지 않겠나이다.

모든 일은 천제의 잣대로 행하겠습니다.

제 죄는 제 것이고 백성의 죄도 다 제 것입니다.

堯曰 咨爾舜아. 天之曆數가 在爾躬하니 允執其中하라. 四海困窮하면
요왈 자이순   천지력수   재이궁   윤집기중   사해곤궁

天祿이 永終하리라. 舜이 亦以命禹하니라. 曰 予小子履는 敢用玄牡하여
천록   영종   순   역이명우   왈 여소자리   감용현모

敢昭告于皇皇后帝하노니 有罪를 不敢赦하며 帝臣不蔽니
감소고우황황후제   유죄   불감사   제신불폐

簡在帝心이니이다. 朕躬有罪는 無以萬方이요 萬方有罪는 罪在朕躬하니라.
간재제심   짐궁유죄   무이만방   만방유죄   죄재짐궁

주해

- 堯曰(요왈) : 요임금이 순임금에게 왕위를 물려주며 한 말이다.
- 曆數(력수) : 고대에는 신성한 제왕만이 천문 지리를 다루었다.
- 允(윤) : '신(信)'과 같은 의미이다.
- 永終(영종) : 영원히 쫓겨나다.   • 履(리) : 탕왕의 이름.
- 皇皇(황황) : 밝고 크다.   • 后帝(후제) : 천제(天帝).
- 有罪(유죄) : 탕왕이 하나라 마지막 왕인 걸왕을 징벌할 때 하늘에 고한 글이다.

은나라를 징벌한 뒤 주나라에서는 크게 은혜를 베풀어
착한 사람들이 부유해졌다.
무왕이 말하기를, 비록 친척이 있으나
인(仁)한 사람보다 못하다.

백성에게 죄가 있다면
그것은 나 한 사람의 책임이다.
저울질, 됫박질 속이지 않고 모든 법을 잘 지키면
벼슬도 다시 살아나 사방에 정치를 제대로 하게 된다.

망한 나라를 다시 일으키고
끊어진 세대를 다시 이어 주며
숨은 사람 다시 찾아내고 민심이 쏠리게 된다.
소중한 것은 백성의 식량, 상례, 제사인 것이다.

周有大賚하시니 善人이 是富하니라. 雖有周親이나 不如仁人이요
주 유 대 뢰   선인   시부   수유주친   불여인인

百姓有過면 在予一人이니라. 謹權量하며 審法度하며 修廢官하니
백 성 유 과   재 여 일 인   근 권 량   심 법 도   수 폐 관

四方之政이 行焉하니라. 興滅國하며 繼絶世하며 擧逸民하니
사 방 지 정   행 언   흥 멸 국   계 절 세   거 일 민

天下之民이 歸心焉하니라. 所重은 民食喪祭러라. 寬則得重하고
천 하 지 민   귀 심 언   소 중   민 식 상 제   관 즉 득 중

信則民任焉하고 敏則有功하고 公則說이니라.
신 즉 민 임 언   민 즉 유 공   공 즉 열

주해

- 周(주) : 주가(周家).
- 賚(뢰) : 주다, 천자(天子)가 제후들에게 보옥을 하사하다.
- 善人是富(선인시부) : 공덕 있는 사람에게 큰 상을 주어 잘살게 하다.
- 雖有周親(수유주친) : 비록 친척이 있다 해도.
- 仁人(인인) : 미자(微子), 기자(箕子), 백이(伯夷), 이 셋이 인한 사람이다.
- 謹(근) : 균등하게 하다.
- 權(권) : 저울.
- 量(량) : 말, 되.
- 公(공) : 물정이 공평하다.

20-2(1)

자장이 공자님에게 여쭈었다.

어찌해야 정치를 잘할까요?

공자님이 말씀하셨다.

다섯 가지 아름다운 것을 존중하여라.

그리고 네 가지 악한 일을 물리쳐야 한다.

자장이 그 다섯 가지가 무엇입니까 하자

공자님이 말씀하셨다.

군자는 은혜를 베풀지만 낭비가 없다.

일을 시키지만 원망 없게 하고

뜻을 이루면서도 탐욕을 부리지 않는다.

넉넉하면서도 교만하지 않고

위엄이 있되 사납지 않다.

子張이 問於孔子曰 何如라야 斯可以從政矣니잇고.
자장   문어공자왈 하여   사가이종정의

子曰 尊五美하며 屛四惡이면 斯可以從政矣리라.
자왈 존오미   병사악   사가이종정의

子張曰 何謂五美니잇고. 子曰 君子는 惠而不費하며
자장왈 하위오미   자왈 군자   혜이불비

勞而不怨하며 欲而不貪하며 泰而不驕하며 威而不猛이니라.
노이불원   욕이불탐   태이불교   위이불맹

주|해

• 屛(병) : 가려서 막다, 물리치다, 내쫓다.

20-2(2)

자장이 말했다.

은혜를 베풀되 낭비 없다 하심이 무엇입니까?

공자님이 말씀하셨다.

백성에게 이익 될 만한 것에 이익을 보게 한다.

그러면 은혜를 베풀고 낭비 없는 것이 된다.

힘든 일을 골라 시키면 누가 원망하겠느냐.

인(仁)을 실현하려 애쓰다가 인을 이루면

어찌 탐욕스럽다 하겠느냐.

군자는 많든 적든 크든 작든 간에

소홀하게만 안 하면 넉넉하면서 교만하지 않은 것이다.

군자가 의관을 바르게 하고

눈길을 위엄 있게 하여 엄숙하면 어떠냐.

子張曰 何謂惠而不費니잇고. 子曰 因民之所利而利之니
자장왈 하위혜이불비   자왈 인민지소리이리지

斯不亦惠而不費乎아. 擇可勞而勞之어니 又誰怨이리오.
사불역혜이불비호   택가로이로지   우수원

欲仁而得仁이어니 又焉貪이리오.
욕인이득인   우언탐

君子는 無衆寡하며 無小大히 無敢慢하나니 斯不亦泰而不驕乎아.
군자   무중과   무소대   무감만   사불역태이불교호

君子는 正其衣冠하며 尊其瞻視하여
군자   정기의관   존기첨시

주해

• 費(비) : 소비하다, 낭비하다.   • 欲仁(욕인) : 인하려고 애쓰다.
• 得仁(득인) : 인을 이루다.   • 敢慢(감만) : 감히 소홀하다.
• 正其衣冠(정기의관) : 의관을 똑바로 하다.

20-2(3) 그를 바라보는 이가 어려워하니

이것이 위엄은 있으나 사납지 않은 것이다.

자장이 말했다.

네 가지 악덕은 무엇입니까?

공자님이 말씀하셨다.

바로 알려 주지 않고 잘못했다고 죽이는 학대와

미리 주의시키지 않고 결과만 판단하는 포악과

명령 없이 태만하다 하여 시간 재촉하는 것

그리고 사람들에게 고르게 나누지 않는 인색이다.

이런 짓을 하는 벼슬아치는 옹졸하고 악한 자들이다.

공자님의 종정론(從政論) 세목(細目)이 드러난 대목으로

위대한 정치 철학이 엿보인다.

儼然人望而畏之하나니 斯不亦威而不猛乎아.
엄 연 인 망 이 외 지   사 불 역 위 이 불 맹 호

子張曰 何謂四惡이니잇고. 子曰 不敎而殺을 謂之虐이오
자 장 왈 하 위 사 악   자 왈 불 교 이 살   위 지 학

不戒視成을 謂之暴이요 慢令致期를 謂之賊이요
불 계 시 성   위 지 폭   만 령 치 기   위 지 적

猶之與人也로되 出納之吝을 謂之有司니라.
유 지 여 인 야   출 납 지 린   위 지 유 사

주해

- 不敎而殺(불교이살) : 가르치지도 않고 죽이다. 옳고 그른 것을 제대로 알리지도 않고 처벌하다.
- 不戒視成(불계시성) : 미리 주의시키지도 않고 성과를 따져 판단하다.
- 慢令致期(만령치기) : 명령 내리는 것은 태만하면서 기한을 재촉하다.
- 猶之與人(유지여인) : 사람들에게 골고루 나눠 주다. '유(猶)'는 '균등하게 하다'라는 뜻이다.
- 出納之吝(출납지린) : 출납을 인색하게 하다.
- 有司(유사) : 벼슬아치, 관리. 나라를 바로 다스릴 줄 모르면서 백성의 것을 빼앗아 나라를 부강하게 하려는 옹졸한 벼슬아치를 말한다.

공자님이 말씀하셨다.

천명을 모르면

군자라 할 수 없다.

천명은 인성의 숙명이다.

예법을 모르면

세상에 당당하게 나설 수 없고

말하는 법을 모르면

말을 알아들을 줄도 모른다.

말을 잘 모르면

말을 할 줄도 들을 줄도 모르면

사람도 알아볼 수가 없다.

사람의 참모습을 모르기 때문이다

孔子曰 不知命이면 無以爲君子也요
공자왈 부지명　　　무이위군자야

不知禮면 無以立也요 不知言이면 無以知人也니라.
부지례　무이립야　부지언　　　무이지인야

주 해

• 命(명) : 천명(天命).
• 禮(예) : 상하를 분별하는 것.
• 知言(지언) : 사람 말을 알아듣다. 말을 들으면 그 사람의 사정(邪正)을 판단할 수 있다. 말로써 피(詖),
  음(淫), 사(邪), 둔지사(遁之辭)를 판단한다.

시로 풀어쓴 **논어**

초판 인쇄 2016년 2월 1일
초판 발행 2016년 2월 5일

엮은이   전재동
펴낸이   박찬후
기획   성기덕
편집   박민정
디자인   김은정

펴낸곳   북허브
등록일   2008. 9. 1.

주소   서울시 구로구 중앙로 27다길 16
전화   02-3281-2778
팩스   02-3281-2768
이메일   book_herb@naver.com
카페   http://cafe.naver.com/book_herb

* 잘못된 책은 구입하신 서점에서 바꾸어 드립니다.

값 14,000원
ISBN 978-89-94938-25-7(03140)